この本の使い方 Cara Menggunakan Buku Ini

①指さしながら発音する

Ucapkan sambil menunjuk

　話したい単語を話し相手に見せながら発音します。相手は文字と発音を確認できるので確実に通じます。

②言葉を組み

　2つの言葉を順番に指さしながら発音することで、文章を作ることができます。わかりやすいようにゆっくり指さしましょう。

③発音は大きな声で

Ucapkan dengan keras dan jelas

　発音せずに指さすだけでも通じるのは確かですが「話したい」という姿勢を見せるためにも発音することは重要です。だんだん正しい発音に近づきます。

④相手にも指さしてもらう

Minta lawan bicara untuk ikut menunjukkan kata

　話し相手にはインドネシア語を指さしながら話してもらいます。あなたは日本語を読んで、その言葉の意味がわかります。

◎4pの文章をを読んでもらえば、この本の考え方が伝わり、より会話はスムーズになります。

⑤自然と言葉を覚えられる

Bisa mempelajari kata-kata dengan mudah

　指さしながら、発音し、相手の発音を聞く。これをくり返すうちに、だんだん言葉を覚えていきます。文法の知識やインドネシアでの会話のコツを知りたくなったら91ページからの文章が、難しい言葉は巻末の単語集がフォローしています。

あいさつ 移動 数字 買物 時間 食事 文化 ひと・家 トラブル その他

旅の指さし会話帳®
②
インドネシア
第4版
武部洋子・著

会話相手への
お願いのコトバ

この本を持っている人と出会ったあなたへ
4

目次と、各見開き
のインデックスが
対応しています。効
率よくページを探
し出せます。

→数字P30
→時間P40

関連ページへのリ
ンクもご活用くだ
さい。会話をス
ムーズにつなげる
ことができます。

話相手が見ても
おもしろい

「旅の指さし会話帳」は現
地の人に喜ばれるネタを
各所に潜ませています。
この1冊が会話のきっか
けとなり、楽しい海外体
験が始まります。

語学が苦手でも
どんどん話せる

会話で一番大事なのは文
法や発音ではなくハート
です。それさえあれば、趣
味や恋愛、生い立ちの話
までできるように本書は
作られています。

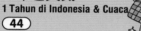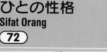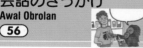
**第4版から
ページアイコンを掲載!**
会話内容をより直観的に
探しやすくなりました。

あいさつ 移動 数字 買物 時間 食事 文化 ひと・家 トラブル その他

言葉は一つひとつ が実践的

インドネシアでの会話に
必要とされる、インドネシ
アの文化に深く触れるた
めの言葉を厳選していま
す。どのページにも生きた
言葉が詰まっています。

水性ペンをぜひ用意しましょう。
裏表紙は何度でもメモ書きに使え
るようにコーティングされていま
す。

折り曲げて持ち歩きやすいよう
に、本書は特別な紙を選んで使っ
ています。

Kepada Anda
yang bertemu dengan pembawa buku ini,

Salam kenal! Nama saya Yoko Takebe, penulis buku ini.

Ini adalah buku yang dirancang khusus untuk turis Jepang yang ingin berkomunikasi dengan Anda dalam Bahasa Indonesia, tanpa harus menguasainya.

Seperti yang Anda lihat, buku ini penuh dengan gambar-gambar lucu dan kata-kata Bahasa Indonesia. Jadi, si turis tinggal mencari kata-kata yang ingin disampaikan, kemudian menunjukkannya kepada Anda dengan jari.

Barangkali Anda akan berpikir… "Zaman sekarang kan HP bisa membantu kita berkomunikasi melalui berbagai appsnya. Kok harus pakai buku segala?"

Memang sedikit lebih repot sih, mencari kata-kata yang dituju dalam buku daripada pakai apps. Tapi, di dalam prosesnya, saya yakin, obrolan akan berkembang. Kok bisa? Karena saya menyusun buku ini seperti itu. Percayalah. Seru, kok!

Baiklah, selamat berkomunikasi dan terima kasih atas bantuannya!

Salam,

Yoko Takebe

この本を持っている人と出会ったあなたへ

こんにちは！私はこの本の著者、武部洋子です。

この本は、日本人旅行者が、言語をマスターしなくてもあなたと、インドネシア語で会話ができるように作られたものです。ご覧の通り、この本の中にはかわいい絵とインドネシア語の単語がたくさんあります。旅行者は伝えたい言葉を探して、それをあなたに指さしてみせればいいんです。

「今はスマホのアプリでいくらでもコミュニケーションとれるでしょ。わざわざ本じゃなくても」と、あなたは思うでしょう。

まあ、確かに、アプリを使うよりも、本の中から単語を探す方がちょっと面倒かも。でも、そうしている中から、会話が広がる。私はそう思ってます。なぜなら、そういう風にこの本を作ったから。きっと楽しいですよ！

では、会話をエンジョイしてください。ご協力ありがとうございます！

武部洋子

第1部

「旅の指さし会話帳」本編

Buku Panduan Komunikasi
Tingtun (Tinggal Tunjuk)

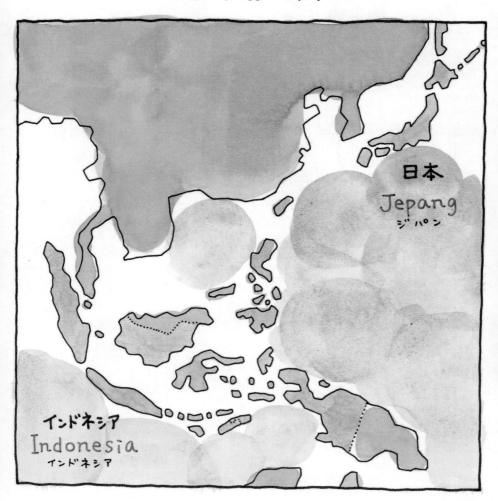

日本
Jepang
ジャパン

インドネシア
Indonesia
インドネシア

あいさつ｜移動｜数字買物｜時間｜食事｜文化｜ひと・家｜トラブル｜その他

会話のヒント Petunjuk Obrolan
プトゥンジュッ オブロラン

あいさつ

Petunjuk Obrolan

入国〜宿	朝
会話のウォーミングアップ	一日の始まりは指さしから

きっかけがなくてインドネシア語を使わなかった…それでは、あまりにモッタイナイ。始まりが肝心。まずは使って、確実に伝わることを実感してみよう！

英語や日本語で用は足りてしまうって？ それでは旅の楽しみの半分を投げ出してしまうようなもの。朝は簡単な一言を楽しむチャンスがたくさんあります。

空港で荷物を待つ間に
→空港P⑩

トイレ
WC
ウェーセー

空港に着いたら、トイレ、コンビニ、両替…探せばわかるような場所でもあえて指さしを使って、インドネシア人に話しかけてみましょう。あまりにスムーズに通じるのでびっくりするはずです。

ホテルの朝食の時に

おはよう
selamat pagi
スラマッ パギ

→あいさつP⑫

一日のはじまりも指さしから。朝食券を無言で渡すのではもったいない！ おはようの一言を伝えてみましょう。インドネシア語体験のチャンスを逃さないで！

タクシーでホテルに向かう時に
→タクシーP⑪

渋滞
macet
マチェッ

相手のご機嫌次第なとこもありますが、タクシーは会話の練習にはもってこいです。渋滞、雨、涼しい、そんな一言でもインドネシア語で話しかければ、急にうちとけた雰囲気になるものです。

外に朝食を食べに行く時に

肉だんごメン
mi bakso
ミー バソ

→食事P㊻〜㊺

限られた食事の回数。朝食もホテルから出て楽しめるとよいですね。「肉だんごメン」「〜を食べたい」といった言葉をつなぎ、近くのお店を聞き出してみましょう。

ホテルで荷物を運んでもらった時に

ありがとう
terima kasih
テリマ カシー

→あいさつP⑫

英語のサンキューで通じるところを、あえて指さしで伝えてみましょう。たどたどしくても、その土地の言葉で話す。その楽しさをちょっぴり味わえます。

朝食を食べ終わったら一言

おいしい
enak
エナッ

→味の表現P㊻

「おいしい」の一言はどんな土地でも喜ばれる必須フレーズ。ホテルのレストランでも、外の屋台でも使ってみましょう。指さしを見せながら話すと、さらに興味を持ってもらえます。

昼
会話のゲームを楽しむ

せっかくの海外旅行。現地の言葉を話す楽しみを満喫しましょう。なかなか通じないドキドキ感があるからこそ、楽しいのです。ゲーム感覚でいきましょう！

道を尋ねてみる

市場はどこ？
pasar ada di mana?
パサール アダ ディ マナ

→散歩P⑳

ちょっとした散歩や観光の途中、どんどん道を尋ねてみましょう。インドネシアには、外国人との会話を楽しむ余裕を持った人が多いです。その反応を楽しんで！

街歩きで何か発見した時に

これは何？
ini apa?
イニ アパ

→質問と確認P⑭

初めて見る食べ物、使い道のわからない雑貨、返答が理解できなくても面白いものなので尋ねてみて。指さしの隅々まで駆使して理解できたら、強烈に楽しい体験になります。

勇気を出して呼びかける

すみません！
permisi
プルミシ

→呼びかけP⑭

実のところ、インドネシアでは指さしを見せさえすれば、会話はどんどん押し寄せてきます。きっかけが難しい？ そんな時はp14「呼びかけ」を参考にしてみて！

夜
インドネシアならではの会話へ

インドネシアの面白さの究極はインドネシア人。親切だったり、アバウトだったり、親分肌だったり…指さしがあれば、そんなキャラクターを楽しめます。

おみやげを買う時に

ためしていいですか？
boleh dicoba?
ボレー ディチョバ

→服と色P㉞、工芸品・お土産P㊱

インドネシアの楽器やきれいな布地、そんな買い物の時はぜひ、音を出したり、身につけて試してみましょう。お店の人もきっと親切に応じてくれます。

夜の屋台で買い物してみる

もちかえりです
dibungkus, ya
ディブンクス ヤ

→屋台P㊴

インドネシアは街のあちこちに屋台があります。いろんな味を試してみたいけど、すぐには食べられない…そんな時はこのフレーズを。宿の人に見せれば、そこからまた会話が広がります。

トラブルこそチャンス

ケガした
cedera
チュドゥラ

→トラブルP㉘ 〜 ㉚

体調不良や、貴重品の落とし物・盗難…いやなものですが、こんな時に触れる親切は得がたい思い出。自分に秘められた馬鹿力を知る、貴重な体験にもなります！

会話のヒント

あいさつ｜移動｜数字・買物｜時間｜食事｜文化｜ひと・家｜トラブル｜その他

重要フレーズ Ungkapan Penting
ウンカパン プンティン

→あいさつP⑫

～に行きたい
Saya mau ke～
サヤ マウ ク～
→散歩P⑳

すみません！
permisi！ *1
プルミシ

ありがとう
terima kasih
テリマ カシー

～はどこですか？
～ada di mana?
～ アダ ディ マナ？
→散歩P⑳

タクシー
taksi
→P⑪

バス
bus
ブス →乗り物 P㉒

どこから来たの？
dari mana?
ダリ マナ？

日本から来ました
Saya dari Jepang
サヤ ダリ ジパン
→あいさつ P⑫

～はありますか？
ada～?
アダ ～？

私は～を買いたい
saya mau beli～
サヤ マウ ブリ～

いくらですか？
berapa?
ブラ パ？

→買い物・服・工芸品 P㉜～P㊲

おみやげ
oleh-oleh
オレオレ

スパイス
bumbu
ブンブ

楽器
alat musik
アラッムシッ

バティック
（更紗）
batik
バティッ

バナナ
pisang
ピサン
→果物P㊼

パパイヤ
pepaya
プパヤ

ドリアン
duren
ドゥレン

マンゴスチン
manggis
マンギス

いま何時？
jam berapa sekarang?
ジャム ブラパ スカラン
→時間P㊵

昨日
kemarin
クマリン

今日
hari ini
ハリ イニ

明日
besok
ベソッ
→月日と年月 P㊷

断食月
Ramadhan
ラマダン
→P㊻

断食明け祭
Lebaran
レバラン
→P㊻

独立記念日
Hari Kemerdekaan
ハリ クムルデカアン
→P㊹

*1 英語の"Excuse me !"のように、あくまでも呼びかけの言葉で、ごめんなさいの意味はない。

~が食べたい
Saya mau makan~
サヤ　マウ　マカン　～
→食事P(46)

→主な料理P(50)

焼きそば
mi goreng
ミ　ゴレン

焼きとり
sate ayam
サテ　アヤム

~が飲みたい
Saya mau minum~
サヤ　マウ　ミヌム　～

コーヒー
kopi
コピ

お茶
teh
テー

→飲み物P(51)

~が好き
Saya suka~
サヤ スカ～

→趣味P(74)
→休日P(76)

さんぽ　→散歩P(20)
jalan-jalan
ジャラン　ジャラン

ロマ・イラマ
Rhoma Irama →有名人 P(58)
ロマ イラマ

たむろして雑談
nongkrong
ノンクロン　→P(66)

ガムラン →伝統文化P(62)
gamelan
ガムラン

きょうだいは何人いますか？
Saudaranya berapa?
ソーダラニャ　　ブラパ？

→家族・友だちP(70)

家
rumah
ルマー
→家P(68)

彼（彼女）はいい人です
dia baik
ディア バイク

→ひとの性格P(72)

カゼを **masuk angin**
ひいた　マスッ アンギン
→P(78)

下痢　**diare**
している　ディアレ

~が **kecurian~** →P(83)
盗まれた　クチュリアン ～

事故 **kecelakaan**
→P(83) クチュラカアン

入院　**opname**
→P(80) オプナメ

薬 →P(81) **obat**
オバッ

→その他の形容詞P(88)

高い
mahal
マハル

安い
murah
ムラー

よい
bagus
バグス

ヤギ
kambing
カンビン

→生き物P(84)

ニワトリ
ayam
アヤム

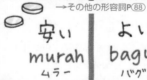

携帯・スマホ
HP
ハー ペー
→P(38)

出会う
jumpa
ジュンパ

話す
bicara
ビチャラ

何？
apa?
アパ？

→動詞・疑問詞P(86)

重要フレーズ

あいさつ｜移動｜数字買物｜時間｜食事｜文化｜ひと・家｜トラブル｜その他

(9)

あいさつ / Bandara & Taksi

〜はどこにありますか？
（〜はどこですか？）
〜 ada di mana ?
アダ ディ マナ

入国審査
imigrasi
イミグラシ

入国カード
kartu imigrasi
カルトゥ イミグラシ

税関
pabean
パベアン

到着ビザ
visa on *1
arrival
フィサ オン アライバル

案内所
(information)
tempat informasi
トゥンパッ インフォルマシ

国内線
jalur domestik
ジャルール ドメスティック

ターミナル
terminal
トゥルミナル

喫煙所
tempat
merokok
トゥンパッ ムロコッ

ラウンジ
lounge
ラウンジ

窓口
loket
ロケッ

電話
telepon
テレポン

両替所 tempat
penukaran uang
トゥンパッ
プヌカラン ウアン

免税店
toko bebas pajak
トコ ベバス パジャッ

ホテル予約カウンター
tempat pemesanan hotel
トゥンパッ プムサナン ホテル

警察
kantor polisi
カントル ポリシ

トイレ
WC
ウェーセー

〜に乗りたいのですが…
saya mau naik 〜
サヤ マウ ナイク

空港鉄道
kereta api
bandara
クレタアピ バンダラ

空港バス
bus DAMRI
ブス ダムリ
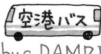

タクシー
taksi *2
タクシー

配車アプリ

（グラブ）
Grab グラッブ
（ゴジェック）*3
Go Car ゴーカー

→乗り物P㉒

*1 2023年6月現在で500,000ルピア（滞在30日間まで）。 *2 タクシースタンドの近くにあるタッチスクリーン式の番号札を取って並ぶ。
*3 ブランド名はGojekだが、車のサービスに関してはGoCarと呼ぶ。

～に行きたい
Saya mau ke～
サヤ マウ ク

いくらですか？
berapa?
ブラ パ

ルピア
rupiah
ルピア

□ルピアぐらい
kira-kira
rupiah
キラキラ□ルピア

→数字とお金P⑩

クタ
Kuta
クタ

レギャン
Legian
レギャン

ウブドゥ
Ubud
ウブッ

マリオボロ通り
Jalan Malioboro
ジャラン マリオボロ

ブロックM
Blok M
ブロッ エム

スディルマン通り
Jl. Jend. Sudirman
ジャラン スディルマン

→地図 P㉔〜P㉙

空港・タクシー

この本(地図)を見てください
lihat buku (peta) ini
リハッ ブク （ペタ） イニ

タクシーを呼んでください
tolong panggilkan taksi
トロン パンギルカン タクシ

～時に迎えに来てください
tolong jemput saya pada jam～
トロン ジュンプッ サヤ パダ ジャム ～ →時間P㊵

高速道路用の電子マネーは持っていません
saya tidak punya kartu E-Toll *4
サヤ ティダ プニャ カルトゥ イートゥ

クーラーつけてください
pakai AC, ya
パケ アーセー ヤ

トランクを開けてください
tolong bukakan bagasi
トロン ブカカン バガシ

ボリュームを小さくしてください
tolong kecilkan suaranya
トロン クチルカン スアラニャ

高速道路で行ってね
lewat tol, ya
レワッ トル ヤ

暑い
panas
パナス

寒い
dingin
ディンギン

渋滞
macet
マチェッ

急いで
cepat
チュパッ

ゆっくり
pelan-pelan
プランプラン

とめて
stop
ストップ

ここです
di sini
ディ シニ

一方通行
jalan satu arah
ジャラン サトゥ アラー

※4 高速道路は電子マネーのみ受け付け。たいていはドライバーが持っているので、それを使わせてもらって降りるときに代金に載せて支払う。

11

あいさつ Ucapan Salam
ウチャパン サラム

ようこそ *1
selamat datang
スラマッ ダタン

おはよう
(5:00→10:00)
selamat pagi
スラマッ パギ

こんにちは
(10:00→15:00)
selamat siang
スラマッ シアン

こんにちは
(15:00→18:00)
selamat sore
スラマッ ソレ

こんばんは
(18:00→)
selamat malam
スラマッ マラム

おやすみなさい
selamat tidur
スラマッ ティドゥール

お元気ですか?
apa kabar?
アパ カバール

元気です
baik-baik saja
バイク バイク サジャ

イスラム式のあいさつと返事 *2

こんにちは
assalamu 'alaikum
アッサラーム アライクム

こんにちは
wa'alaikum
ワライクム
salam
サラーム

ありがとう
terima kasih
テリマ カシー

どういたしまして
sama-sama
サマ サマ

ごめんなさい
minta maaf
ミンタ マアフ

大丈夫!
tidak apa-apa
ティダッ アパ アパ

あいさつ

Ucapan Salam

(12) *1 selamat!(スラマッ)だけで「おめでとう」の意味。 *2 人と会った時、別れる時、電話口などいつでも使えるので便利。日本人旅行者が使った場合、意外なコトバを知っているという意味でウケも狙える。

どこへ行くの？ *3
mau ke mana?
マゥ ク マナ

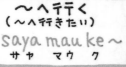
～へ行てく
（～へ行てきたい）
saya mau ke ～
サヤ マゥク ～

ちょっとそこまで
ke sana sebentar
ク サナ スブンタール

ちょっとお散歩
jalan-jalan dulu
ジャラン ジャラン ドゥル

どこへ行ってきたの？
（どこから来たの？） *3
dari mana?
ダリ マナ

～へ行ってきた
（～から来た）
dari ～
ダリ

あちらから
dari sana
ダリ サナ

ちょっとお散歩してきた
habis jalan-jalan
ハビス ジャラン ジャラン

もう食べた？ *3
sudah makan?
スダ マカン

日本から来ました
dari Jepang
ダリ ジパン

うん
sudah
スダ

まだ
belum
ブルム

また会いましょう
sampai jumpa
サンペ ジュンパ

おいとまします
saya pamit dulu
サヤ パミッ ドゥル

バイバ～イ！
daag!
ダー

さようなら（自分が去る場合）
selamat tinggal
スラマッ ティンガル

さようなら（自分が残る場合）
selamat jalan
スラマッ ジャラン

気をつけて
hati-hati
ハティハティ

～によろしく
salam untuk ～
サラム ウントゥッ ～

*3 いずれも軽いあいさつとしてよく使われる。

⑬

よびかけ Sapaan
サパアン

すみません *1	ちょっとおたずねします
permisi	numpang tanya
プルミシ	ヌン パン　タニャ

おとな	おじさん		おばさん
	bapak／pak		ibu／bu
	バ パッ／パッ		イブ／ブ

老人	おじいさん		おばあさん
	kakek／kek		nenek／nek
	カケッ／ケッ		ネネッ／ネッ

青年	兄ちゃん *2		姉ちゃん *2
	mas		mbak
	マス		ンバッ

こども	ぼく・おじょうちゃん
	adik, dik
	アデッ，デッ

質問や確認のためのコトバ

これは何ですか？	インドネシア語で何ていうの？
ini apa?	bahasa Indonesianya apa?
イニ　アパ	バハサ　インドネシアニャ　アパ

ゆっくり話してください	もう一度話してください
tolong bicara pelan-pelan	tolong bicara sekali lagi
トロン　ビチャラ　プラン　プラン	トロン　ビチャラ　スカリ　ラギ

*1 人の近くをすり抜けるとき、そばに見当たらない店員を呼ぶときなどに使う。　*2 masもmbakもジャワ語だが、かなり一般的に使われる。

さあ！
ayo!
アヨ

どうしたの？
ada apa?
アダ　アパ

どうして？
kenapa?
クナパ

たすけて～！
（またはお願いします）
tolong!
トロン

ちょっとお待ちください
tunggu sebentar
トゥング　スブンタール

だめ！
jangan!
ジャンガン

やめて！
hentikan!
ヘンティカン

待って！
tunggu!
トゥング

→トラブルP82

写真をとってもいいですか？
boleh saya ambil foto?
ボレ　サヤ　アンビル　フォト

いいです
boleh
ボレ

写真を送る
P90

写真をとってください
tolong ambilkan foto
トロン　アンビルカン　フォト

いけません
tidak boleh
ティダ　ボレ

一緒に写真をとりましょう
ayo kita foto bersama
アヨ　キタ　フォト　ブルサマ

押すだけです
tinggal pencet saja
ティンガル　プンチェッ　サジャ

これを発音してください
tolong ucapkan yang ini
トロン　ウチャップカン　ヤン　イニ

この発音であってますか？
ucapannya benar?
ウチャパンニャ　ブナール

よくわかりません
kurang jelas
クラン　ジュラス

（裏表紙に）書いてください
tolong ditulis
トロン　ディトゥリス
(di halaman belakang)
ディ　ハラマン　ブラカン

自己紹介 Memperkenalkan Diri
ムンプルクナルカン ディリ

私の名前は〜です *1
nama saya 〜
ナマ　サヤ

あなたの名前はなんですか?
siapa nama anda?
シアパ　ナマ　アンダ

★ anda（アンダ）→ あなた（ていねい）
kamu（カム）→ きみ（ふつう）

父 ayah アヤー	母 ibu イブ
兄弟・姉妹 saudara ソーダラ	こども anak アナッ
家族 keluarga クルアルガ	友達 teman トゥマン

恋人 pacar パチャール

→数字P30

何歳ですか?
umurnya berapa?
ウムールニャ　ブラパ

〜歳です
umur saya 〜 tahun
ウムール　サヤ　　タフン

家族・友だちP70

仕事はなんですか? kerjanya apa? クルジャニャ アパ

大学生
mahasiswa
マハシスワ

会社員
karyawan
カルヤワン

公務員
pegawai negeri
プガワイ　ヌグリ

教師
guru
グル

看護師
perawat
プラワッ

医者
dokter
ドクトゥル

無職
penganggur
プンガングール

ウェイター/ウェイトレス
pelayan
プラヤン

事業家
pengusaha
プングサハ

警官
polisi
ポリシ

セレブリティ
Selebriti
セレブリティ

メイド（お手伝いさん）
pembantu
プンバントゥ

○○屋
tukang ○○
トゥカン

運転手
supir
スピール

農民/農家
petani
プタニ

漁師
nelayan
ヌラヤン

街にいる人P66

芸術家
Seniman
スニマン

デザイナー
desainer
デザイナル

ミュージシャン
musisi
ムシシ

主婦
ibu rumah tangga
イブ ルマー　タンガ

→音楽P60

*1 ふつうは下の名前だけで十分。フルネームで答えておいて、「panggil saya XXX（パンギル サヤ XXX ／ XXXと呼んでください）」というのもあり。

私は〜人です
saya orang 〜
サヤ　オラン

〜に行ったことがあります
saya sudah pernah ke〜
サヤ　スダー　プルナーク　〜

出身はどこ？
anda berasal dari mana?
アンダ　ブルアサル　ダリ　マナ

〜出身です
saya berasal dari 〜
サヤ　ブルアサル　ダリ
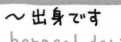
→インドネシア全図P㉔

インドネシア
Indonesia
インドネシア

日本
Jepang
ジパン

シンガポール
Singapura
シンガプラ

マレーシア
Malaysia
マレイシア

タイ
Thailand
タイラン

自己紹介

あいさつ｜移動｜数字｜買物｜時間｜食事｜文化｜ひと・家｜トラブル｜その他

中国	香港	韓国	オランダ
Tiongkok	Hong Kong	Korea Selatan	Belanda
ティオンコッ	ホン コン	コレア スラタン	ブランダ
インド	アラビア	アメリカ	オーストラリア
India	Arab	Amerika	Australia
インディア	アラブ	アメリカ	オーストラリ

結婚している	まだ結婚していない	子供がいる
sudah kawin	belum kawin	sudah punya anak
スダ カウィン	ブルム カウィン	スダ プニャ アナッ

恋人がいる	まだ恋人がいない	恋人ボシュー中	別れたばかり
sudah punya pacar	belum punya pacar	sedang cari pacar	baru saja putus
スダ プニャ パチャール	ブルム プニャ パチャール	スダン チャリ パチャール	バル サジャ プトゥス

→恋人、出産などの話P㉑

17

ホテル・エステ　Hotel, Spa
ホテル、スパ

ホテルを探しています
saya sedang
サヤ　スダン
mencari hotel
ムンチャリ　ホテル
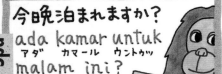

今晩泊まれますか？
ada kamar untuk
アダ　カマール　ウントゥッ
malam ini?
マラム　イニ

1泊いくらですか？
satu malamnya
サトゥ　マラムニャ
berapa?
ブラパ

WiFiのパスワードを教えてください
minta
ミンタ
password WiFi
パスワー　ワイファイ

宿 penginapan プンギナパン	泊まる menginap ムンギナップ
ホテル hotel ホテル	安宿（宿屋） losmen ロスメン

予約してあります
Saya sudah booking
サヤ　スダー　ブッキン
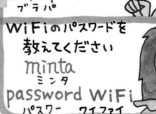

シングル Single シングル	ダブル double ダブル	ツイン twin トゥイン

ネットで予約しました
Saya sudah book via online
サヤ　スダー　ブッ　フィア　オンライン

～はありますか？ ada～? アダ～?　　**故障してます** rusak ルサッ

エアコン AC アーセー	お湯 air panas アイル パナス	パソコン komputer コンプートゥル	WiFi WiFi ワイファイ →P74
テレビ televisi テレフィシ	セイフティーボックス Safety box セイフティ ボックス	エキストラベッド extra bed エクストラ ベッ	非常口 pintu darurat ピントゥ ダルラッ
何時から？ dari jam berapa? ダリ ジャム ブラパ?	朝食 sarapan サラパン	おみやげ屋 toko suvenir トコ スフニール	ジム fitness gym フィットネス ジム
何時まで？ sampai jam berapa? サンパイ ジャム ブラパ?	レストラン restoran レストラン	プール kolam renang コラム ルナン	ランドリー laundry ローンドリ

18

チェックイン
check in
チェッキン

チェックアウト
check out
チェッカウ

両替えしたい
saya mau
menukar uang
サヤ マウ ムヌカール ウアン

クレジットカードで"支払い"済みです Saya sudah lunas dengan kartu kredit
サヤ スダー ルナス ドゥンガン カルトゥ クレディッ

パソコン

プリントアウトしたい
Saya ada file yang
mau dicetak
サヤ アダ ファイル ヤン マウ ディチェタッ

日本語入力できますか？
bisa ketik dengan
bahasa Jepang?
ビサ クティッ ドゥンガン バハサ ジパン？

荷物

貴重品を預かってください
Saya mau titipkan
barang berharga
サヤ マウ ティティップカン バラン ブルハルガ

この荷物を預かってください
saya mau titipkan
bawaan saya
サヤ マウ ティティップカン バワアン サヤ

電話・予約

国際電話をかけたい
saya mau telepon
internasional
サヤ マウ テレポン イントゥルナショナル

予約を入れてください
saya mau booking
サヤ マウ ブッキン

タクシー

タクシーを呼んで"
tolong panggilkan
taksi
トロン パンギルカン タクシ

ホテルの名刺をください
minta kartu
nama hotel
ミンタ カルトゥ ナマ ホテル

エステ・アクティビティ

エステ
spa
スパ
→P⑦⑧

全身マッサージ
Pijat seluruh
badan
ピジャッ スルルー バダン

アロママッサージ
Pijat
aromaterapi
ピジャッ アロマテラピ

足裏マッサージ
Pijat refleksi
ピジャッ レフレクシ
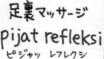

フェイシャル
トリートメント
facial
フェイシャル
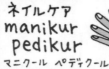

パック
masker
マスカル

痩身マッサージ
Pijat pelangsingan
ピジャッ プランシンガン

ネイルケア
manikur
pedikur
マニクール ペディクール

アーユルヴェーダ
ayurveda
アユールフェーダ

マリンスポーツ
olahraga
laut
オララガ ラウッ

サイクリング"
bersepeda
ブルスペダ

ゴルフ
golf
ゴルフ

→スポーツ⑦⑦

移動 数字買物 時間 食事 文化 ひと・家 トラブル その他

散 歩 Jalan-jalan
ジャランジャラン

どこへ行くの？
mau ke mana?
マウ ク マナ

〜へ行く
saya mau ke 〜
サヤ マウ ク

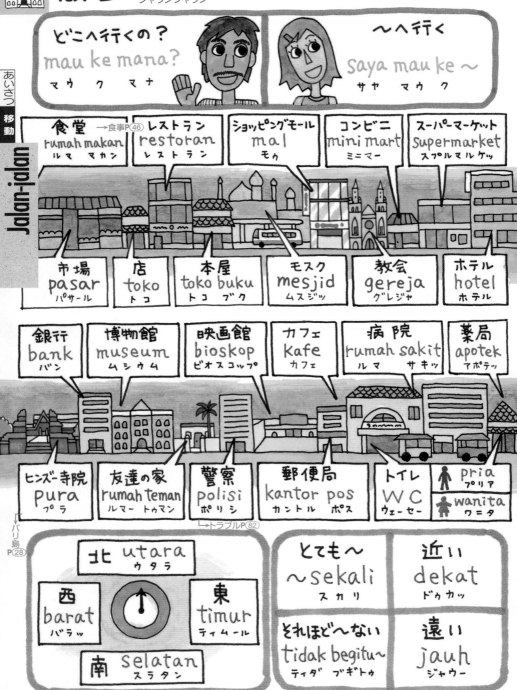

食堂 →食事P.46	レストラン	ショッピングモール	コンビニ	スーパーマーケット
rumah makan	restoran	mal	mini mart	supermarket
ルマ マカン	レストラン	モゥ	ミニマー	スプルマルケッ

市場	店	本屋	モスク	教会	ホテル
pasar	toko	toko buku	mesjid	gereja	hotel
パサール	トコ	トコ ブク	ムスジッ	グレジャ	ホテル

銀行	博物館	映画館	カフェ	病院	薬局
bank	museum	bioskop	Kafe	rumah sakit	apotek
バン	ムシウム	ビオスコップ	カフェ	ルマ サキッ	アポテッ

ヒンズー寺院	友達の家	警察	郵便局	トイレ	pria プリア
pura	rumah teman	polisi	kantor pos	WC	wanita ワニタ
プラ	ルマー トゥマン	ポリシ	カントル ポス	ウェーセー	

→バリ島 P.28
→トラブルP.82

北 utara ウタラ			
西 barat バラッ	🧭	東 timur ティムール	
	南 selatan スラタン		

とても〜 〜sekali スカリ	近い dekat ドゥカッ
それほど〜ない tidak begitu〜 ティダ ブギトゥ	遠い jauh ジャウー

～はどこですか？
～ada di mana?
アダ ディ マナ

ここはどこですか？
ini di mana?
イニ ディ マナ

～に連れて行ってください
tolong antarkan saya ke～
トロン アンタールカン サヤ ク～

道に迷いました
saya kesasar
サヤ クササール

食事	買い物に	散歩に	友達に会いに
makan マカン →P㊻	belanja ブランジャ →P㉜	jalan-jalan ジャラン ジャラン	ketemu teman クトゥム トゥマン
遊びに main マイン	仕事に kerja クルジャ	両替に tukar uang トゥカール ウアン	～を買いに beli～ ブリ
山 gunung グヌン	海 laut ラウ	川 sungai スンガイ	島 pulau プラウ

移動 数字買物 時間 食事 文化 ひと・家 トラブル その他

前 depan ドゥパン	上 atas アタス
後ろ belakang ブラカン	下 bawah バワー

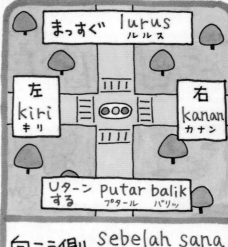

まっすぐ lurus
ルルス

左 kiri
キリ

右 kanan
カナン

Uターンする putar balik
プタール バリッ

ここ sini シニ	～に di～ ディ
そこ situ シトゥ	～から dari～ ダリ
あそこ sana サナ	～まで sampai～ サンペ

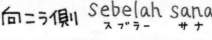

向こう側 sebelah sana
スブラー サナ

道 jalan
ジャラン

こちら側 sebelah sini
スブラー シニ

乗り物 Kendaraan
クンダラアン

→空港・タクシーP⑩

 どこへ行きますか？
mau ke mana?
マウ ク マナ

私は〜へ行きたい
saya mau ke 〜
サヤ マウ ク 〜

Kendaraan

私は〜に乗りたい
Saya mau naik〜
サヤ マウ ナイッ〜

鉄道 *1
kereta api
クレタ アピ

飛行機
pesawat terbang
プサワッ トゥルバン

空港P⑩

〜で（手段）
dengan
ドゥンガン

 バス
bus
ブス

エアコンバス
bus AC
ブス アーセー

バスウェー
busway *2
バスウェー

 舟
kapal
カパル

ボート
perahu
プラフ

乗り合い自動車
angkutan kota
アンクタン コタ

中距離乗り合い自動車
travel *3
トラフェル

レンタカー
mobil sewa
モビル セワ

タクシー
taksi →⑪
タクシー

配車アプリ（グラブ）
Grab **Grab**
グラブ

配車アプリ（ゴジェック）
🅟 **Gojek**
ゴジェッ

駅	バス停	バスターミナル	港	空港
Stasiun スタシウン	**halte bus** ハルテ ブス	**terminal bus** トゥルミナル ブス	**pelabuhan** プラブハン	**bandara** バンダラ

値段交渉する乗り物

 三輪タクシー
bajaj
バジャイ

人力車
becak
ベチャ

〜に乗る
naik 〜
ナイク

馬車
delman
デルマン

〜から降りる
turun dari 〜
トゥルン ダリ

とめて！
stop!
ストップ

 いくらですか？
berapa?
ブラパ →数字とお金P㉚

※1 ジャカルターバンドン間の約150kmを45分程度で結ぶ高速鉄道が2023年開通。Whoosh（ウーシュ）という愛称で呼ばれている。 ※2 ジャカルタで専用のバスレーンを使って走っている渋滞知らずのバス。「Trans Jakarta」とも呼ばれる。※3 バスターミナルなどではなく、各運営会社

キップ	売り切れ	満員	買う
karcis カルチス	**habis** ハビス	**penuh** プヌー	**beli** ブリ

一等車(席)	エコノミー席	ビジネス席	キャンセル
kelas eksekutif クラス エクセクティフ	**kelas ekonomi** クラス エコノミ	**kelas bisnis** クラス ビスニス	**batal** バタル

～行きのキップはどこで買えますか？ **di mana saya bisa beli karcis ke~?** ディ マナ サヤ ビサ ブリ カルチス ク	～テ行きのキップはありますか？ **ada karcis ke~?** アダ カルチス ク	ある **ada** アダ
		ない **tidak ada** ティダ アダ

オンラインで予約しました **saya sudah booking online** サヤ スダ ブッキン オンライン	QRコードを見せてください **mohon tunjukkan kode QRnya** モホン トゥンジュッカン コデ キーアールニャ

いくらですか？ **berapa harganya?** ブラ パ ハルガニャ	～ルピア **~rupiah** ル ピア

～までどのくらい時間が？ **berapa lama sampai ~?** ブラ パ ラマ サンペ	～時間(分) **~jam(menit)** ジャム (ムニッ)

次のバス（汽車）は何時？ →時間P⑩ **bus (kereta) berikutnya jam berapa?** ブス (クレタ) ブリクッニャ ジャム ブラパ	出発時間は？ **berangkatnya jam berapa?** ブランカッニャ ジャム ブラパ

～テ行きは何時ですか？ **jurusan ~berangkat jam berapa?** ジュルサン ～ ブランカッ ジャム ブラパ	○時●分 **jam ○ ● menit** ジャム ○ ● ムニッ

←地図 P㉔～P㉙

ここはどこですか？ **ini di mana?** イニ ディ マナ	地名は？ **apa nama daerahnya?** アパ ナマ ダエラーニャ

～はまだですか？ **sudah sampai ~, belum?** スダ サンペ ブルム	まだ **belum** ブルム	もうすぎた **sudah lewat** スダ レワッ

～に着いたら教えて下さい **tolong beritahu saya kalau sudah sampai di ~** トロン ブリタウ サヤ カロ スダ サンペー ディ	トイレはどこですか？ **toiletnya di mana?** トイレッニャ ディ マナ

の指定した場所から乗る。ジャカルタからバンドンへ行く時など便利。

インドネシア全図 Peta Indonesia
ペタ インドネシア

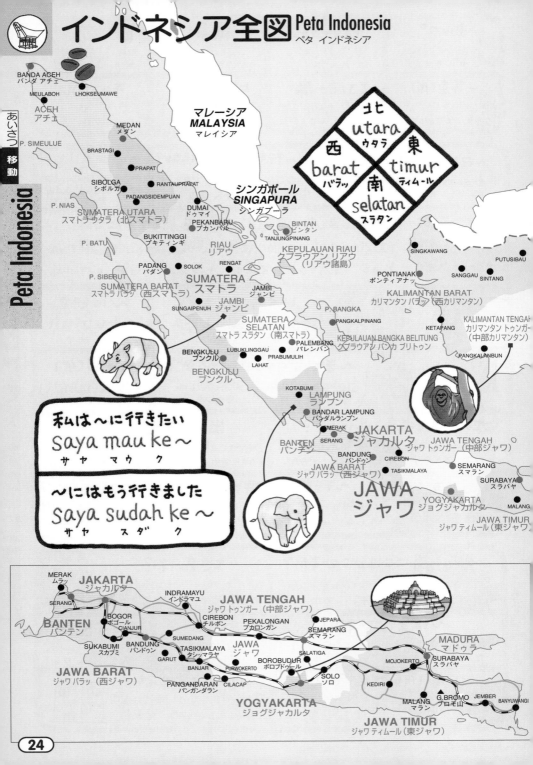

ジャカルタ Jakarta
ジャカルタ

あいさつ
移動
Jakarta

Jakarta Kota
ジャカルタコタ駅

Pluit

Kota Tua
旧市街

Bandar Udara Internasional
SOEKARNO-HATTA
スカルノ・ハッタ国際空港

SHIA

Glodok
グロドック
（中華街）

Angke

Pangeran
Jayakarta

Glodok

A KA Bandara
Lin Soekarno-Hatta

Olimo

Mangga Besar

Kalideres

Grogol

Duri

Sawah Besar

Harmoni

Tangerang   Batu Ceper   Kalideres

Kalideres

Jalambar

T KRL Komuter
Lin Tangerang

Monas

私は〜に行きたい
saya mau ke〜
サヤ マウ ク

Kebon Jeruk

Tanah Abang

MONAS
モナス

Bundaran HI

〜までいくらですか？
berapa ongkosnya sampai〜?
ブラパ オンコスニャ サンペ

Stadion Utama
Gelora Bung Karno
グロラブンカルノ・スタジアム

Dukuh Atas BNI

BNI City

Senayan JCC

Setiabudi Astra
Bendungan
Hilir

Dukuh Ata

〜に行くバスを教えてください
bus tujuan〜yang mana?
ブス トゥジュアン ヤン マナ

Permata Hijau

Istora
Mandiri

Senayan

Karet
Sudirman

Polda

Bendungan
Hi Semanggi

GBK

Bundaran Senayan

太い線＝鉄道
garis tebal＝kereta api, LRT, MRT

Kebayoran

Pasar Kebayoran Lama

Masjid Agung

CSW-ASEAN

駅 stasiun

Blok M BCA

Blok M
ブロックエム

細い線＝バス
garis tipis ＝ bus

Rangkasbitung

Blok A

Haji Nawi

M MRT Jakarta
Lin Utara Selatan

バス停 Halte
Transjakarta

R KRL Komuter
Lin Rangkasbitung

Pondok Indah 1

Cipete Raya

Lebak Bulus

Fatmawati
Indomaret

ここで示したバスは、渋滞対策の専用
レーンを走る「busway／バスウェー」。
トランスジャカルタとも呼ばれる。→乗り物P㉒

Lebak Bulus Grab

26

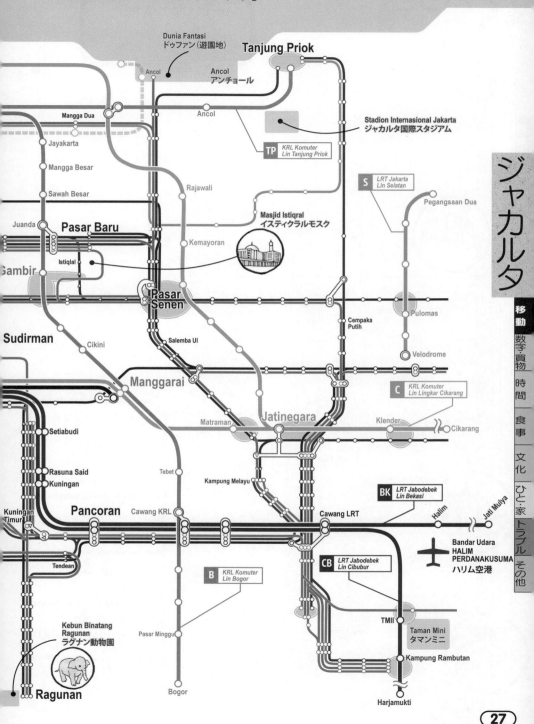

Teluk Jakarta　ジャカルタ湾

Dunia Fantasi
ドゥファン（遊園地）

Tanjung Priok

Ancol

Ancol
アンチョール

Stadion Internasional Jakarta
ジャカルタ国際スタジアム

Mangga Dua

Ancol

Jayakarta

TP KRL Komuter
Lin Tanjung Priok

Mangga Besar

Rajawali

S LRT Jakarta
Lin Selatan

Pegangsaan Dua

Sawah Besar

Juanda

Pasar Baru

Masjid Istiqral
イスティクラルモスク

Kemayoran

Gambir

Istiqlal

Pulomas

Pasar
Senen

Cempaka
Putih

Velodrome

Sudirman

Cikini

Salemba UI

C KRL Komuter
Lin Lingkar Cikarang

Manggarai

Matraman

Jatinegara

Klender

Cikarang

Setiabudi

Rasuna Said

Tebet

Kampung Melayu

Kuningan

BK LRT Jabodebek
Lin Bekasi

Kuningan
Timur

Pancoran

Cawang KRL

Cawang LRT

Halim

Jati Mulya

Bandar Udara
**HALIM
PERDANAKUSUMA**
ハリム空港

CB LRT Jabodebek
Lin Cibubur

Tendean

B KRL Komuter
Lin Bogor

TMII

Taman Mini
タマンミニ

Kebun Binatang
Ragunan
ラグナン動物園

Pasar Minggu

Kampung Rambutan

Ragunan

Bogor

Harjamukti

移動
数字
買物
時間
食事
文化
ひと・家
トラブル
その他

バリ島 Pulau Bali
プラウ バリ

~はどこですか？
~ ada di mana?
アダ ディ マナ

あいさつ
移動

Pulau Bali

Gilimanuk
ギリマヌッ

Jembrana
ジュンブラナ

Buleleng
ブレレン

Lovina
ロフィナ

Seririt

Pupuan
ププアン

Negara
ヌガラ

Pulukan

Soka

Wanasari

Tabanan
タバナン

Kukuh

Blahkiuh

Ubud
ウブッ

Peliatan
プリアタン

Gianyar
ギアニアール

Krambitan

Baha

Penarungan

Mas
マス

Blanbatuh

Tabanan
タバナン

Mengwi

Sibang

Batuan
バトゥアン

Kediri
クディリ

Kapal

Sibanggede

Sempidi

Singapadu

Sukawati
スカワティ

Baraban

Lukluk

Batubulan
バトゥブラン

Celuk
チュルッ

Tanah Lot
タナロッ

Badung
バドゥン

Ubung
ウブン

Sumerta
スメルタ

Tohpati
トパティ

Kerobokan
クロボカン

Balun
バルン

Denpasar
デンパサール

Sanur
サヌール

Seminyak
スミニャッ

Denpasar
デンパサール

Legian
レギアン

Kuta
クタ

Bandara Ngurah Rai
バンダラングラ ライ
Ngurah Rai International Airport
ングラ・ライ空港

Benoa
ブノア

Jimbaran
ジンバラン

Nusa Dua
ヌサ ドゥア

Uluwatu
ウルワトゥ

~で有名な村
desa yang
terkenal dengan~
デサ ヤン トゥルクナル ドゥンガン～

踊り
tarian
タリアン

音楽
musik
ムシッ

工芸品 →P36
kerajinan tangan
クラジナン タンガン

市場
pasar
パサール

28

バリ島

移動｜数字｜買物｜時間｜食事｜文化｜ひと・家｜トラブル｜その他

北 utara ウタラ
西 barat バラッ
東 timur ティムール
南 selatan スラタン

Singaraja
シンガラジャ

Air Sanih

Tejakula

Bangli
バンリ

Tianyar

Kintamani
キンタマニ

Gn.Batur
バトゥール山

Batur
バトゥール

Danau Batur
バトゥール湖

Penelokan

Kubu

Tulamben
トゥランベン

Karangasem
カランアセム

Amed
アムッ

Gn. Batukau
バトゥカウ山

Pura Besakih
ブサキ寺院
プラ ブサキ

Besakih

Gn.Agung
アグン山

Tirtagangga
ティルタガンガ

Tabanan
タバナン

Gianyar
ギァニアール

Amlapura
アンラプラ

Tegallalang
トゥガララン

Bangli
バンリ

Tenganan
トゥンガナン

Candi Dasa
チャンディダサ

Ubud
ウブッ

Klunkung
クルンクン

Goa Lawah
ゴア ラワ

Mas
マス

Gianyar
ギアニアール

Klunkung
クルンクン

Padangbai
パダンバイ

Tabanan
タバナン

Batubular
バトゥブラン

Tanah Lot
タナロッ

Badung
バドゥン

Denpasar
デンパサール

Sanur
サヌール

Legian
レギァン

Denpasar
デンパサール

Ngurah Rai
International Airport
ングラ・ライ空港

Kuta
クタ

Benoa
ブノア

Nusa Penida
ヌサ プニダ

Jimbaran
ジンバラン

Nusa Dua
ヌサ ドゥア

Uluwatu
ウルワトゥ

左図の範囲

私は〜に行きたい
saya mau ke〜
サヤ マウ ク

いくらですか？
berapa?
ブラパ
→P30

〜にはもう行きました
saya sudah ke〜
サヤ スダ ク

〜ルピアでいいでしょ？
〜rupiah saja, deh!
ルピア サジャ デー

数字とお金 Angka dan Uang
アンカ ダン ウアン

あいさつ 移動 **数字買物**

Angka dan Uang

0	nol ノル

1	satu サトゥ

2	dua ドゥア

3	tiga ティガ

4	empat ウンパッ

5	lima リマ

6	enam ウナム

7	tujuh トゥジュ

8	delapan ドゥラパン

9	sembilan スンビラン

10	sepuluh スプルー

10台 □ belas ブラス

11	sebelas スブラス

12	duabelas ドゥアブラス

13	tigabelas ティガブラス

14	empat belas ウンパッ ブラス

15	lima belas リマ ブラス

16	enam belas ウナム ブラス

17	tujuh belas トゥジュ ブラス

18	delapan belas ドゥラパン ブラス

19	sembilan belas スンビラン ブラス

20	dua puluh ドゥア プルー

十 □ puluh プルー

40	empat puluh ウンパッ プルー
75	tujuh puluh lima トゥジュ プルー リマ

百 □ ratus ラトゥス

100	seratus スラトゥス
740	tujuh ratus empat puluh トゥジュ ラトゥス ウンパッ プルー

千 □ ribu リブ

1,000	seribu スリブ
2,200	dua ribu dua ratus ドゥア リブ ドゥア ラトゥス

万 □ puluh ribu プルー リブ

10,000	sepuluh ribu スプルー リブ
25,000	dua puluh lima ribu ドゥア プルー リマ リブ

十万 □ ratus ribu ラトゥス リブ

100,000	seratus ribu スラトゥス リブ

百万 □ juta ジュタ

1,000,000	satu juta サトゥ ジュタ

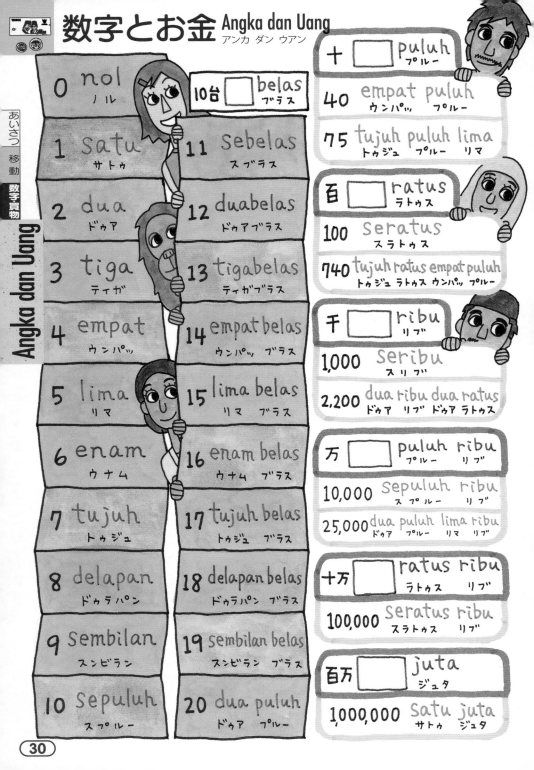

数字とお金

いくつ？
berapa + 類別詞?
ブラパ

例 何人？
berapa orang?
ブラパ　オラン

いくら？
berapa (rupiah)?
ブラパ　（ルピアー）

類別詞

人 orang オラン	回 kali カリ	個 (小さいもの) biji ビジ	個 (大きいもの) buah ブアー
包み (タバコも) bungkus ブンクス	枚 lembar ルンバル	台 (車) buah ブアー	匹 ekor エコール

時間 P40、月日 P42

時間 jam ジャム	日 hari ハリ	ヵ月 bulan ブラン	年 tahun タフン
パーセント persen プルセン	ルピア rupiah ルピア	円 yen イェン	ドル dolar ドラール

おカネ

 100ルピア seratus rupiah スラトゥス ルピア

200ルピア dua ratus rupiah ドゥア ラトゥス ルピア

500ルピア lima ratus rupiah リマ ラトゥス ルピア

1000ルピア seribu rupiah スリブ ルピア

 2000ルピア dua ribu rupiah ドゥア リブ ルピア

20000ルピア dua puluh ribu rupiah ドゥア プルー リブ ルピア

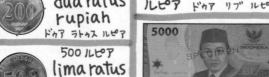 5000ルピア lima ribu rupiah リマ リブ ルピア

50000ルピア lima puluh ribu rupiah リマ プルー リブ ルピア

 10000ルピア sepuluh ribu rupiah スプルー リブ ルピア

 100000ルピア seratus ribu rupiah スラトゥス リブ ルピア

買い物 Belanja
ブランジャ

〜に行きたい
saya mau ke 〜
サヤ マウ ク

この本(地図)を見てください
lihat buku (peta) ini
リハッ ブク （ペタ） イニ

私は〜を買いたい
saya mau beli 〜
サヤ マウ ブリ

何をお探しで？
cari apa?
チャリ アパ

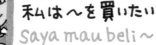

見てるだけ
lihat-lihat saja
リハッ リハッ サジャ

おすすめはどれですか？
rekomendasinya
レコメンダシニャ
yang mana?
ヤン マナ

〜はありますか？
ada〜?
アダ

いま流行ってるのはどれですか？
mana yang
マナ ヤン
lagi tren?
ラギ トレン

これは何ですか？
apa ini?
アパ イニ

どうやって使うの？
bagaimana
バゲマナ
cara pakainya?
チャラ パケーニャ

あなたが好きなのはどれですか？
anda suka
アンダ スカ
yang mana?
ヤン マナ

もっと〜なのはありますか？
ada yang lebih〜?
アダ ヤン ルビ

高い
mahal
マハル

安い
murah
ムラー

大きい
besar
ブサール

小さい
kecil
クチル

変わった
unik
ウニッ

新しい
baru
バル

よい
bagus
バグス

└→その他の形容詞P.88

バーゲン！
obral
オブラル

わりびき
diskon
ディスコン

３つ買うと１コタダ！
beli tiga dapat satu
ブリ　ティガ　ダパッ　サトゥ

これをください
minta ini
ミンタ　イニ

いらない
tidak usah
ティダ　ウサー

〜へのおみやげなんだけど何がいいかな？
oleh-oleh untuk 〜
オレ　オレ　ウントゥッ
bagusnya apa ya?
バグスニャ　アパ　ヤ

恋人
pacar
パチャール

会社
kantor
カントール

母
ibu
イブ

父
bapak
バパッ

娘
anak perempuan
アナッ　プルンプアン

息子
anak laki-laki
アナッ　ラキラキ

→家族・友だち P.70

いくらですか？
berapa harganya?
ブラパ　ハルガニャ

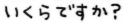

〜ルピア
〜rupiah
ルピア
→数字とお金 P.30

〜ルピアでいいでしょ
〜rupiah saja, ya?
ルピア　サジャ　ヤ

いいよ
boleh
ボレ

だめ
tidak bisa
ティダ　ビサ

クレジットカードはOK？
bisa pakai kartu kredit?
ビサ　パケ　カルトゥ　クレディッ

クレジットカード手数料がかかります
kena charge
クナ　チャルジ

郵送してください
tolong dikirim
トロン　ディキリム

船便
via laut
フィア　ラウ

航空便
via udara
フィア　ウダラ

プレゼント用に包んでください
tolong dibungkus untuk kado
トロン　ディブンクス　ウントゥッ　カド

領収書ください
minta kwitansi
ミンタ　クイタンシ

服と色 Pakaian dan Warna
パケアン ダン ワルナ

~はありますか？
ada ~?
アダ

~はどこにありますか？
~ada di mana?
アダ ディ マナ

洋服 **baju** バジュ	Tシャツ **kaos** カオス	シャツ **kemeja** クメジャ	長そで **lengan panjang** ルンガン パンジャン
ズボン **celana** チュラナ	短パン **celana pendek** チュラナ ペンデッ	パンツ（下着） **celana dalam** チュラナ ダラム	半そで **lengan pendek** ルンガン ペンデッ
くつ下 **kaos kaki** カオス カキ	水着 **baju renang** バジュ ルナン	ブラジャー **BH** ベー ハー	帽子 **topi** トピ
スカート **rok** ロック	背広 **jas** ジャス	制服 **baju seragam** バジュ スラガム	子ども服 **baju anak-anak** バジュ アナ アナ
ジャンパー **jaket** ジャケッ	靴 **Sepatu** スパトゥ	サンダル **Sandal** サンダル	模様 **motif** モティフ

イスラム男性の帽子
peci
ペチ

イスラム男性がお祈りや正装用として着るシャツ
baju koko
バジュ ココ

ジャワ男性の上着
Sorjan
ソルジャン

イスラム女性のかぶりもの
hijab
ヒジャブ

お祈り用ベール
mukena
ムクナ

女性の伝統的上着
kebaya
クバヤ

肩掛け
Selendang
スレンダン

バジュクルン

baju kurung
バジュ クルン

家で着るワンピース
daster
ダストゥル

ためしてもいいですか?
boleh dicoba?
ボレ　ディチョバ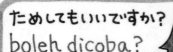

OK(どうぞ)
silakan
シラカン

NO
tidak bisa
ティダ　ビサ

似合う
cocok
チョチョッ

かっこいい
keren
クレン

きれい
cantik
チャンティッ

かわいい
lucu
ルチュ

おしゃれ
modis
モディス

もっと〜
lebih〜
ル ビー

→その他の形容詞⑧⑧

ぴったし!
pas!
パス

いくらですか?
harganya berapa?
ハルガニャ　ブラパ

(指さして)
これ!
yang
ini!
ヤン イニ

服と色

長い
panjang
パンジャン

短い
pendek
ペンデッ

大きい
besar
ブサール

小さい
kecil
クチル

数字買物｜時間｜食事｜文化｜ひと・家｜トラブル｜その他

色
warna
ワルナ

白
putih
プティー

黒
hitam
ヒタム

赤
merah
メラー

青
biru
ビル

黄
kuning
クニン

緑
hijau
ヒジョウ

紫
ungu
ウング

ピンク
pink
ピン

茶
coklat
チョクラッ

金
emas
ウマス

銀
perak
ペラッ

工芸品・お土産 Kerajinan Tangan/Oleh-oleh
クラジナン タンガン/オレーオレー

〜はありますか？
ada 〜?
アダ

ある
ada
アダ

ない
tidak ada
ティダ アダ

Tシャツ
kaos
カオス

丁字タバコ（ちょうじ）
rokok kretek
ロコ クレテッ

コーヒー
kopi
コピ

スパイス
bumbu
ブンブ

銀製品
perak
ペラッ

楽器
alat musik
アラッ ムシッ

食器
alat makan
アラッ マカン

（スパイスをつぶす）
石うす
cobek
チョベッ

アクセサリー
perhiasan
プルヒアサン

化粧品
kosmetik
コスメティッ

塩
garam
ガラム

こしょう
lada
ラダ

食材 P48

紅茶
teh
テー

お菓子
kue
クエ

インスタント調味料
bumbu instan
ブンブ インスタン

ボトル入りチリソース
Sambal botol
サンバル ボトル

ワヤンクリッ
（水牛の皮で作った影絵人形）
wayang kulit
ワヤン クリッ

ワヤンゴレッ
（木で作った操り人形）
wayang golek
ワヤン ゴレッ

お面
topeng
トペン

木像
patung dari kayu
パトゥン ダリカユ

人形
boneka
ボネカ

フレーム
bingkai
ビンカイ

絵画
lukisan
ルキサン

彫像
patung
パトゥン

テーブル
meja
メジャ

イス
kursi
クルシ

棚
lemari
ルマリ
*1

ベンチ
bangku
バンク

*1 タンス、クローゼット＝lemari pakaian(ルマリ パケアン)。カップボード＝lemari piring(ルマリ ピリン)。本棚＝lemari buku(ルマリ ブク)。

~で有名な店に行きたい
saya mau ke toko yang
サヤ マウ ク トコ ヤン
terkenal dengan koleksi ~
トゥルクナル ドゥンガン コレクシ

産地
tempat asal
トゥンパッ アサル

バティック(更紗)
batik
バティッ

イカット(かすり)
ikat
イカッ

ソンケット(金糸や銀糸を使った織物)
songket
ソンケッ

筒状の腰巻き
sarung
サルン

カイン・布
kain
カイン

頭にかぶる大判スカーフ
kerudung
クルドゥン

ショール
syal
シャル

アンティークの
antik
アンティッ

手描きの
tulis
トゥリス

シルク
sutra
スートラ

綿
katun
カトゥン

伝統的な柄
motif
tradisional
モティフ トラディショナル

新作
karya
baru
カルヤ バル

プリント
cetak
チェタッ

織物
tenun
トゥヌン

カゴ
keranjang
クランジャン

ランチョンマット
tatakan
piring
タタカン ピリン

コップしき
(コースター)
tatakan
gelas
タタカン グラス

ござ
tikar
ティカール

竹
bambu
バンブ

ラタン
rotan
ロタン

ロンタール
lontar
ロンタール

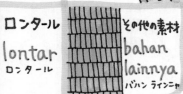

その他の素材
bahan
lainnya
バハン ラインニャ

工芸品・お土産

数字買物 時間 食事 文化 ひと・家 トラブル その他

日用品・雑貨 Barang-barang kebutuhan
バランバラン クブトゥハン ★○○と××→○○ dan ×× ダン

～を探しています saya cari ～ サヤ　チャリ	～を持っている saya punya ～ サヤ　プニャ
～を買いたい saya mau beli ～ サヤ　マウ　ブリ	～を借りてもいいですか? Boleh saya pinjam ～? ボレ　サヤ　ピンジャム

タバコ rokok ロコッ	ライター korek コレッ	カメラ kamera カメラ	USBメモリー flash disk フレッシュ ディス
テレビ televisi テレフィシ	充電器 charger チャルジャル 	SIMカード kartu SIM カルトゥ シム	ノートパソコン laptop ラップトップ
電話 telepon テレポン	携帯・スマホ HP ※2 ハーペー	ネット用データ通信料 kuota クオタ ※1	通話用通信料 pulsa プルサ	パソコン komputer コンプトゥル 
自動車 mobil モビル	オートバイ Sepeda motor スペダ モトル	自転車 sepeda スペダ	モバイルバッテリー power bank パワー ベン
カバン tas タス	サイフ dompet ドンペッ	パスポート paspor パスポール	身分証明書 kartu identitas カルトゥ イデンティタス
メガネ kaca mata カチャ マタ	腕時計 jam tangan ジャム タンガン	時計 jam ジャム →時計P(41)	家 rumah ルマー →家P(68)

※1 チャージしたい時は「saya mau isi kuota/pulsa. サヤ マウ イシ クオタ／プルサ」。　※2 HPはhandphoneの略。OSはアンドロイドが圧倒的多数。　※3 ミニマーケットやスーパーの会計で※1のように申し出れば残高をチャージ(トップアップ)してもらえる。

※形容詞は名詞の後ろにつなげます。P⑨⑤ 参照。

新しい **baru** バル	よい **bagus** バグス	よくない **jelek** ジュレッ	本物の **asli** アスリ	偽物の **palsu** パルス

中古の
bekas
ブカス

日本製
buatan Jepang
ブアタン　ジパン

インドネシア製
buatan Indonesia
ブアタン　インドネシア

おカネ
uang
ウアン

ボールペン
bolpen
ボルペン

ノート
buku catatan 
ブク　チャタタン

ハサミ
gunting
グンティン

のり
lem
レム

懐中電灯
senter
セントゥル

電球
bohlam
ボーラム

ろうそく
lilin
リリン

タオル
handuk
ハンドゥッ

トイレットペーパー
tisu toilet 
ティス　トイレッ

ウェットティッシュ
tisu basah 
ティス　バサー

傘
payung
パユン

爪セ刀リ
gunting kuku
グンティン　クク

コンドーム
kondom 
コンドーム

栓抜き
pembuka botol
プンブカ　ボトル

皿
piring
ピリン

調理器具
alat masak
アラッ　マサッ

マスク
masker
マスカル

殺虫剤
anti nyamuk
アンティ　ニャムッ

虫よけローション
losion anti nyamuk 
ロシオン　アンティ　ニャムッ

写真
foto
フォト

新聞
koran 
コラン

本
buku 
ブク

雑誌
majalah
マジャラ

マンガ
komik
コミッ

小説
novel
ノフェル

日用品・雑貨

数字貫物　時間　食事　文化　ひと・家　トラブル　その他

時間と時計 Waktu & Jam
ワクトゥ ダン ジャム

いま何時？
jam berapa
ジャム　ブラパ
sekarang?
スカラン

○○時××分です
jam ○○：××
ジャム　○○　××

【例】
jam 6：20 ＝ 6時20分
ジャム　ウナム ドゥアプルー

jam 6：20 pagi＝ 朝6時20分
ジャム　ウナム ドゥアプルー パギ

○時に起こしてください
tolong bangunkan saya pada jam ○
トロン　バングンカン　サヤ　パダ　ジャム ○

朝
pagi
パギ

○時に会いましょう
kita bertemu pada jam ○
キタ　ブルトゥム　パダ　ジャム ○

昼
siang
シアン

何時に出発しますか？
berangkat jam berapa?
ブランカッ　ジャム　ブラパ

夕
sore
ソレ

何時に到着しますか？
Sampainya jam berapa?
サンペーニャ　ジャム　ブラパ

夜
malam
マラム

〜時に迎えに来て tolong jemput saya pada jam〜
トロン　ジュンプッ　サヤ　パダ　ジャム 〜

まだ時間はありますか？ masih ada waktu?
マシー　アダ ワクトゥ？

どのくらいかかりますか？ berapa lama? ブラパ ラマ

何時間かかりますか？
berapa jam ?
ブラパ　ジャム

☐ **時間**
jam
ジャム

何分間かかりますか？
berapa menit?
ブラパ　ムニッ

☐ **分間**
menit
ムニッ

(40)

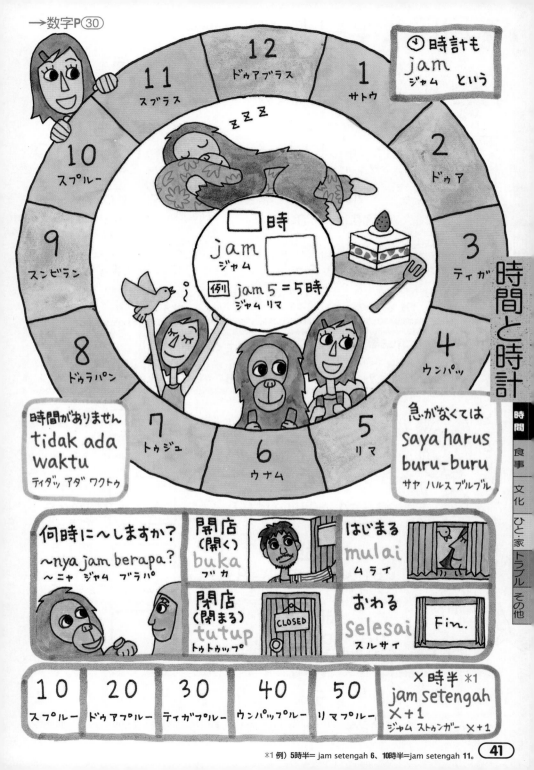

時計も
jam
ジャム　という

時　12　ドゥアブラス
jam　□
ジャム
例 jam 5 ＝ 5時
ジャム リマ

11　スブラス
1　サトゥ
10　スプルー
2　ドゥア
9　スンビラン
3　ティガ
8　ドゥラパン
4　ウンパッ
7　トゥジュ
6　ウナム
5　リマ

時間がありません
**tidak ada
waktu**
ティダッ アダ ワクトゥ

急がなくては
**saya harus
buru-buru**
サヤ ハルス ブルブル

時間と時計

時間 | 食事 | 文化 | ひと・家 | トラブル | その他

何時に〜しますか?
〜**nya jam berapa?**
〜ニャ ジャム ブラパ

開店
(開く)
buka
ブカ

はじまる
mulai
ムライ

閉店
(閉まる)
tutup
トゥトゥップ

CLOSED

おわる
selesai
スルサイ

Fin.

10	20	30	40	50	✕時半 *1
スプルー	ドゥアプルー	ティガプルー	ウンパップルー	リマプルー	**jam setengah ✕＋1** ジャム ストゥンガー ✕＋1

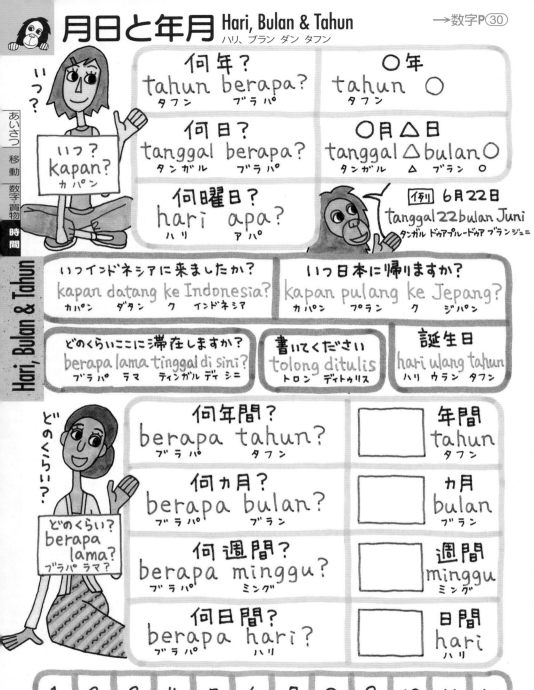

いつ？

あいさつ
移動
数字
買物
時間

いつ？
kapan?
カパン

Hari, Bulan & Tahun

何年？
tahun berapa?
タフン　　ブラパ

○年
tahun ○
タフン

何日？
tanggal berapa?
タンガル　　ブラパ

○月△日
tanggal △ bulan ○
タンガル　△　ブラン　○

何曜日？
hari apa?
ハリ　　アパ

例 6月22日
tanggal 22 bulan Juni
タンガル ドゥアプルードゥア ブランジュニ

いつインドネシアに来ましたか？
kapan datang ke Indonesia?
カパン　　ダタン　ク　インドネシア

いつ日本に帰りますか？
kapan pulang ke Jepang?
カパン　　プラン　ク　ジパン

どのくらいここに滞在しますか？
berapa lama tinggal di sini?
ブラパ ラマ　ティンガルディ シニ

書いてください
tolong ditulis
トロン ディトゥリス

誕生日
hari ulang tahun
ハリ ウラン タフン

どのくらい？

どのくらい？
berapa lama?
ブラパ ラマ？

何年間？
berapa tahun?
ブラパ　　　　タフン

年間
tahun
タフン

何ヵ月？
berapa bulan?
ブラパ　　　　　ブラン

ヵ月
bulan
ブラン

何週間？
berapa minggu?
ブラパ　　　　ミング

週間
minggu
ミング

何日間？
berapa hari?
ブラパ　　　　ハリ

日間
hari
ハリ

1	2	3	4	5	6	7	8	9	10	11	12
サトゥ	ドゥア	ティガ	ウンパッ	リマ	ウナム	トゥジュ	ドゥラパン	スンビラン	スプルー	スブラス	ドゥアブラス

月 (Month)		曜日 (Days)		月日と年月	

Months:

1月 Januari ジャヌアリ
2月 Februari フェブルアリ
3月 Maret マレッ
4月 April アプリル
5月 Mei メイ
6月 Juni ジュニ
7月 Juli ジュリ
8月 Agustus アグストゥス
9月 September セプテムブル
10月 Oktober オクトーブル
11月 November ノフェムブル
12月 Desember ディセムブル

曜日:

日 hari Minggu ハリ ミング
月 hari Senin ハリ スネン
火 hari Selasa ハリ スラサ
水 hari Rabu ハリ ラブ
木 hari Kamis ハリ カミス
金 hari Jumat ハリ ジュマッ
土 hari Sabtu ハリ サプトゥ
借 hari libur ハリ リブール
祝日 hari raya ハリ ラヤ

月日と年月

☐日前 ☐ hari yang lalu ハリ ヤン ラル
おととい dua hari yang lalu ドゥア ハリ ヤン ラル
きのう kemarin クマリン
きょう hari ini ハリ イニ
あす besok ベソッ
あさって besok lusa ベソッ ルサ
☐日後 ☐ hari lagi ハリ ラギ

〇カ月前 〇 bulan yang lalu ブラン ヤン ラル
先月 bulan lalu ブラン ラル
今月 bulan ini ブラン イニ
来月 bulan depan ブラン ドゥパン
〇カ月後 〇 bulan lagi ブラン ラギ

〇年前 〇 tahun yang lalu タフン ヤン ラル
去年 tahun lalu タフン ラル
今年 tahun ini タフン イニ
来年 tahun depan タフン ドゥパン
〇年後 〇 tahun lagi タフン ラギ

*1

※1 週についても月や年と同じように言う。「～週間前／～ minggu yang lalu」「先週／ minggu lalu」
「今週／ minggu ini」「来週／ minggu depan」「～週間後／～ minggu lagi」。

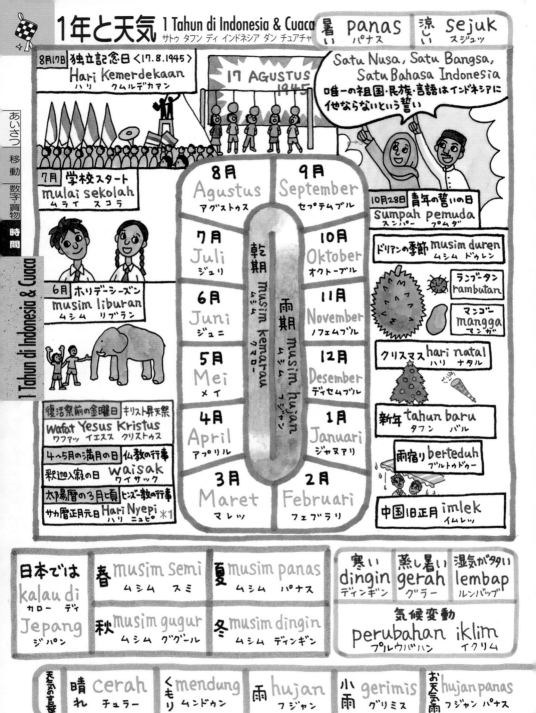

1年と天気 1 Tahun di Indonesia & Cuaca
サトゥ タフン ディ インドネシア ダン チュアチャ

暑い panas パナス ／ 涼しい sejuk スジュッ

8月17日 独立記念日〈17.8.1945〉
Hari Kemerdekaan
ハリ クムルデカアン

17 AGUSTUS 1945

Satu Nusa, Satu Bangsa, Satu Bahasa Indonesia
唯一の祖国・民族・言語はインドネシアに他ならないという誓い

7月 学校スタート
mulai sekolah
ムライ スコラ

10月28日 青年の誓いの日
Sumpah pemuda
スンパッ プムダ

6月 ホリデーシーズン
musim liburan
ムシム リブラン

ドリアンの季節 musim duren
ムシム ドゥレン

ランブータン rambutan

マンゴー mangga マンガ

復活祭前の金曜日 キリスト昇天祭
Wafat Yesus Kristus
ワファッ イエスス クリストゥス

4〜5月の満月の日 仏教の行事
釈迦入寂の日 Waisak
ワイサック

太陽暦の3月頃 ヒンズー教の行事
サカ暦正月元日 Hari Nyepi *1
ハリ ニュピ

クリスマス hari natal
ハリ ナタル

新年 tahun baru
タフン バル

雨宿り berteduh
ブルトゥドゥー

中国旧正月 imlek
イムレッ

乾期 musim kemarau ムシム クマロー

雨期 musim hujan ムシム フジャン

8月 Agustus アグストゥス	9月 September セプテンブル	
7月 Juli ジュリ	10月 Oktober オクトーブル	
6月 Juni ジュニ	11月 November ノフェンブル	
5月 Mei メイ	12月 Desember ディセンブル	
4月 April アプリル	1月 Januari ジャヌアリ	
3月 Maret マレッ	2月 Februari フェブラリ	

日本では kalau di Jepang
カロー ディ ジパン

春 musim semi ムシム スミ
夏 musim panas ムシム パナス
秋 musim gugur ムシム ググール
冬 musim dingin ムシム ディンギン

寒い dingin ディンギン
蒸し暑い gerah グラー
湿気が多い lembap ルンバップ

気候変動 perubahan iklim
プルウバハン イクリム

天気のお言葉 晴れ cerah チュラー ／ くもり mendung ムンドゥン ／ 雨 hujan フジャン ／ 小雨 gerimis グリミス ／ お天気雨 hujan panas フジャン パナス

あいさつ／移動／数字／買物／時間
1 Tahun di Indonesia & Cuaca

*1 バリ中がシ〜ンと静まり返る日。 *2 45pで紹介した他に、イスラム暦1月の「イスラム暦正月:Tahun Baru Hijriah ／タフン バル ヒジリア」、同3月の「預言者ムハンマド生誕祭:Maulid Nabi ／マウリッ ナビ」、同7月の「ムハンマド昇天祭:Isra Miraj ／イスラ ミラージ」などがある。 *3 サウールの時間に子ども達が鳴らして遊ぶ。違法。 *4 ナツメヤシの実。預言者ムハンマドは断食明けにこれを3粒だけ食べたそう。 *5 シロップの中にフルーツやナタデココなどを入れる。 *6 さつまいもも、バナナなどをココナツミルクと椰子砂糖で煮込んだもの。 *7 これまで一年間、なにか気

断食中の1日

イスラム暦の 9月

sahur サウール
朝食。1日の断食にそなえる。

断食 puasa プアサ

subuh スブー　日の出。断食のスタート。

爆竹＊3 petasan プタサン

断食月 Ramadhan ラマダン または Bulan Puasa ブラン プアサ

zhuhur ズフール 昼のお祈り

貧しい人へお金を施すこと zakat ザカット

ashar アサール 午後のお祈り

日没前から、断食明け用の食べ物を準備

isya イサ 夜のお祈り

magrib マグリブ 日没。断食明け。

kurma クルマ ＊4

PALMIRUTI

es buah エス ブアー ＊5

kolak コラック ＊6

心身ともにお詫びを申し上げます mohon maaf lahir dan batin モホン マアフ ラヒール ダン バティン ＊7

帰省 mudik ムディッ ＊8

イスラム暦の 10月

断食明け祭 Lebaran レバラン または Idul Fitri イドゥル フィトリ

opor ayam オポール アヤム

gulai ayam グレ アヤム ＊11

新しい服 ＊9 baju baru バジュ バル

祝日手当て THR ＊10 テー ハー エル tunjangan hari raya

rendang ルンダン

ketupat クトゥパッ ＊12

イスラム暦の 12月

メッカで大巡礼を行うこと naik haji ナイク ハジ

犠牲祭（イスラムの祝日）Idul Adha イドゥル アドハ または Lebaran Haji レバラン ハジ

大巡礼を行った人 尊敬の対象 haji ハジ

台風 badai バダイ

土砂降り hujan deras フジャン ドゥラス

洪水 banjir バンジール

雪 salju サルジュ

虹 pelangi プランギ

がつかないうちに間違いを犯しているかもしれませんが、どうか許してください、と会う人会う人に言ってまわる。 ＊8 この時期、ジャワ島内の交通は大混雑。 ＊9 レバランには一着新調する習慣。 ＊10 服を新調したり、帰省する資金になる。 ＊11 鶏肉をココナツミルクとスパイスたくさんで煮たもの。ルンダン、オポールは51p参照。 ＊12 バナナの葉で編んだ入れ物に米を入れて炊いたもの。ナイフで切り、オポールやグレをかけていただく。

食事 Makan
マカン

もう食べた？ *1
Sudah makan?
スダ マカン

うん
Sudah
スダ

まだ
belum
ブルム

おなかがすいた
lapar
ラパール

どこで食べますか？
mau makan di mana?
マウ マカン ディ マナ

デリバリーサービス
layanan pesan antar
ラナヤン プサン アンタール

レストラン
restoran
レストラン

食堂
rumah makan
ルマ マカン

家
rumah
ルマ

フードコート
food court
フー コー

路上 *2
pinggir jalan
ピンギル ジャラン

何を食べますか？
mau makan apa?
マウ マカン アパ

何を飲みますか？
mau minum apa?
マウ ミヌム アパ

〜をください
minta 〜
ミンタ

おすすめはなんですか？
rekomendasinya apa?
レコメンダシニャ アパ

これ
ini
イニ

それ/あれ
itu
イトゥ

なんでもいい
apa saja
アパ サジャ

調味料は
P.(48)

〜をください
minta 〜
ミンタ

スプーン
Sendok
センドッ

フォーク
garpu
ガルプ

ティッシュ
tisu
ティッシュ

小皿
piring kecil
ピリング クチル

ストロー
sedotan
スドタン

フィンガーボール
kobokan
コボカン

コップ
gelas
グラス

灰皿
asbak
アスバッ

〜は入れないで
jangan pakai 〜
ジャンガン パケ

唐辛子
cabe
チャベ

砂糖
gula
グラ

氷
es batu
エス バトゥ

これ
ini
イニ

半分で
いいです
Setengah saja
ストゥンガー サジャ

*1 軽いあいさつのようなもので、食事に誘っているとは限らない。ただ、下手に「まだ」と答えてしまうと相手に非常に気を使わせてしまうので、「うん」と答えるのが無難。 *2 ワルンなど、p54に登場する屋台のこと。

おいしい
enak
エナッ

おいしくない
tidak enak
ティダ エナッ

すき
suka
スカ

とても〜
〜sekali
スカリ

甘い
manis
マニス

辛い
pedas
プダス

すっぱい
asam
アサム

少し〜
sedikit〜
スディキッ

しょっぱい
asin
アシン

苦い
pahit
パヒッ

サイコー
mantap
マンタップ

〜でない（否定）
tidak〜
ティダッ

旨みがある
gurih
グリー

カリッとした
garing
ガリン

熟してない
belum matang
ブルム マタン

〜すぎる
terlalu〜
トゥルラル

生の
mentah
ムンター

煮えた/熟した
matang
マタン

腐った
basi
バシ

熱い
panas
パナス
 ⟷ 冷たい
dingin
ディンギン

かたい
keras
クラス ⟷ やわらかい
empuk
ウンプッ

大きい
besar
ブサール ⟷ 小さい
kecil
クチル

濃い
kental
クンタル ⟷ 味が 薄い
tawar
タワール

たくさん
banyak
バニャッ 少し
sedikit
スディキッ

高い
mahal
マハル ⟷ 安い
murah
ムラー

もうお腹いっぱい
Sudah kenyang
スダ クニャン

お勘定おねがい！
minta bon
ミンタ ボン

いくら？
berapa?
ブラパ

私が払います ＊3
Saya yang traktir
サヤ ヤン トラクティール

ワリカン
bagi rata
バギ ラテ

それぞれで払う
bayar masing-masing
バヤール マシンマシン

食事
文化
ひと・家
トラブル
その他

→数字とお金 P.30

＊3 すぐに1円単位までワリカンの計算をする日本のような習慣はない。ある程度大っ腹で行こう。ワリカンの場合も、大ざっぱに計算して自分が多めに払うのがいいだろう。ごちそうしてもらえる場合は、ありがたくいただこう。

食材と調理法 Bahan Masakan dan Cara Masaknya
バハン マサカン ダン チャラ マサックニャ

何が食べたいですか？
mau makan apa?
マウ マカン アパ

〜が食べたい
mau makan〜
マウ マカン

〜料理
masakan〜
マサカン

インドネシア
Indonesia
インドネシア

日本
Jepang
ジャパン

シーフード
Sea food
シー フー

〜を食べたことがあります
Saya pernah makan〜
サヤ プルナー マカン 〜

手で食べる
makan pakai tangan
マカン パケ タンガン

持ち帰り
bungkus
ブンクス

イスラム教で許可された
halal ハラル

飲食を禁止されている物は右にあるようにハラム(haram)と言い、主に豚肉やアルコールがそれにあたる。ムスリムと一緒の食事では気を使って避けるべき。

イスラム教で禁止された **haram** ハラム

ごはん
nasi
ナシ

めん
mi
ミー

パン
roti
ロティ

ビーフン
bihun
ビフン

塩
garam
ガラム

こしょう
lada
ラダ

さとう
gula
グラ

しょうゆ
kecap asin
ケチャップ アシン

甘いしょうゆ
kecap manis
ケチャップ マニス

酢
cuka
チュカ

ケチャップ
saus tomat
サオス トマッ

ボトル入りチリソース
Sambal botol
サンバル ボトル

小さい紫玉ねぎ
bawang merah
バワン メラー

にんにく
bawang putih
バワン プティ

唐辛子
cabe
チャベ

ショウガ
jahe
ジャヘ

えびペースト
terasi
トゥラシ

干し魚
ikan asin
イカン アシン

油 **minyak**
ミニャッ

ココナッツミルク
santan
サンタン

牛乳
susu
スス

あげる goreng ゴレン
焼く bakar バカール
ゆでる rebus ルブス
蒸す kukus ククス
炭火で焼く panggang パンガン
炒める tumis トゥミス
いる sangrai サンライ

肉 daging ダギン
ヤギ kambing カンビン
とり ayam アヤム
うし sapi サピ

ブタ *1 babi バビ
タマゴ telur トゥロール
エビ udang ウダン
カニ kepiting クピティン

魚 ikan イカン
淡水魚 ikan air tawar イカン アイル タワール
海水魚 ikan laut イカン ラウ
生魚 ikan segar イカン スガール

イカ cumi チュミ
タコ gurita グリタ
貝 kerang クラン
カエル swike スウィケ

野菜 sayur サユール
ほうれん草 bayam バヤム
シンコンの葉 daun singkong ダウン シンコン
にんじん wortel ウォルテル

空芯菜 kang kung カンクン
豆 kacang カチャン
ナス terong テロン
じゃがいも kentang クンタン

食材と調理法

食事 文化 ひと・家 トラブル その他

*1 クリスチャンや華人の多い町、ヒンズー教徒が大多数のバリ島など一部を除き、インドネシアの多くの都市ではあまりお目にかかれない。

49

主な料理と飲物 Masakan & Minuman
マサカン ダン ミヌマン

この料理の名前は何ですか？
apa nama masakan ini?
アパ ナマ マサカン イニ

〜はどこで食べられますか？
di mana saya bisa makan〜?
ディ マナ サヤ ビサ マカン

パダン料理	スンダ料理	ジャワ料理	バリ料理	おふくろの味
masakan Padang	masakan Sunda	masakan Jawa	masakan Bali	masakan ibu
マサカン パダン	マサカン スンダ	マサカン ジャワ	マサカン バリ	マサカン イブ
唐がらしとココナツミルクをふんだんに使った、スパイシーな料理。	川魚、鶏、生野菜などあっさり系。高原の風に吹かれつつ楽しむのがオツ。	茶色くてこってり。でも、中部は甘口、東はしょっぱいとそれぞれ特徴が。	バリの主な宗教はヒンズー教なので、豚料理が楽しめる。とても辛い！	出身地いかんでだいぶ味が違う。友達の家でごちそうになろう！

焼きめし
nasi goreng
ナシ ゴレン

焼きそば
mi goreng
ミーゴレン

ピーナッツソースかけサラダ
gado-gado
ガド ガド

焼きとり
sate ayam
サテ アヤム

フライドチキン
ayam goreng
アヤム ゴレン

タマリンド野菜スープ
sayur asam
サユール アサム

オックステイルスープ
sop buntut
ソップ ブントゥッ

ココナッツミルクで炊いたごはん
nasi uduk
ナシ ウドゥッ

空芯菜炒め
cah kangkung
チャー カンクン

～が飲みたい **Saya mau minum～** サヤ マウ ミヌム	のどがかわいた **haus** ハウス	水 **air putih** アイル プティ
コーラ **CocaCola** コカコラ	ジュース **jus** ジュス	みかん水 **es jeruk** エス ジュルッ	お湯 **air panas** アイル パナス
ビン入り紅茶 **teh botol** テ ボトル	ビール **bir** ビール	酒 **alkohol** アルコホル	ミネラルウォーター **air mineral** アイル ミネラル*1

	お茶 **teh** テー	甘い **manis** マニス	牛乳 **susu** スス	氷 **es batu** エス バトゥ
	コーヒー **kopi** コピ	冷たい **dingin** ディンギン	ホット **panas** パナス	砂糖ぬき **tawar** タワール
インドネシア風の 濾していないコーヒー **kopi tubruk** コピ トゥブルッ	ブラックコーヒー **kopi hitam** コピ ヒタム	インスタントコーヒー *2 **kopi instan** コピ インスタン	クリーム砂糖入り インスタントコーヒー **kopi 3 in 1** コピ トゥリー インワン

主な料理と飲物

ルンダン （牛肉のスパイス煮） **rendang** ルンダン	パダン風 ビーフジャーキー **dendeng** デンデン	**サイドメニュー** テンペ **tempe** テンペ
焼き魚 **ikan bakar** イカン バカール	オポールアヤム （鶏肉の ココナッツミルク煮） **opor ayam** オポール アヤム	とうふ **tahu** タフ
バビグリン （バリの有名な ブタ料理） **babi guling** バビ グリン	グデッグ （ジャックフルーツ・卵・鶏肉 などを甘く煮たもの） **gudeg** グデッ	揚げせんべい **kerupuk** クルプッ かき揚げ **bakwan** バックワン

*1 有名なブランド名のAQUA（アクア）と言っても通じる。　*2 nescafe（ネスカフェ）とも言う。インドネシア風の濾していないコーヒーとは別。

甘いもの食べよっか	お'茶しよう
makan yang manis-manis yuk	ngopi yuk
マカン ヤン マニス マニス ヨッ	ンゴ ピ ヨッ
伝統的なおかし	ひと休みしよう
jajanan pasar	istirahat dulu, yuk
ジャジャナン パサール	イスティラ ハッ ドゥル ヨッ

あいさつ
移動
数字・買物
時間
食事

Buah-buahan & Pencuci Mulut

おかし
kue
クエ

アイスクリーム
es
krim
エス クリム

揚げバナナ
pisang
goreng
ピサン ゴレン

ケーキ
kue
tart
クエ タール

ゼリー
agar-
agar
アガール マガール

ミックスかき氷
es
campur
エス チャンプール

アボガドジュース
jus
alpukat
ジュス アルプカッ

ジャックフルーツ
など入りかき氷
es
teler
エス テレール

ヤシの実ジュース
es kelapa
muda
エス クラパ ムダ

フルーツパンチ
es
buah
エス ブアー

ムルタバ
martabak
マルタ バッ
*1

スラビ
serabi
スラビ
*2

インドネシア風
バウムクーヘン
kue lapis
クエ ラピス

緑ぜんざい
bubur
kacang hijau
ブブール カチャン ヒジャウ

インドネシア式
フルーツサラダ
rujak
ル ジャック

※1 martabak telurはしょっぱくて野菜や肉を使ったもの、martabak manisはとっても甘いチーズやチョコレートを使ったもの。
※2 米の粉で作る、直径7センチくらいのパンケーキ状のお菓子。ココナツミルクと椰子砂糖を混ぜたシロップにつけていただく。

むいてください tolong dikupas トロン ディクパス	ジュースにして tolong dijus トロン ディジュス
今が旬 lagi musim ラギ ムシム	今の時期はないよ lagi tidak musim ラギ ティダ ムシム

くだもの buah-buahan ブア ブアハン	リンゴ apel アプル	メロン melon メロン 	スイカ semangka スマンカ
 パパイヤ pepaya プパヤ	バナナ pisang ピサン 	ドリアン duren ドゥレン 	マンゴスチン manggis マンギス
スターフルーツ belimbing ブリンビン 	ランブータン rambutan ランブータン 	ナシ pir ピール 	マンゴー mangga マンガ 
ジャックフルーツ nangka ナンカ 	ジャンブー （グアバ） jambu ジャンブー 	ブドウ anggur アングール 	サラック salak サラッ 
アボガド alpukat アルプカッ	パイナップル nanas ナナス 	さとうきび tebu トゥブ 	ヤシの実 kelapa クラパ 
ざぼん （のようなもの） jeruk bali ジュルッ バリ 	みかん jeruk ジュルッ 	甘い manis マニス すっぱい asam アサム	熟した matang マタン 熟してない belum matang ブルム マタン

果物・デザート

食事 文化 ひと・家 トラブル その他

53

屋台 Warung
ワルン

～ひとっちょうだい
minta～satu,dong
ミンタ　サトゥ　ドン

辛くして
yang pedas,ya
ヤン　プダス　ヤ

もちかえりです
dibungkus,ya
ディブンクス　　ヤ

辛くしないで
jangan pedas,ya
ジャンガン　プダス　ヤ

焼き鳥
sate ayam
サテ　アヤム

ピーナツソースあえ
しゅうまい
Siomay
ソマイ

肉まんあんまん
bakpao
バッパオ

揚げ物
gorengan
ゴレンガン

肉だんごメン
mi bakso
ミー　バソ

汁入りゆでメン
mi rebus
ミー　ルブス

インスタントめん
mi instan
ミー　インスタン

具だくさんスープめん
soto mi
ソト　ミー

安飯屋
warteg
ワルトゥッグ

Warung Tegal（トゥガルはジャワの町の名前）の略。家庭料理に近い。注文は欲しいものを指さして、クルプックなど置いてあるものは勝手に取る。会計は最後に何を食べたかを申告。

①指さして注文すればOK

②持ち帰り（bungkus/ブンクス）もできる

※ 注文するモデル役をやってくださったのは、インドネシアの人気バンドMocca(p61)のボーカリスト・アリーナと、インドネシアで活躍する日本人アーティストの加藤ひろあき(p65)ご夫妻。Instagram @ephipania @hiroakikato39

屋台
warung
ワルン ＊

道端にビニールシートのテントをはって建てた簡易屋台。メニューはたいてい表にでかでかと表示してあるので、それを何人前（〜 porsi ／ポルシ）、という風に注文。

フードコート
food court
フー　　コー

ショッピングセンターの中にはだいたいある。

いただきます
mari makan!
マリ　マカン

焼きメシ
nasi goreng
ナシ　　ゴレン

焼きソバ
mi goreng
ミー　　　ゴレン

トリおかゆ
bubur ayam
ブブール　アヤム

ライスセット
（フライドチキンと）
paket nasi
パケッ　ナシ

トリ肉のセメン
mi ayam
ミー　　アヤム

パダン風サテ
sate padang
サテ　　パダン

焼きかまぼこ
otak-otak
オタ　　オタ

ロントンサユール
lontong sayur
ロントン　サユール

やしの実ジュースの露店

露店
kaki lima
カキ　リマ

手押し車、自転車、バイクなどで街を徘徊していたり、定位置にいたり。「なんだろう?」と気になったら、気軽に声をかけてみて!

①「Pak/Bu/Mas/Mbak」などと声をかける ＊1

②イスで食べたり、立って飲んだり…

会話のきっかけ Awal Obrolan
アワル オブロラン

中級編
難しそうな会話に挑戦

外国人との会話を、余裕を持って楽しんでくれる人が多いのがインドネシアのよいところ。きっかけさえあれば、いろんな会話を楽しむことができます。

あいさつ｜移動｜数字・買物｜時間｜食事｜文化

料理について話してみる

インドネシア料理を食べたい
saya mau makan masakan Indonesia
サヤ マウ マカン マサカン インドネシア

レストランや屋台で、食事関連ページをページを見せながら話しかけてみましょう。辛いのはどう？これ食べたことある？等々の話題が始まります。

辛いものは食べられる？
bisa makan yang pedas?
ビサ マカン ヤン プダス？ →食事P(46)

好き **suka** スカ	食べられない **tidak bisa** ティダッ ビサ

手で食べられる？
bisa makan pakai tangan?
ビサ マカン パケ タンガン？

簡単 **gampang** ガンパン	難しい **susah** スサー	おいしい！ **mak nyus!** マッニュス！ *1

どこから来たの？
dari mana?
ダリ マナ →あいさつP(12)

いつインドネシアに来ましたか？
kapan datang ke Indonesia?
カパン ダタン ク インドネシア →月日と年月P(42)

いつ日本に帰るの？
kapan pulang ke Jepang?
カパン プラン ク ジパン

昨日 **kemarin** クマリン	明日 **besok** ベソッ	金曜日 **hari Jumat** ハリ ジュマッ

→月日と年月P(42)

あいさつをマスターする

日本から来ました
saya dari Jepang
サヤ ダリ ジパン

どこから来たの？ どこ行くの？ いつ帰るの？ この辺は必ずといってよいほど聞かれます。インドネシア語での受け答えを心がけると喜ばれます。

値段交渉してみる

いくらですか？
berapa?
ブラパ

買い物の時には、値段交渉もしてみましょう。ただし、インドネシアでは金持ちがお金を出すのは常識。無理矢理な値切りはみっともないので要注意。

〜ルピアでいいでしょ？
〜 rupiah saja, ya?
ルピア サジャ ヤ →買い物P(32)

いいよ **boleh** ボレ	だめ **tidak bisa** ティダ ビサ
高い **mahal** マハル	安い **murah** ムラー

*1 正しいインドネシア語ではないが、人気食べ歩きTV番組のプレゼンターのきめ台詞として有名。

上級編
よもやま話をしてみる

指さしが他の旅行会話帳と違うのは、普通の人との何気ない何気ない会話こそ、旅の一番の楽しみと考えているところ。よもやま話のきっかけをここではご紹介。

持ち物をほめる

そのTシャツいいね！
kaosnya bagus ya!
カオスニャ バグス ヤ

会話のきっかけとして、持ち物ネタは定番です。日本で見ないようなケータイ、ビミョーな柄のTシャツ、そんなものを話題にしてみましょう。

その〜いいね！
~nya bagus ya!
〜ニャ バグス ヤ

バッグ **tas** タス	携帯・スマホ **HP** ハーペー	サンダル **sandal** サンダル
指輪 **cincin** チンチン	髪型 **model rambut** モデル ランブッ	タトゥー **tato** タト

どこで買ったの？ **beli di mana?** ブリ ディ マナ？	いくらだった？ **harganya berapa?** ハルガニャ ブラパ？

結婚してる？ **sudah menikah?** スダー ムニカー？	している/いる **sudah** スダー
子どもは？ **sudah punya anak?** スダー プニャ アナッ？	いない **belum** ブルム
恋人はいるの？ **sudah punya pacar?** スダー プニャ パチャール？	ひとりもの **jomblo** ジョンブロ *2
複雑な事情がある **rumit** ルミッ	私は〜の出身です **saya berasal dari ~** サヤ ブルアサル ダリ

家族や身の上の話

兄弟は何人？
saudaranya berapa?
ソーダラニャ ブラパ？

インドネシアで出会った人に、必ずといってよいほど聞かれるのが家族の話題。こちらから尋ねれば、出身地の話題等にも会話がふくらみます。

まずは指さしを見せる

路上の流し
pengamen
プンガメン →P66

この本は、インドネシア人の興味を引く言葉を満載しています。本を見せたところから会話の始まり。さらに、言葉を教えてもらうのも楽しいですよ。

人力車 **becak** ベチャ →P22	イワンファルス **Iwan Fals** イワン ファルス →P58
心の友（五輪真弓の歌） **kokoro no tomo** ココロノトモ →P65	屋台 **warung** ワルン →P54
インドネシア語で何ていうの？ **bahasa Indonesianya apa?** バハサ インドネシアニャ アパ	教えてください **tolong ajarkan** トロン アジャールカン

会話のきっかけ

文化 ひと・家 トラブル その他

*2 恋人がいないという意味のスラング。

有名人 Orang-orang Terkenal
オランオラン トゥルクナル

歌手
Rhoma Irama
ロマ イラマ

インドネシアの大衆音楽、ダンドゥットの王様。

歌手
Iwan Fals
イワン ファルス

鋭い社会批判を込めた作品で、庶民の根強い人気を誇る。

歌手
Chrisye
クリシェ

繊細なポップスで伝説的な存在。故人。

歌手
Agnes Mo
アグネス モー

1984年生まれ。6歳の時から少女歌手として活躍。

歌手
krisdayanti
クリスダヤンティ

1992年に日本のテレビ番組「アジアバグース」で優勝して以来インドネシアのディーバとして君臨してきた。最近では政治家としても活躍している。

タレント
Luna Maya
ルナ マヤ

モデル、タレントとして人気を極める最中に、彼氏であるピーターパンというバンドのボーカリスト、アリエルとのいちゃいちゃビデオが流出して話題に。

キャラクター
Si Unyil
ウニル

1980年代に一世を風靡した同名タイトルのテレビ連続人形劇の主役。

お笑い芸人
Tukul
トゥクル

テレビのトーク番組の司会として有名。

お笑い芸人
Sule
スレ

金髪がトレードマークで、PRIKITIW（プリキティウ）という意味不明な言葉が持ちネタ。

お笑い芸人
Dono Kasino Indro
ドノ カシノ インドロ

Warkop DKI（ワルコップ　デーカーイー）という名前で1980年に多くコメディ映画を残している伝説的お笑いトリオ。

映画監督

Garin Nugroho
ガリン ヌグロホ

1998年の作品「枕の上の葉」は日本でも岩波ホールで公開されている。

女優

Christine Hakim
クリスティン ハキム

「食べて、祈って、恋をして」ではジュリア・ロバーツと、小栗康平監督「眠る男」では役所広司と共演と、最近国際的に活躍するベテラン女優。

詩人・劇作家

WS Rendra
ウェーエス レンドラ

風刺の効いた作品でインドネシアの芸術界に多大な影響力を持っていた。故人。

小説家

Pramoedya Ananta Toer
プラムデヤ アナンタ トゥール

スハルト時代には政治犯として拘束、作品は発禁処分という憂き目にあっていた文豪。作品の和訳も多数。故人。

サッカー選手

Irfan Bachdim
イルファン バフデイム

オランダとのハーフのイケメン選手。2014-2016年には、Jリーグの甲府と札幌に所属していた。

サッカー選手

Bambang Pamungkas
バンバン パムンカス

ジャカルタのチームやインドネシアのナショナルチームでフォワードとして活躍。2019年に引退。

バドミントン選手

Susi Susanti
スシ スサンティ

バドミントン選手

Alan Budikusuma
アラン ブディクスマ

1992年のバルセロナ五輪でインドネシアは初の金メダルを獲得した。スシ・スサンティは女子シングルス。アラン・ブディクスマは男子シングルスで獲得。二人は後に結婚した。

政治家

Joko Widodo
ジョコ ウィドド

インドネシア第7代大統領。ヘヴィメタル好きの庶民派として注目され、計2期を務めたが、2024年に任期満了となる。

政治家

Megawati Soekarnoputri
メガワティ スカルノプトリ

インドネシア共和国初代大統領の長女にて第5代目大統領。

音楽 Musik
ムシッ

どんな音楽がすき？
anda suka musik apa?
アンダ スカ ムシッ アパ

私は○○がすき ♡
saya suka ○○
サヤ スカ

○○のCDはありますか？
ada CD ○○?
アダ シーディー ○○

ポップ pop ポップ	ロック rock ロッ	ヘビメタ metal メタル	Kポップ K-Pop ケー ポップ
ラップ rap レップ	バンド band ベン	歌手 penyanyi プニャニ	ダンドゥット dangdut ダンドゥッ
レゲエ reggae レゲエ	インディーズ indie インディー	ディスコ lagu disko ラグ ディスコ	クロンチョン keroncong クロンチョン
地方音楽*1 lagu daerah ラグ ダエラー	伝統音楽 lagu tradisional ラグ トラディショナル	ジャズ jazz ジェス	クラシック klasik クラシック
インドネシア音楽 lagu Indonesia ラグ インドネシア	洋楽 lagu barat ラグ バラッ	ティックトック Tik Tok ティットッ	カラオケ karaoke カラオケ

このジャンルでは誰が有名ですか？
Siapa yang terkenal
シアパ ヤン トゥルクナル
di jenis musik ini?
ディ ジュニス ムシッ イニ

おすすめは？
rekomendasinya
レコメンダシニャ
apa?
アパ

*1 多様な民族から構成されるインドネシア、各地方にもそれぞれ特徴的な音楽がある。

女性歌手 penyanyi perempuan プニャニ　プルンプアン	Titi DJ ティティ ディージェー	Ruth Sahanaya ルッ サハナヤ 
Raisa ライサ 	Andien アンディン	Rossa ロッサ

男性歌手 penyanyi laki-laki プニャニ　ラキラキ	Ari Lasso アリ ラッソ	Tulus トゥルス
Afgan アフガン	Tompi トンピ	Rich Brian リッチ ブライアン

ダンドゥット dangdut ダンドゥッ	Elvy Sukaesih エルフィ スカエシ	Meggy Z メギー ゼッ 
Inul Daratista ＊2 イヌル ダラティスタ	Ayu Ting Ting アユ ティン ティン	Ridho ＊3 Rhoma リド ロマ

バンド　band　ベン ＊4

Slank スレン	Gigi ギギ	Maliq& D'essentials マリク エン デッセンシャルズ
God Bless ゴッブレス	Padi パディ	Dewa19 デワ スンビランブラス
Mocca モッカ	The S.I.G.I.T. シギッ	White Shoes & The Couples Company ホワイト シューズ	Grrrl Gang ガール ギャン
RAN ラン	Project pop プロジェク ポップ	Naif ナイフ ＊5

＊2 腰を激しく振る通称『ドリルダンス』で一世を風靡した。　＊3 有名人ページのRhoma Iramaの息子。　＊4 インドネシアの方とおしゃべりする時、全員がきっと知っているであろうバンド、一部知っている人だけは喜ぶであろうバンドを独断と偏見で選んでみた。YouTubeやSpotifyなどで検索して、お気に入りを見つけてほしい。　＊5 残念ながら2021年に解散。

音楽

文化　ひと・家／トラブル／その他

61

伝統文化 Kebudayaan Tradisional
クブダヤアン　トラディショナル

→インドネシア全図 24
→時間P 40 、曜日P 43

あいさつ
移動
数字・買物
時間
食事
文化

Kebudayaan Tradisional

～を見たい
saya mau lihat ～
サヤ　マウ　リハッ

いつ見れますか？
kapan saya bisa melihatnya?
カパン　サヤ　ビサ　ムリハッニャ

席をとりたい
Saya mau pesan tempat
サヤ　マウ　プサン　トゥンパッ

いくらですか？ →P 30
berapa harganya?
ブラパ　ハルガニャ

～を習いたい
saya mau belajar ～
サヤ　マウ　ブラジャール

～を教えてください
tolong ajarkan ～
トロン　アジャールカン

あなたは～できますか？
anda bisa ～?
アンダ　ビサ

いいですよ（できます）
bisa
ビサ

できません
tidak bisa
ティダ　ビサ

～時に来てください
silakan datang pada jam ～
シラカン　ダタン　パダ　ジャム～

△時から○時まで →30
dari jam △ sampai jam ○
ダリ　ジャム△　サンペ　ジャム○

ジャワ Jawa
スマトラ Sumatera

① 西ジャワ Jawa Barat
ジャワ　バラッ
スンダ地方
Sunda
スンダ

② ジョグジャカルタ Yogyakarta
宮廷舞踊
kesenian keraton
クスニアン　クラトン

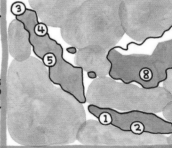

③ アチェ Aceh
敬虔な信仰
taat beragama
タアッ　ブルアガマ

④ 北スマトラ Sumatera Utara
スマトラ　ウタラ
バタック人
orang Batak
オラン　バタック

⑤ 西スマトラ Sumatera Barat
スマトラ　バラッ
パダン料理 masakan Padang
マサカン　パダン

①州都バンドンはインディーズ系音楽やファッションなどで知られる高原の学園都市。筆者が留学してインドネシア語を習った思い出の土地でもある。　②洗練された王宮文化。ヒンズー教のプランバナン遺跡、車で1時間ちょっとの仏教遺跡ボロブドゥールなど見どころがいっぱい。
③世界で一番イスラム教徒が多いインドネシアだが、原則は政教分離である。そんな中、唯一アチェ州のみがイスラム法を採用している。
⑤母系社会と水牛の頭を模った建築物が特徴。出稼ぎと商売上手でも知られ、彼らのパダン料理はインドネシア全国で楽しめる。

ワヤン人形使い＝dalang ダラン

ガムラン gamelan
ガムラン

レゴンダンス tari legong
タリ・レゴン

影絵芝居 wayang kulit
ワヤン　クリッ

ケチャダンス tari kecak
タリ　ケチャッ

仮面虎り(舞踊) tari topeng
タリ　トペン

シラット (伝統武道) pencak silat
プンチャッ　シラッ

木周シリ mengukir kayu
ムンウキール　カユ

カゴ編み menganyam keranjang
ムンアニャム　クランジャン

バティック描き membuat batik
ムンブアッ　バティッ

ハタ織り menenun
ムヌヌン

スラウェシ Sulawesi

⑥南スラウェシ Sulawesi Selatan
スラウェシ　スラタン

ブギス人 orang Bugis
オラン　ブギス

⑦タナ・トラジャ Tana Toraja

葬儀 upacara pemakaman
ウパチャラ　プマカマン

その他 Lain-lain

⑧カリマンタン Kalimantan

オランウータン orangutan
オラン　ウタン

⑨ヌサ・トゥンガラ Nusa Tenggara

絣 ikat
イカッ

⑩パプア Papua

ペニスサック koteka
コテカ

伝統文化

文化　ひと・家　トラブル　その他

⑥ブギス人は海洋民族として知られる。伝統的な帆船ピニシはユネスコの無形遺産。　⑦コーヒーの産地として有名。アニミズムをベースとした大々的な葬儀を行う。　⑧「オランウータン」はインドネシア／マレー語で「森の人」という意味。カリマンタン島（マレーシア領ボルネオ島）とスマトラ島北部のみに生息している。　⑨西のロンボク、東のスンバ、フローレス、ティモール島など各地で特徴あふれる素晴らしいイカットがみられる。ルンバタ島ラマレラ村は、伝統的な捕鯨で有名。　⑩一部の先住民族の男性が身につけるコテカが有名だが、これはひょうたんの実からできている。

日本の文化 Kebudayaan Jepang
クブダヤアン ジパン

～を知っている？
apakah anda tahu~?
アパカー アンダ タウ ～?

はい
ya
ヤ

いいえ
tidak
ティダッ

それは何ですか？
apa itu?
アパ イトゥ

私は好きです
saya suka
サヤ スカ

それは誰ですか？
siapa itu?
シアパ イトゥ

私は嫌いです
saya tidak suka
サヤ ティダッ スカ

人気があります
populer
ポプレール

人気がありません
tidak populer
ティダッ ポプレール

日本料理
Masakan Jepang
マサカン ジパン

寿司
sushi
スシ

ほかほか弁当 *1
Hoka Hoka Bento
ホカホカ ベントー

テリヤキ
teriyaki
テリヤキ

丸亀製麺
Marugame
マルガメ

ラーメン
ramen
ラーメン

どら焼き
dorayaki
ドラヤキ

着物
kimono
キモノ

柔道
judo
ジュードー

空手
karate
カラテ

サムライ
Samurai
サムライ

刀
〆 katana *2
カタナ

切腹
harakiri
*3 ハラキリ

折り紙
origami
オリガミ

盆栽
bonsai
ボンサイ

すもう
sumo
スモ

あ い さ つ ／ 移動 ／ 数字 ／ 買物 ／ 時間 ／ 食事 ／ **文化**

Kebudayaan Jepang

64 *1 日本のほかほか弁当とは関係ない、現地資本のファストフード店。太郎と花子というキャラクターがいる。 *2 刀のことを「サムライ」と呼ぶインドネシア人も多い。 *3 インドネシア語でキリとは「左」の意味なので、"hara kiri, hara kanan"（左の腹、右の腹）という駄洒落も存在する。

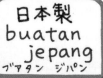

日本製
buatan jepang
ブアタン ジャパン

トヨタ
Toyota
トヨタ

ホンダ
Honda
ホンダ

ヤマハ
Yamaha
ヤマハ

ユニクロ
Uniqlo
ウニクロ

イオン・モール
AEON Mall
アエオン モゥ

ファミリーマート
Family Mart ＊4
ファミリー マート

地震
gempa bumi
グンパ ブミ

津波
tsunami
ツナミ

北海道
Hokkaido

福島
Fukushima

大阪
Osaka

京都
Kyoto

東京 原宿
Tokyo Harajuku

横浜
Yokohama

四国
Shikoku

九州
Kyushu

沖縄
Okinawa

スタジオジブリ
Studio Ghibli
ストゥディオ ジブリ

貞子 ＊5
Sadako
サダコ

まんが
manga
マンガ

ドラゴンボール
Dragon Ball
ドラゴン ボー

ドラえもん
Doraemon
ドラエモン

NARUTO−ナルト−
Naruto
ナルト

アニメ
animasi
アニマシ

コス プレ
cosplay
コスプレイ

クレヨンしんちゃん
Crayon Shinchan
クラヨン シンチャン

＊6 心の友
kokoro no tomo
ココロノトモ

宇多田ヒカル
Hikaru Utada
ヒカル ウタダ

オノヨーコ
Yoko Ono
ヨーコ オノ

＊7 加藤ひろあき
Hiroaki Kato
ヒロアキ カトー

＊8 JKT48
JKT 48
ジェーケーティー フォーティーエイ

LArc-en-Ciel
Raruku
ラルク

中田英寿
Hidetoshi Nakata
ヒデトシ ナカタ

本田圭佑
Keisuke Honda
ケイスケ ホンダ

おしん
Oshin
オシン

日本について他に何を知っていますか？
apa lagi yang anda tahu tentang Jepang?
アパ ラギ ヤギ アンダ タウ トゥンタン ジパン？

日本の文化

文化

ひと・家 トラブル その他

＊4 他に進出している日本のコンビニはローソン。セブンイレブンは撤退済み。 ＊5 インドネシア人はホラー映画が大好き。 ＊6 五輪真弓の歌で、インドネシアでなぜかとても人気。タクシーやレストランなどで、日本人とみるとサービスでかけてくれることが多々ある。 ＊7 インドネシアでミュージシャンや映画俳優として活躍する日本人アーティスト。 ＊8 おなじみAKB48の姉妹グループ。グループ名は英語読み。

街にいる人 Orang-orang di Kota
オランオラン ディ コタ

あいさつ 移動 数字 買物 時間 食事 文化

*1 ジャカルタのメイン通りは、毎朝毎夕交通規制を行なっていて、車1台に最低3人乗っていなくてはいけなかった（3in1）。1人〜2人しか乗っていない車に同乗し、小銭を稼ぐのがジョキ。だが、3in1は2016年に廃止され、ジョキも過去のものとなった。
*2 交差点、夜の屋台、バスの中などに出没。ギターや、手作り楽器でしゃかしゃかやりながら歌をうたい、小銭をせがむ。

66

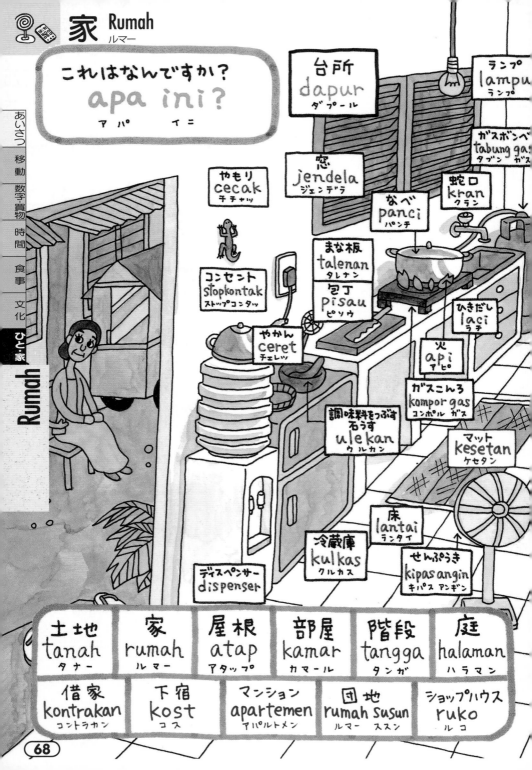

家 Rumah
ルマー

これはなんですか?
apa ini?
アパ　イニ

あいさつ　移動　数字　買物　時間　食事　文化　ひと・家

Rumah

台所
dapur
ダプール

ランプ
lampu
ランプ

やもり
cecak
チチャッ

窓
jendela
ジェンデラ

ガスボンベ
tabung gas
タブン　ガス

蛇口
kran
クラン

なべ
panci
パンチ

コンセント
stopkontak
ストップコンタッ

まな板
talenan
タレナン

包丁
pisau
ピソウ

ひきだし
laci
ラチ

やかん
ceret
チェレッ

火
api
アピ

ガスこんろ
kompor gas
コンポル　ガス

調味料をつぶす石うす
ulekan
ウルカン

マット
kesetan
ケセタン

冷蔵庫
kulkas
クルカス

床
lantai
ランタイ

せんぷうき
kipas angin
キパス　アンギン

ディスペンサー
dispenser

土地 tanah タナー	家 rumah ルマー	屋根 atap アタップ	部屋 kamar カマール	階段 tangga タンガ	庭 halaman ハラマン
借家 kontrakan コントラカン	下宿 kost コス	マンション apartemen アパルトメン	団地 rumah susun ルマー　ススン	ショップハウス ruko ルコ	

絵画
lukisan
ルキサン

トイレ+シャワールーム
kamar mandi
カマール　マンディ

鏡
cermin
チェルミン

モデム
modem
モデム

トロフィー
piala
ピアラ

アンテナ
antena
アンテナ

便器
closet
クロセット

TV
televisi
テレフィシ

手おけ
gayung
ガユン

花びん
vas bunga
ヴァス ブンガ

写真フレーム
bingkai foto
ビンカイ フォト

扉
pintu
ピントゥ

ノートパソコン
laptop
ラップ・トップ

DVD
DVD
ディーフィデャー

ほうき
sapu
サプ

たんす・棚
lemari
ルマリ

まほうびん
termos
テルモス

かとり線香
obat nyamuk
オバッ ニャムッ

ごみ箱
tempat sampah
トゥンパッ サンパー

毛布
selimut
スリムッ

家

密閉容器
toples
トップレス

手ほうき
sapu lidi
サプ リディ

抱きまくら
bantal guling
バンタル　グリン

シーツ
seprei
スプレ

テーブル
meja
メジャ

まくら
bantal
バンタル

ろうそく
lilin
リリン

充電器
charger
チャルジャル

いす
kursi
クルシ

ふとん(マットレス)
kasur
カスール

ベッド
tempat tidur
トゥンパッ ティドゥール

ござ
tikar
ティカール

お祈りマット
sajadah
サジャダー

ラジカセ
tape
テップ

携帯・スマホ
HP
ハーペー

蚊とりラケット
raket nyamuk
ラケッ ニャムッ ＊1

＊1 スイッチを押すとネットの部分の電流が走って蚊を感電させる。これで蚊退治をしているとけっこうはまる。

家族・友だち Keluarga / Teman
クルアルガ / トゥマン

Keluarga / Teman

わたし **saya** サヤ	わたしたち **kita** キタ	 わたしたち（わたくしども） **kami** カミ *1

いる（ある） **ada** アダ	いない（ない） **tidak ada** ティダ アダ	男 **laki-laki** ラキ ラキ	女 **perempuan** プルンプアン

きょうだいは何人いますか？ **saudaranya** →数字P㉚ **berapa?** ソーダラニャ ブラパ	どこに？ →地図P㉔〜㉙ **di mana?** ディ マナ

はい **ya** ヤ	いいえ **tidak** ティダ

家族 **keluarga** クルアルガ	親せき **famili** ファミリ	父 **ayah** アヤー	母 **ibu** イブ	まま〜 **〜tiri** ティリ
夫 **suami** スアミ	妻 **istri** イストゥリ	こども **anak** アナッ	息子 **anak laki-laki** アナッ ラキラキ	娘 **anak perempuan** アナッ プルンプアン
兄弟/姉妹 **saudara** ソーダラ	兄/姉 **kakak** カカ	弟/妹 **adik** アディッ	いとこ **sepupu** スププ	あかちゃん **bayi** バイ
一番 **anak sulung** 上の子 アナッ スルン	末っ子 **anak bungsu** アナッ ブンス	双子 **anak kembar** アナッ クンバール	孫 **cucu** チュチュ
じいさん **kakek** カケッ	ばあさん **nenek** ネネッ	おじさん **om** オム	おばさん **tante** タントゥ	甥/姪 **keponakan** クポナカン
義理の兄/姉 **kakak ipar** カカ イパール	義理の弟/妹 **adik ipar** アディッ イパール	しゅうと **bapak mertua** バパ ムルトゥア	しゅうとめ **ibu mertua** イブ ムルトゥア

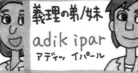

*1 聞き手を含まない言い方だが、ふつうの会話ではめったに使われない。ビジネスの場面で、「わたくしども」といった丁寧な言い回しとして多く使われる。

あなた
anda
アンダ

彼/彼女
dia
ディア

彼ら
mereka
ムレカ

恋人
pacar
パチャール

友だち
teman
トゥマン

親友
Sahabat
サハバッ

知り合い
kenalan
クナラン

おとなりさん
tetangga
トゥタンガ

メイド
pembantu
プンバントゥ

先生
guru
グル

同級生
teman sekelas
トゥマン　スクラス

同郷人
teman sekampung
トゥマン　スカンプン

同業者
teman seprofesi
トゥマン　スプロフェシ

親分
bos
ボス

子分（部下）
anak buah
アナッ　ブアー

〇は□を愛している
〇 **cinta pada** □
チンタ　パダ
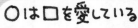

〇は□がだいすき
〇 **sayang** □
サヤン

よくケンカする
Sering berantam
スリン　ブランタム
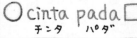

仲がいい
akrab
アクラブ

ひとめぼれ
Cinta pada pandangan pertama
チンタ　パダ　パンダンガン　プルタマ

友達以上恋人未満 ＊2
teman tapi mesra
トゥマン　タピ　ムスラ

未婚
bujang
ブジャン

婚約中
tunangan
トゥナンガン

結婚する
menikah
ムニカー

既婚
sudah nikah
スダ　ニカー

三角関係
Cinta segi tiga
チンタ　スギ　ティガ

不倫相手
selingkuhan
スリンクハン

離婚
perceraian
プルチュライアン

未亡人
janda
ジャンダ

やもめ
duda
ドゥダ

妊娠
hamil
ハミル

出産
melahirkan
ムラヒルカン

家族計画
K B
カーベー

流産
keguguran
クググラン

家族・友だち

ひと・家 トラブル その他

＊2 2000年代前半に同名の曲がヒットし、頭文字をとったTTM（テーテーエム）という言葉も流行した。

あいさつ | 移動 | 数字買物 | 時間 | 食事 | 文化 | ひと・家

Sifat Orang

～でない（否定） tidak～ ティダッ 否定形にする時形容詞には tidakをつける →P96参照 	**フレンドリー** ramah ラマー 

あかるい ceria チュリア

よい（やさしい） baik バイク ← → **わるい（イジワル）** jahat ジャハッ

ひょうきん kocak コチャック

活発 lincah リンチャー

正直 jujur ジュジュール

勤勉 rajin ラジン

勇気がある・大胆な berani ブラニ

かっこつけ jaim ジャイム *1

～でない（否定） bukan～ ブカン
 否定形にする時名詞には bukanをつける
 →P96参照

うそつき pembohong プンボホン

自信まんまん *2 PD ペーデー

おこりっぽい人 pemarah プマラー

おとなしい人 pendiam プンディアム

はずかしがり pemalu プマル

忘れっぽい pelupa プルパ

臆病者 pengecut プングチュッ

こわがり penakut プナクッ

なまけ者 pemalas プマラス

裏切者 pengkhianat プンヒャナッ

*1 jaga image（イメージを守る）を短縮したスラング。 *2 percaya diri（自信）の頭文字をとったもの。

ケチ
pelit
プリッ

あまえた
manja
マンジャ

おっかない
galak
ガラッ

いたずら
nakal
ナカル

くちうるさい
cerewet
チュレウェッ

のんびり
santai
サンタイ

敬けんな
taat
タアッ
beragama
ブルアガマ

感じわるー
judes
ジュダス

くるった
gila
ギラ

クールな
kalem
カレム

頭のいい
pintar
ピンタール

自分勝手
egois
エゴイス

「ローテク」な *3
gaptek
ガプテッ

ぶりっこ
genit
グニッ

ムカツク
reseh
レセー

泣き虫の
cengeng
チェンゲン

バカ
bodoh
ボドー

大食い
rakus
ラクス

変な
aneh
アネー

ダサい
norak
ノラッ

物欲が
強い
matre
マトレ

みえっぱり
gengsi
ゲンシ

ナルシスト *4
narsis
ナルシス

おおげさ *5
lebay
ルバイ

ひとの性格

ひと・家　トラブル　その他

*3 gagap teknologi。パソコン恐怖症など、"ハイテク"にうろたえてしまう人の意。　*4 自分で自分のキメキメ顔写真をとってFBにアップする若者の最近多いこと！*5 2010年くらいから使われている流行語。比較級のlebihが語源。

73

趣味 Hobi
ホビ

→スポーツP⑦

〜するのが好き
Saya suka〜
サヤ スカ

〜が好きじゃない
Saya tidak suka〜
サヤ ティダ スカ

あなたの趣味は何ですか？
hobinya apa?
ホビ ニャ アパ

流行してる
lagi musim
ラギ ムシム

流行していない
sudah tidak musim lagi
スダ ティダ ムシム ラギ

おどる
menari
ムナリ

うたう
nyanyi
ニャニ

絵をかく
melukis
ムルキス

文を書く
menulis
ムヌリス

演奏する
main musik
マイン ムーシッ

料理する
masak
マサッ

縫う
jahit
ジャヒッ

写真を撮る
memotret
ムモトレッ

インターネット
internet
イントゥルネッ

インスタグラム
Instagram
インスタグラム

ブログ
blog
ブロッ

フェイスブック
FB
エフビー *1

ワッツアップ メッセンジャー
WA *2
ウェーアー

チャット
chatting
チェティン

ダウンロード
download
ダウンロー

アップロード
upload
アップロー

オンライン
Online
オンライン

WIFIはありますか？
ada WIFI?
アダ ワイファイ？ *3

パスワードはなんですか？
password-nya apa?
パスワードニャ アパ *4

※1 インドネシアのFB人口は世界トップクラスであるとはいえ、若者のFB離れは進んでおり、今はインスタグラムやTikTokの方が人気。 ※2 インドネシアではLINEよりワッツアップメッセンジャー（WhatsApp）が主流。 ※3 大都市では無料WIFIサービスのある飲食店が多い。

チェス
catur
チャトゥール

トランプ
kartu
カルトゥ

ドミノ
gaple
ガプレ

闘鶏
adu ayam
アドゥ アヤム

たむろして雑談
nongkrong
ノンクロン

ゲームをする
main game
マイン ゲーム

カラオケ
karaoke
カラオケ

TVを見る
nonton TV
ノントン ティーフィー

おしゃべり
ngobrol
ンゴブロール

さんぽ
jalan-jalan
ジャラン ジャラン

ぼっとする
bengong
ブンゴン

デートする
kencan
クンチャン

音楽をきく
dengar musik
ドゥンガール ムシッ

映画をみる
nonton film
ノントン フィルム

食べる
makan
マカン

ねる
tidur
ティドゥール

趣味

子どものあそび permainan anak-anak プルマイナン アナッ アナッ

かくれんぼ
petak umpet
ペタッ ウンプッ

たこあそび
main layang-layang
マイン ラヤン ラヤン

ボールあそび
main bola
マイン ボラ

ままごと
main ibu-ibuan
マイン イブ イブアン

鬼ごっこ
main kejar-kejaran
マイン クジャール クジャラン

木に登る
memanjat pohon
ムマンジャッ ポホン

ぬりえ
mewarnai
ムワルナイ

お母さんのお手伝い
membantu ibu
ムンバントゥ イブ

勉強
belajar
ブラジャール
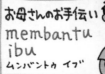

ひと・家 トラブル その他

おもしろい
seru
スルー

かんたん
gampang
ガンパン

むずかしい
susah
スサー

できる
bisa
ビサ

できない
tidak bisa
ティダ ビサ

休日には何をしていますか？
apa yang anda lakukan pada hari libur?
アパ ヤン アンダ ラクカン パダ ハリ リブール？

私はよく〜に行きます
Saya suka jalan-jalan ke 〜
サヤ スカ ジャランジャラン ク 〜

モール
mal
モル

友達の家
rumah teman
ルマー　トゥマン

動物園
kebun binatang
クブン　ビナタン

山
gunung
グヌン

ビーチ
pantai
パンタイ

家にいます
Saya di rumah saja サヤ デイルマー サジャ

本を読む
baca buku
バチャ　ブク

スマホ をいじる
main　HP
マイン　ハーペー

寝る
tidur
ティドゥール

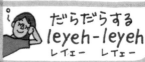

だらだらする
leyeh-leyeh
レイェー　レイェー

誰と？
dengan siapa?
ドゥンガン　シアパ

家族
keluarga
クルアルガ

友達
teman
トゥマン

夫
suami
スアミ

妻
istri
イストゥリ

子供
anak
アナッ

恋人
pacar
パチャール

親戚
Saudara
ソウダラ

近所の人
tetangga
トゥタンガ

家族と集まる
berkumpul dengan keluarga
ブルクンプル　ドゥンガン　クルアルガ

頼母子講
arisan *1
アリサン

結婚式
pesta pernikahan
ペスタ　プルニカハン

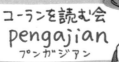

コーランを読む会
pengajian
プンガジアン

*1 定期的に集まり、集まった会費をくじ引きで当たった人にあげる。一種の貯金みたいなもの。

私は〜を よくします	Saya suka〜 サヤ スカ 〜	

スポーツ olahraga オララガ 	ジョギング joging ジョギン	フットサル futsal フッサル
サッカー main bola マイン ボラ →有名人P(59)	バドミントン bulu tangkis ブル タンキス	釣り memancing ムマンチン
水泳く berenang ブルナン	登山 mendaki gunung ムンダキ グヌン 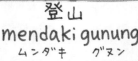	ツーリング touring トゥーリン
ダイビング menyelam ムニュラム	サーフィン berselancar ブルスランチャール	自転車 sepeda スペダ
ビリヤード bilyar ビリヤール	ヨガ yoga ヨガ	体操 senam スナム

サロン／スパに行くのが好きです Saya suka ke salon/spa サヤ スカ ク サロン／スパ	クリームバス *2 creambath クリム バッツ

マッサージ Pijat ピジャッ	マニキュア manikur マニクール	ペディキュア pedikur ペディクール
足裏マッサージ Pijat refleksi ピジャッ レフレクシ	アロマセラピー aromaterapi アロマテラピ	ボディスクラブ luluran ルルラン

同窓会 reuni レウニ	残業 lembur ルンブール	食べ歩き wisata kuliner ウィサタ クリネール *3	夜あそび dugem ドゥゲム *4

休日

※2 髪にトリートメントをつけ、頭皮と首、肩をマッサージするもの。 ※3 同名のテレビ番組が一時非常に流行った。P56の「おいしい!」の言い回しはこの番組から。 ※4 dunia gemerlap（輝ける世界）の略。クラブやディスコで遊ぶこと。

ひと・家 トラブル その他

体調 Kondisi Tubuh
コンディシ トゥブー

- 具合がわるい — tidak enak badan — ティダッ エナッ バダン
- カゼをひいた *1 — masuk angin — マスッ アンギン
- 熱がある — demam — ドゥマム
- 食欲がない — tidak ada nafsu makan — ティダ アダ ナフス マカン
- 吐き気がする — mual — ムアル
- げりしている — diare — ディアレ *2
- ケガした — cedera — チュドゥラ
- くらくらする — pusing — プシン
- つかれた — capek — チャペ

- 病院に行く →病院P80 — pergi ke rumah sakit — プルギ ク ルマ サキッ
- 救急車をよんで下さい — tolong panggilkan ambulans — トロン パンギルカン アンブラン

- 咳 — batuk — バトゥッ
- だるい — lemas — ルマス
- くしゃみ — bersin — ブルシン
- 暑い — panas — パナス
- 虫にさされた — digigit serangga — ディギギッ スランガ
- かゆい — gatal — ガタル
- 吐く — muntah — ムンター
- 寒い — dingin — ディンギン
- 〜にかまれた — digigit〜 — ディギギッ〜 →生き物P84
- やけど — luka kebakaran — ルカ クバカラン
- 貧血 — anemia — アネミア
- はなみず — ingus — イングス
- 出血 — berdarah — ブルダラー
- 鼻血 — mimisan — ミミサン

- もうクスリをのみましたか？ — sudah minum obat? →薬P81 — スダ ミヌム オバッ
- のんだ — sudah — スダ
- まだ — belum — ブルム
- クスリを買ってきてあげる — saya belikan obat — サヤ ブリカン オバッ
- クスリを買ってきて下さい — tolong belikan obat — トロン ブリカン オバッ

*1 直訳すると「風が(体に)入った」で、厳密には日本人の言う風邪とは違う。風が体に入ると、ひどく体がだるくなったりげっぷが多発したりする。だから暑いインドネシアでも、バイク乗りが革ジャンやダウンベスト着たりしてそれを防いでいるのですねー。

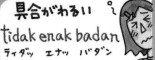

〜がいたい **sakit〜** サキッ 〜	ずきずき **nyut-nyutan** ニュッ ニュタン	Ouch! いてっ！ = **aduh!** アドゥ〜！	
	ひりひり **perih**	うずく **ngilu** ンギル	
頭 **kepala** クパラ	毛 **bulu** ブル	目 **mata** マタ	鼻 **hidung** ヒドゥン
額 **jidat** ジダッ	髪 **rambut** ランブッ	まゆ **alis** アリス	ひふ **kulit** クリッ
耳 **kuping** クピン		くちびる **bibir** ビビール	口 **mulut** ムルッ
首 **leher** レヘール		マスク **masker** マスカル	舌 **lidah** リダー
肩 **bahu** バフ	体温計 **termometer** テルモメトゥール		歯 **gigi** ギギ
胸 **dada** ダダ			はぐき **gusi** グシ
乳房 **payudara** パユダラ			うで **lengan** ルンガン
背 **punggung** プングン			ひじ **siku** シク
へそ **pusar** プサール	お腹 **perut** プルッ	骨折 **patah tulang** パター トゥラン	手 **tangan** タンガン
腰 **pinggang** ピンガン			指 **jari** ジャリ
尻 **pantat** パンタッ			ツメ **kuku** クク
もも **paha** パ ハ	あし **kaki** カキ	性器 **alat kelamin** アラッ クラミン	手の指 **jari tangan** ジャリ タンガン
ひざ **lutut** ルトゥッ	すね **betis** ブティス	ばんそうこう **plester** プレストゥル	足の指 **jari kaki** ジャリ カキ

※2 便秘は susah buang air besar（スサー　ブアン　アイル　ブサール）。

病院・病気 Rumah Sakit / Penyakit
ルマー サキッ / プニャキッ

具合がわるい	心配いりません		レント rontgen
tidak enak badan ティダッ エナッ バダン	tidak usah khawatir ティダッ ウサ ハクワティール		ゲン ロンセン

安静にして下さい istirahatlah dengan tenang (bedrest)
イスティラハッラー ドゥンガン トゥナン （ベッドレスト）

注射 suntik スンティッ	てんてき infus インフス	入院 opname オプナメ	手術 operasi オプラシ	検査 tes テス *1

インフルエンザ influenza インフルエンザ	新型コロナ Covid 19 コフィッ *2	胃痛 sakit maag サキッ マー	デング熱 demam berdarah ドゥマム ブルダラー
高血圧 tekanan darah tinggi トゥカナン ダラー ティンギ	コレラ kolera コレラ	B型肝炎 hepatitis B ヘパティティス ベー	糖尿病 diabetes ディアベテス
ぜんそく asma アスマ	赤痢 disentri ディセントリ	食あたり keracunan クラチュナン	チフス tifus ティフス

アレルギー alergi アレルギ	妊娠 hamil ハミル	生理 mens メンス	旅行保険に入っています saya ikut asuransi perjalanan サヤ イクッ アスランシ プルジャラナン

血液型 golongan darah ゴロンガン ダラー

のど tenggorokan トゥンゴロカン
心臓 jantung ジャントゥン
肺 paru-paru パル パル
胃 lambung ランブン 腸 usus ウスス
盲腸 usus buntu ウスス ブントゥ
じん臓 ginjal ギンジャル
ぼうこう kandung kemih カンドゥン クミー

肝臓 hati ハティ
炎症 radang ラダン

80 *1 検査結果はhasil laboratorium（ハシル ラボラトリウム）。
*2 PCR検査はPCR（ピーシーアール）、ワクチンはvaksin（ファクシン）。

診察時間	jam praktek ジャム プラクテッ	急患窓口	U G D ウーゲーデー
専門医	dokter spesialis ドクトゥル スペシャリス	処ほうせん	resep レセップ

帰っていいです
anda boleh pulang
アンダ ボレ プラン

どのくらいで治りますか？
berapa lama sampai sembuh?
ブラパ ラマ サンパ スンブー

早くよくなりますように
semoga lekas sembuh
スモガ ルカス スンブー

旅行をつづけられますか？
bisa melanjutkan perjalanan?
ビサ ムランジュッカン プルジャラナン

伝染しますか？
apakah itu bisa menular?
アパカー イトゥ ビサ ムヌラール

いくらですか？
berapa?
ブラパ

～をください minta～ ミンタ ～	領収書 kwitansi クイタンシ	診断書 Surat keterangan dokter スラッ クトゥランガン ドクトゥル

～薬 obat～ オバッ	カゼ ～flu フル	胃 ～maag マア	頭痛 ～sakit kepala サキッ クパラ
薬局 apotek アポテッ	抗生物質 ～anti biotik アンティ ビオティッ	軟こう ～salep サラップ	解熱剤 ～penurun panas プヌルン パナス
伝統的薬 obat tradisional オバッ トラディショナル		ジャムゥ jamu ジャムゥ	目 obat tetes mata 薬 オバッ テテス マタ

一日〇回
〇 kali sehari
カリ スハリ
→数字P㉚

食前	Sebelum makan スブルム マカン
食後	sesudah makan ススダー マカン

～を検査する periksa～ プリクサ	血液 darah ダラー	便 air besar アイル ブサール	尿 urine ウリン

便の 色は？ warna air besarnya apa? ワルナ アイル ブサールニャ アパ	白 putih プティー	赤 merah メラー	黒 hitam ヒタム
尿の 色は？ warna urinenya? ワルナ ウリンニャ	黄 kuning クニン		茶色 coklat チョクラッ

トラブル Kesulitan
クスリタン

あいさつ / 移動 / 数字・買物 / 時間 / 食事 / 文化 / ひと・家 / **トラブル**

Kesulitan

お湯が出ない	air panasnya tidak keluar アイル パナスニャ ティダッ クルアール

水が出ない　airnya tidak keluar
アイルニャ ティダッ クルアール

エアコンの調子が悪い　ACnya tidak dingin
アーセーニャ ティダッ ディンギン

電気がつかない　lampunya tidak nyala
ランプニャ ティダッ ニャラ

テレビがつかない　televisinya tidak nyala
テレフィシニャ ティダッ ニャラ

WiFiがつながらない　WiFinya tidak bisa
ワイファイニャ ティダッ ビサ

充電が切れた　baterainya habis
バテライニャ ハビス

カギがかからない　pintunya tidak bisa dikunci
ピントゥニャ ティダッ ビサ ディクンチ

カギが開かない　kuncinya tidak bisa dibuka
クンチニャ ティダッ ビサ ディブカ

カギを部屋に忘れた　kuncinya ketinggalan di kamar
クンチニャ クティンガラン ディ カマール

部屋を替えてください　tolong ganti kamar
トロン ガンティ カマール

お金（クレジットカード）をなくした　Saya kehilangan uang (kartu kredit)
サヤ クヒランガン ウアン （カルトゥ クレディッ）

日本語を話す人はいますか？　ada yang bisa berbahasa Jepang?
アダ ヤン ビサ ブルバハサ ジパン

この番号に電話してください　tolong telepon nomor ini
トロン テレポン ノモル イニ

nomor telepon.
電話番号記入欄 ・

いらないよ
tidak usah
ティダッ　ウサー

助けて！
tolong!
トロン！

早く！
cepat!
チュパッ

○○が盗まれた
kecurian ○○
クチュリアン

○○がなくなった
kehilangan ○○
クヒランガン

おかね
uang
ウアン

携帯・スマホ
HP
ハーペー

パスポート
paspor
パスポール

荷物
barang bawaan
バラン　バワアン

クレジットカード
kartu kredit
カルトゥ　クレディッ

悪用される
disalahgunakan
ディサラーグナカン

利用停止にする
memblokir
ムンブロキール

だまされた
tertipu
トゥルティプ

殴られた
dipukul
ディプクル

けんか
berantam
ブランタム

事故
kecelakaan
クチュラカアン

強盗
perampokan
プランポカン

スリ
copet
チョペッ

レイプ
perkosa
プルコサ

暴動
kerusuhan
クルスハン

地震
gempa bumi
グンパ　ブミ

津波
tsunami
ツナミ

洪水
banjir
バンジール

停電
mati lampu
マティ　ランプ

話し合い
musyawarah
ムシャワラ

〜に報告する
melapor ke〜
ムラ　ポール　ク

警察
polisi
ポリシ

銀行
bank
バン

おちついて！
tenanglah
トゥナンラー

弁護士
pengacara
プンガチャラ

裁判所
pengadilan
プンガディラン

心配しないで
jangan khawatir
ジャンガン　カワティール

日本大使館
kedutaan besar Jepang
クドゥタアン　ブサール　ジパン

仕方ありません
apa boleh buat
アパ　ボレ　ブアッ

トラブル

トラブル　その他

83

いFIRST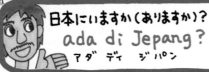

いFIRST ada アダ | いません tidak ada ティダッ アダ

日本にいますか（ありますか）？ ada di Jepang? アダ ディ ジ パン

インドネシアにいますか（ありますか）？ ada di Indonesia? アダ ディ インドネシア

あいさつ｜移動｜数字買物｜時間｜食事｜文化｜ひと・家｜トラブル｜その他

Binatang

ネコ kucing クチン	イヌ anjing アンジン	ネズミ tikus ティクス	ロバ keledai クルダイ
ウシ sapi サピ	水牛 kerbau クルバウ	ヤギ kambing カンビン 	馬 kuda クダ 
シカ kijang キジャン 	(小型の)シカ kancil カンチル 	サイ badak バダッ 	トラ harimau ハリマウ
サル monyet モニェッ 	オランウータン orang utan オラン ウータン 	ゾウ gajah ガジャー 	イノシシ babi hutan バビ フタン 
ウサギ kelinci クリンチ	ブタ babi バビ 	カエル kodok コドッ	ヘビ ular ウラール
ヤモリ cecak チチャッ 	コモド大トカゲ komodo コモド 	トカゲ kadal カダル	カメ kura-kura クラ クラ
エビ udang ウダン	カニ kepiting クピティン 	貝 kerang クラン	クラゲ ubur-ubur ウブール ウブール 

| 動物園 kebun binatang クブン ビナタン | ライオン singa シンガ | キリン jerapah ジュラパー | ペンギン penguin ペングイン | パンダ panda パンダ | ヒョウ macan マチャン |

これを見たことありますか？	これは食べられますか？
pernah melihat ini ?	ini bisa dimakan?
プルナー　ムリハッ　イニ	イニ　ビサ　ディマカン
これはなんていうの？	これは食べられない
apa namanya?	ini tidak bisa dimakan
アパ　ナマニャ	イニ　ティダッ　ビサ　ディマカン

鳥 burung ブルン 	ニワトリ ayam アヤム	アヒル bebek ベベッ 	チョウ kupu-kupu クプ　クプ
魚 ikan イカン 	クジラ ikan paus イカン パウス	イルカ lumba-lumba ルンバ ルンバ	アリ semut スムッ 
サンゴ batu karang バトゥ　カラン 	サンゴしょう terumbu karang トゥルンブ カラン	カ nyamuk ニャムッ 	ハエ lalat ララッ 
ハチ lebah ルバー 	トンボ capung チャプン 	ヒル lintah リンター 	ゴキブリ kecoa クチョマ 
森 hutan フタン 	畑 ladang ラダン 	キノコ jamur ジャムール 	クモ laba-laba ラバ ラバ
花 bunga ブンガ 	木 pohon ポホン 	草 rumput ルンプッ 	葉 daun ダウン 
稲 padi パディ	米 beras ブラス 	ごはん nasi ナシ 	たんぼ sawah サワー

その他

動詞・疑問詞 Kata Kerja & Bentuk Tanya
カタ クルジャ ダン ブントゥッ タニャ

左側縦書き：あいさつ｜移動｜数字買物｜時間｜食事｜文化｜ひと 家｜トラブル｜その他

左側縦書き：Kata Kerja & Bentuk Tanya

右側縦書き：助動詞の使い方 P.96

なに apa アパ	いつ kapan カパン	誰が siapa シアパ

教えてください tolong ajarkan トロン アジャールカン

どうやって bagaimana バゲマナ	さっき tadi タディ

なぜ kenapa クナパ	どこへ ke mana ク マナ	どこで(に) di mana ディ マナ

どこまで sampai mana サンペー マナ

いま sekarang スカラン
あとで nanti ナンティ

～したい mau～ マウ	～できる bisa～ ビサ	～してもいい boleh～ ボレ	～したほうがいい lebih baik～ ルビー バイ
～したくない tidak mau～ ティダッ マウ	～できない tidak bisa～ ティダッ ビサ	～してはいけない tidak boleh～ ティダッ ボレ	～しないほうがいい lebih baik tidak～ ルビー バイ ティダッ
もう～した sudah～ スダー	～したことがある pernah～ プルナー	～しましょう mari～ マリ	～ではない bukan～ ブカン
まだ～してない belum～ ブルム	～したことがない belum pernah～ ブルム プルナー	～する(未来形) akan～ アカン	～ですか？ apakah～? アパカー

 出会う jumpa ジュンパ

 別れる pisah ピサー

 尋ねる tanya タニャ

 答える jawab ジャワブ

 教える mengajar ムンガジャール

 勉強する belajar ブラジャール

 覚えている ingat インガッ

 忘れる lupa ルパ

 入る masuk マスッ

 出る keluar クルアール

始まる mulai ムライ	終わる selesai スルサイ	歩く jalan ジャラン	走る lari ラリ	進む maju マジュ
探す cari チャリ	止まる berhenti ブルフンティ	泊まる menginap ムンギナップ	帰る pulang プラン	来る datang ダタン
泣く menangis ムナンギス	笑う tertawa トゥルタワ	送る kirim キリム	受け取る terima トゥリマ	読む baca バチャ
見る lihat リハッ	書く tulis トゥリス	話す bicara ビチャラ	聞く dengar ドゥンガール	理解する mengerti ムングルティ
知る、知っている tahu タウ	思う rasa ラサ	気をつける hati-hati ハティ ハティ	眠る tidur ティドゥール	起きる bangun バングン
開く buka ブカ	閉じる tutup トゥトゥップ	～になる jadi～ ジャディ	作る bikin ビキン	売る jual ジュアル
買う beli ブリ	ある ada アダ	生きる hidup ヒドゥップ	立つ berdiri ブルディリ	座る duduk ドゥドゥッ
切る potong ポトン	使う pakai パケ	働く kerja クルジャ	約束する janji ジャンジ	好き suka スカ ♡ 愛する cinta チンタ

動詞・疑問詞

その他

★ 否定形：tidak ＋ 動詞

87

その他の形容詞 Kata Sifat
カタ シファツ

あいさつ | 移動 | 数字 | 買物 | 時間 | 食事 | 文化 | ひと・家 | トラブル | その他

Kata Sifat

〜でない
tidak〜
ティダッ

〜ですね
〜, ya!
ヤ

とっても〜
〜sekali
スカリ

すこし〜
agak〜
アガッ

ぜんぜん〜ない
sama sekali
tidak〜
サマ スカリ ティダッ

あまり〜ない
tidak
begitu〜
ティダッ ブギトゥ

〜すぎる
terlalu〜
トゥルラル

よい
baik
バイク

わるい
buruk
ブルッ

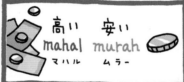
大きい 小さい
besar kecil
ブサール クチル

多い 少ない
banyak sedikit
バニャッ スディキッ

高い 安い
mahal murah
マハル ムラー

重い 軽い
berat ringan
ブラッ リンガン

白い 黒い
putih hitam
プティー ヒタム

色
warna
ワルナ

おいしい
enak
エナッ

背が低い 背が高い
pendek tinggi
ペンデッ ティンギ

やせている 太っている
kurus gemuk
クルス グムッ

あたまいい あたまわるい
pintar bodoh
ピンタール ボドー

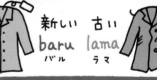
若い 年寄り
muda tua
ムダ トゥア

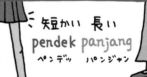
新しい 古い
baru lama
バル ラマ

短かい 長い
pendek panjang
ペンデッ パンジャン

正しい まちがい
benar salah
ブナール サラー

寒い／冷たい
dingin
ディンギン

涼しい
sejuk
スジュッ

暑い／熱い
panas
パナス

本物　偽物
asli　palsu
アスリ　パルス

香る　くさい
wangi　bau
ワンギ　バウ

やわらかい　硬い
empuk　keras
ウンプッ　クラス

かんたん　むずかしい
gampang　susah
ガンパン　スサー

近い　遠い
dekat　jauh
ドゥカッ　ジャウー

はやい　遅い
cepat　lambat
チュパッ　ランバッ

明るい　暗い
terang　gelap
トゥラン　グラップ

美しい
cantik
チャンティッ

みにくい
jelek
ジュレッ

ふつう
biasa
ビアサ

かわいい・
おもしろい
lucu
ルチュ

ハンサム
ganteng
ガンタン

いかす
keren
クレン

幸せ
bahagia
バハギア

最高!
asyik!
アジッ

悲しい
sedih
スディー

眠い
mengantuk
ムガントゥッ

お腹がすいた
lapar
ラパール

たいくつ
suntuk
スントゥッ

その他の形容詞
その他

◎は✕ですか？
apakah ◎ ✕?
アパカー　名詞　形容詞

✕より○○
lebih ○○ daripada ✕
ルビー　形容詞　ダリパダ　名詞

89

住所を尋ねる Menanyakan Alamat
ムナニャカン アラマッ

○○を教えてください
minta ○○nya
ミンタ　　　　　ニャ

〜のアカウント持ってる?
punya akun〜?
プニャ　アクン　〜?

名前を教えてください	住所	フェイスブック	ワッツアップ メッセンジャー
namanya siapa?	alamat	facebook	WA ウェーアー
ナマニャ シアパ	アラマッ	フェースブック	

電話番号	Eメールアドレス	ビデオコール	写真をアップするね
nomor telepon	alamat e-mail	video call	nanti saya upload foto ya!
ノモル テレポン	アラマッ イーメール	フィデオ コー	ナンティ サヤ アップロー フォト ヤ

タグ付けしていいですか?
boleh ditag?
ボレ ディ テッグ

シェアしていいですか?
boleh dishare?
ボレ ディシェール

○○を送ります
nanti saya kirim ○○, ya!
ナンティ　　サヤ　　キリム　　　　　　ヤ

手紙	写真	Eメール
Surat	foto	e-mail
スラッ	フォト	イーメール

ここに書いてください
tolong tuliskan
トロン　　トゥリスカン
di sini
ディ シニ

第**2**部

インドネシアで楽しく
会話するために

"第2部" は、超初心者向けに文法や

コミュニケーションのコツを解説しています。

話す力も、話す内容の幅も確実にワンランクアップできます。

インドネシア語の基本

文字も発音も簡単

なんたってインドネシア語はアルファベットで書かれるので、なんだかクネクネした変わった字や難解な文字の列にうなされずに済むのがいい。町中でも何がなんの看板なのかの見当がつけやすいし、そのままローマ字風に読んでもとりあえずは通じる。

間違っていたとしても、「何だこの日本人、インドネシア語がんばって使おうとしてるみたいだけどなんてヘンな発音だろ！　でもま、ちょっとつきあってやるか」と面白がってもらえる可能性が大きい。なんだなんだ、何が言いたいんだ？　とばかり人がワラワラ集まってくるかもしれない。

「こいつ、何言ってんだ？　わかんないから無視、無視」とはならない。そういった、インドネシアンの心の広さに、インドネシア語ビギナーはきっと一度ならず感謝することになるだろう。これこそ、インドネシア語が比較的簡単といわれるゆえんの一つである。

インドネシア語が簡単なんて、どこの誰の説だ？と聞かれると困るが、インドネシア語はとにかくカンタンってことになっているのである。そう思い込むのも悪くないと思う。それで痛い目にあったら、より学ぼうとするモチベーションにもなるわけだし。

要注目！ のアルファベット

ただ、ここでひとつ注意しなくてはならないのはアルファベットの読み方。英語式に読むのは間違いで正しくは右ページの表のように読む。特に発音に注意が必要なものは以下の通り。

C：チェー／Cは　チャ、チ、チュ、チェ、チョの発音になる。

L：エル／「える」というのではなく、「えぅ」と聞こえるような感じで最後に舌の先を口の天井につける。

M：エム／「む」のところで口をしっかり閉じる。

N：エン／「ん」のところで舌をぴったり口の天井につける。

R：エル／思い切り巻き舌で発音する。

U：ウー／思い切り口をとがらせてしっかり発音する。

そのほかの文字は、ふつうに発音すれば大丈夫。たとえば、次のような言葉は

　　SD：エスデー（小学校）

　　TV：テーフェー（テレビ）

……となる。

要注意の発音①「E」……2種類の発音

単語を発音する時の注意も挙げておこう。まずはE。2種類の発音がある。

E：はっきりした「エ」

　→1つ目は普通の、口の両端を上に引っぱったようなはっきりした「エ」。たとえば、

　　es：エス（氷）

　　sore：ソレ（夕方）

　　enak：エナッ（おいしい）　など。

E…あいまいな「エ」

　→2つ目は「エ」と「ウ」の中間のようなはっきりしない音。たとえば、

　　pergi：プルギ（行く）

　　selamat：スラマッ（おめでとう）

　　Jepang：ジュパン（日本）　など。

本書ではずっと日本＝ジパンと読んでいるけれど、厳密にはこのあいまいな「エ」の音だ。

インドネシア語ではこの2つの音を分けて表記することはないので、違いをどこで判断するかというと、慣れるしかないのかなぁ……と思う。わたしも、新しく出会う単語ではいまだにその点でよく迷う。あいまいな「エ」のものをはっきりした「エ」に発音すると、よく「スマトラのバタック人みたいだ」と笑われてしまうから困る（どうやらそれがバタック人の特徴らしい）。

迷った時は、いっそのこと、わざと大袈裟に全部のEをはっきり発音して笑いをとってしまうのがオトナの態度である（?）。

要注意の発音②「NG」……鼻濁音

NG：ン（グ）／この時、「G」をはっきり発音してはいけない。

たとえば、tangan（手）は、

「tan-gan」（タン・ガン）ではなく、

「tang-an」（タン（グ）・アン）と発音する。

日本語で「かんがえる」と発音するときの感じを思い出していただきたい。いわゆる鼻濁音というやつだ。たとえば、

　　sungai：スン（グ）・アイ／川

　　keringat：クリン（グ）・アッ／汗

　　dingin：ディン（グ）・イン／寒い

などの単語があるが、本書内では便宜上「スンガイ」、「クリンガッ」、「ディンギン」等のように表記してあるのでご注意を。

インドネシア語のアルファベットの読み方

A	B	C	D	E	F	G
アー	ベー	チェー	デー	エー	エフ	ゲー

H	I	J	K	L	M	N
ハー	イー	ジェー	カー	エル	エム	エン

O	P	Q	R	S	T	U
オー	ペー	キー	エル	エス	テー	ウー

V	W	X	Y	Z
フェー	ウェー	エクス	イェー	ゼッ

語尾の発音①「b、d、k、p、t」

→勝手に母音をつけなければOK

これらの子音が最後にきたら、その子音を発音する口の形で止める、というのが基本。でも日本語にはそういう発音はないので、慣れるまではすこし難しい。

    nasib：ナシッ（ブ）／運命
    wujud：ウジュッ（ドゥ）／姿
    besok：ベソッ（ク）／明日
    stop：ストッ（プ）／ストップ
    dekat：ドゥカッ（トゥ）／近い

などの語も、語尾に母音がないわけだから日本語のように、たとえば'stop'なら「sutoppu」と勝手に'u'をくっつけて発音してはいけない。

'besokku'とつい言ってしまいそうになるのをぐっとこらえて、語尾を'k'でとめる。それが正しい発音である。

語尾の発音②「m、n、ng」→これも母音をつけない

この場合も、子音を発音する口の形で止める、という点では変わらない。

    jam：ジャム(時・時計)
    ikan：イカン(魚)
    siang：シアン(昼)

ジャムの「ム」は口を閉じて発音。イカンの「ン」は舌先を口の天井にくっつけて発音。シアンの「ン」は口を開いたまま発音する。

語尾の発音③「h」→少しのばす

最後の母音を少しのばす。が、無視しても問題なし。

    sudah：スダ〜(すでに……した)

とくに気をつけるべき点は、それだけだ。アクセントに関しては、あまり考えなくともよい。英語などと違い、インドネシア語はアクセントを頭につけようが尻につけようが間違うことはない。ただ、尊大な感じとかふざけた感じとか、アクセントの付け方次第でニュアンスがちょっと変わってきてしまうかもしれない。そこでビギナーとしては、疑問形のときに語尾をあげるということだけ覚えておいて、あとは身近にいるインドネシア人の口調で耳を慣らしていくしかないと思う。

語順①「○○は××」の言い方

インドネシア語で「○○は××」と言うときは、そのまんま「○○ ××」と言えばよい。70-71ページに「家族・友だち」、72-73ページに「ひとの性格」の言葉が並んでいる。その言葉を使って次のようなことが言える。

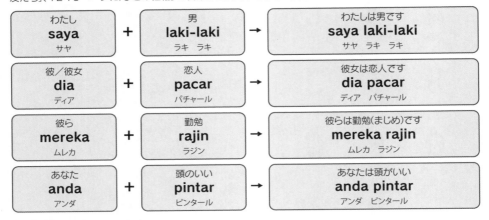

わたし **saya** サヤ	+	男 **laki-laki** ラキ ラキ	→	わたしは男です **saya laki-laki** サヤ ラキ ラキ
彼／彼女 **dia** ディア	+	恋人 **pacar** パチャール	→	彼女は恋人です **dia pacar** ディア パチャール
彼ら **mereka** ムレカ	+	勤勉 **rajin** ラジン	→	彼らは勤勉(まじめ)です **mereka rajin** ムレカ ラジン
あなた **anda** アンダ	+	頭のいい **pintar** ピンタール	→	あなたは頭がいい **anda pintar** アンダ ピンタール

語順②「○○の××」「○○な××」の言い方

さて、この例の上から二番目「彼女は恋人です」についていうと、これだけだと誰の恋人かよくわからない。それで、「私の恋人」というにはどうするかという問題が出てくる。でもこれは簡単。インドネシア語では、修飾語は後につくというルールがあって、「○○の××」は「×× ○○」と言えばいいのだ。で実際は右上のようになる。

「わたし」や「あなた」の呼び方

「わたし」という言い方にはおおざっぱに言ってふたつの単語がある。saya(サヤ)とaku(アク)というのがそれだ。**sayaという言い方はいちばん一般的で無難**である。aku というのは詩や小説などでよく使われるように、ちょっと文学的な匂いがする。

わたしの知る限り、とくにジャワ人がインドネシア語で話すときにこの aku をよく使っている。gue(グエ)または gua(グア)というのはジャカルタっ子のスラング。われわれ外国人が使うには、かなりヘビーな単語だ。

また、インドネシアでは、自分のことを自分の名前で呼ぶことも普通に行われる。

私たち、という場合は二種類あって、話している相手を含む場合は kita(キタ)、相手を含まないときは kami(カミ)という。覚えられないうちは kita にしておけば問題ない。ちなみに、ビジネスの場などで日本語の「私ども」に相当する丁寧な言い方は kami である。自分ひとりで商談などをしているときでも、一人称は saya よりは kami のほうが丁寧な印象だ。

「あなた」の丁寧な言い方は anda(アンダ)。だが、これはすこし親しみに欠ける。kamu(カム)だと

ちょっと雑な印象だし、elu(ウルー)または elo(ウロー)は先ほどの gue に対する言葉なので避けるべし。それよりも一般的なのは**相手を相手の名前で呼ぶことである**。相手の名前がわからなければ、

・どう見ても年上の男性には、
　→ **bapak**(バパッ) あるいは **pak**(パッ)
・どう見ても年上の女性には、
　→ **ibu**(イブ) あるいは **bu**(ブ)
・食堂、宿屋などで、比較的若い男性が相手なら、
　→ **mas**(マス)
・食堂、宿屋などで、比較的若い女性が相手なら、
　→ **mbak**(ンバッ)
・子どもには、
　→ **adik**(アデッ) あるいは **dik**(デッ)
　……と、声をかける。

mas、mbak はジャワ語だが、ジャカルタでは普通に使われている。

「彼」「彼女」に相当するのは dia(ディア)または ia(イア)で、「彼ら」は mereka(ムレカ)。日本語のカレシだとかカノジョ的なニュアンスでいうときは、si dia(シ ディア)やら si doi(シ ドイ)というときもある。このへんは、ダンドゥット(日本でいえば演歌みたいな音楽のジャンル)の歌詞によく出てくる。

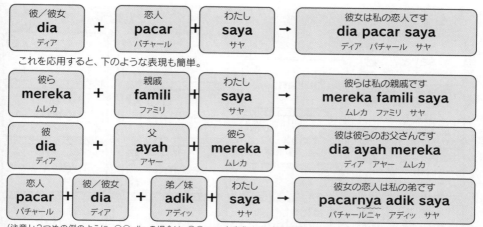

これを応用すると、下のような表現も簡単。

(注意！：3つめの例のように、○○ dia の場合は、○○ nya と変化する。たとえば、「彼／彼女の恋人」pacar dia は pacarnya(パチャールニャ)、「彼／彼女の父」ayah dia は ayahnya(アヤーニャ) となるわけだ。○○ dia でも通じるけど、これが正しい言い方)

　ここまで話が及んだころには変な日本人を見ようと、友達のお母さんとか友達のいことか、姪の赤ちゃんまで周りに集まっているかもしれない。家族紹介合戦！

　さて、修飾語が後ろにつくというルールは食事についても大事。48-49 ページの「食材と調理法」でいうと、こんな具合になる。

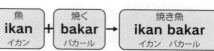

51 ページの飲み物についても、「お茶」「コーヒー」等と「甘い」「牛乳」「つめたい」などの修飾語をつなげることで、いろんな注文をすることができる。

　名詞と形容詞の組み合わせの例をもう少し載せておこう。名詞と形容詞を覚えるといろんなことが言えるのがわかると思う。

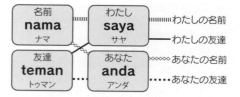

組み合わせた形で熟語となっているものの例

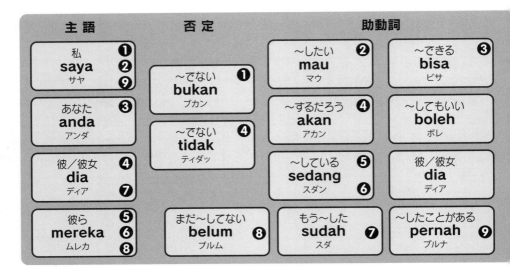

主　語	否　定	助動詞	
私 **saya** サヤ ❶❷❾	~でない **bukan** ブカン ❶	~したい **mau** マウ ❷	~できる **bisa** ビサ ❸
あなた **anda** アンダ ❸	~でない **tidak** ティダッ ❹	~するだろう **akan** アカン ❹	~してもいい **boleh** ボレ
彼／彼女 **dia** ディア ❹❼		~している **sedang** スダン ❺❻	彼／彼女 **dia** ディア
彼ら **mereka** ムレカ ❺❻❽	まだ~してない **belum** ブルム ❽	もう~した **sudah** スダ ❼	~したことがある **pernah** プルナ ❾

否定形：基本の3パターン

　インドネシア語の否定には大ざっぱに言って3つの形がある。

①「AはB(名詞)ではない」というとき。
　→ **bukan**(ブカン)を使う。
　例) この料理はナシゴレンです。
　　Masakan ini nasi goreng.
否定形：この料理はナシゴレンではない。
　　Masakan ini **bukan** nasi goreng.

②動詞や形容詞には、
　→ **tidak**(ティダッ)を使う。
　例) この料理はおいしい。
　　Masakan ini enak.
否定形：この料理はおいしくない。
　　Masakan ini **tidak** enak.

③そして、「まだ……ない」という場合は、
　→ belum(ブルム)。
　たとえば、Sudah makan?(もう食べた?)
Bisa bahasa Indonesia?(インドネシア語できる?)
と聞かれた場合、これから食べる気はあるのだし、インドネシア語もいずれはできるようになるかもしれないってワケで「まだだよ」(belum)と答えたほうがいい。

　慣れないうちは、よく間違えるが、インドネシア人はそんなとき「いやいや、そういうときは "tidak" を使うんだ」みたいに教えてくれることが多い。わからないと悩むよりも、口に出してみるほうがはるかに大切。それはすべてについていえる。

主な助動詞と語順

　助動詞をいくつか覚えると表現できる幅が飛躍的に増えるので(もちろん動詞や名詞も覚えないといけないけど)、二言三言くらいの会話はできるようになってくる。ぜひ挑戦してみてほしい。上の表の番号を追いながら見ていただきたい。

❶ Saya **bukan** orang Jepang.
　わたしは日本人ではない
　「私は○○ではない」という時も「AはBではない」の
　bukan(ブカン)を使う。

❷ Saya **mau** minum teh.
　わたしはお茶を飲みたい
　「○○をしたい」は**mau**。
　「○○したくない」のときは**tidak mau**になる。

❸ Anda **bisa** baca buku itu.
　あなたはその本を読むことができる
　「○○できる」は**bisa**。「Bisa bahasa Indonesia?」
　は「インドネシア語できるの?」

❹ Dia tidak **akan** beli oleh-oleh.
　彼はおみやげを買わないだろう
　akanは未来を表わす助動詞。未来を表わすときは
　「mau」も使える。

❺ Mereka **sedang** makan.
　彼らは食事中だ

❻ Mereka **sedang** cari pakaian.
　彼らは洋服を探している
　「○○している」は**sedang**。ただし cari や beli、
　jual、baca 等の動詞は正しくは mencari、membeli、
　menjual、membaca といったように接頭辞がつく。

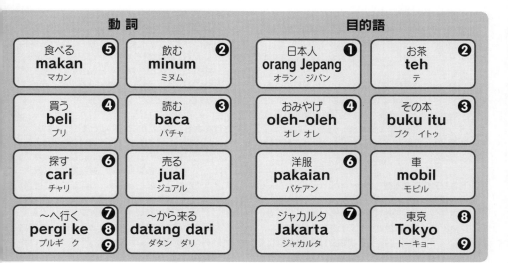

動 詞		目的語	
食べる ❺ **makan** マカン	飲む ❷ **minum** ミヌム	日本人 ❶ **orang Jepang** オラン ジパン	お茶 ❷ **teh** テ
買う ❹ **beli** ブリ	読む ❸ **baca** バチャ	おみやげ ❹ **oleh-oleh** オレ オレ	その本 ❸ **buku itu** ブク イトゥ
探す ❻ **cari** チャリ	売る **jual** ジュアル	洋服 ❻ **pakaian** パケアン	車 **mobil** モビル
～へ行く ❼ **pergi ke** ❽ プルギ ク ❾	～から来る **datang dari** ダタン ダリ	ジャカルタ ❼ **Jakarta** ジャカルタ	東京 ❽ **Tokyo** トーキョー ❾

が、これを覚えるのはたいへんだし、文章によっていろいろ変化するので、そのへんはつけたりつけなかったり、あいまいで構わないと思う。会話はシンプルでけっこう。論文書くわけじゃないんだし。

❼Dia **sudah** pergi ke Jakarta.
　彼／彼女はもうジャカルタに行った

❽Mereka **belum** pergi ke Tokyo.
　彼らはまだ東京に行っていない
「もう○○した」は **sudah**、
「まだ○○していない」は **belum** を使う。

❾Saya **pernah** pergi ke Tokyo.
　わたしは東京に行ったことがある
「○○したことがある」は **pernah**。

疑問文

文末を上げて発音するだけで充分。
　apa：アパ(何)
　kenapa：クナパ(なぜ)
　kapan：カパン(いつ)
　siapa：シアパ(誰)
　berapa：ブラパ(いくら)
　bagaimana：バゲマナ(どうやって)
　mana：マナ(どこ)
　……も覚えておこう(86ページの疑問詞も参照)。

ke(ク) と dari(ダリ) について

上の表で「動詞」に入っている **pergi ke**（～へ行く）と **datang dari**（～から来る）については、正しくは動詞ではなく、それぞれ「pergi：行く」＋「ke：～へ」、

「datang：来る」＋「dari：～から」と動詞と助詞が組合わさったフレーズ。

このうちの **ke**（～へ）と **dari**（～から）については、助詞だけでもそれぞれ（～へ行く）、（～から来る）の意味がある。
　Saya mau **ke** Bali.(私はバリへ行きたい)
　Saya **dari** Tokyo.(私は東京から来た)
　……のように使える。

インドネシアでのコミュニケーション

そのボディ・ランゲージとは？

インドネシアで人に紹介されるとき、日本式にしっかり相手との間に距離をキープしながら「あ、ども」と会釈しておわり、というんじゃあまりにも悲しすぎる。郷に入れば郷に従えってことで、ここではインドネシア式ボディ・ランゲージをご紹介しよう。たとえば、日本から来た○○さんでーす、と紹介されたならば、両手を軽く合わせて相手の同じく合わさった手を左右交互に挟みこむようにすっと触れさせる。その後、その手は自分の胸のあたりに持っていく。

45ページのまん中あたりに、二人手を合わせているおじさんがいるけれど、これがそのあいさつ。うまく説明ができないけれど一度やってみれば「なるほど」と納得するはずだ。もちろん、その際は満面の笑顔を浮かべているべきである。

また、普通に握手、というのもいける。普通とはいえども、日本人からいきなり握手を求められたら

少々ひるむものだ。

　その点、インドネシア人は、(ヘンな意味でなく)よく相手の体に触れる。友達どうしで手をつないだり、肩を組んで歩いたりということは男女の別なく、特別なことではない。

　私自身、女の子の友達に手をつながれたり肩に手を回されたりということはよくあるけれど、いまだにそれをされると緊張してしまう。他人の体のぬくもり。とかく我々には馴染みの薄い行為ではあるが、親しみのこもったボディ・ランゲージということで理解しよう。

インドネシア語を使う楽しみ：
たとえば乗り物での会話

　インドネシアで旅をしていると、いろいろな人からフレンドリーに声をかけられる。あんまり多くの人から同じような質問ばかり浴びせ掛けられるので、少々うんざりさせられることもあるかもしれない。

Mau ke mana?：マウ ク マナ(どこ行くの)

Dari mana?：ダリ マナ(どこから来たの)

Orang Jepang, ya?：オラン ジパン ヤ(日本人だろう?)

Bisa bahasa Indonesia?：ビサ バハサ インドネシア(インドネシア語できるのか?)

Suka masakan Indonesia?…スカ マサカン インドネシア(インドネシア料理は好きか?)

　などなど……。だが、何度も同じ事を答えなきゃならないせいで会話をするのが面倒くさくなってしまってはよくない。これから長い付き合いになるような相手ならともかく、たまたま一緒の乗り物に乗った相手などには多少答えにアレンジを加えて遊ぶのも悪くないと思う。臨機応変にやればいいのだ。

　たとえば年令を偽るとか、本当はいないのに日本に婚約者 (tunangan) がいるだとか、実はじいちゃんがインドネシア人だとか、ウソだといってしまえばそれまでだけれど、それがきっかけで会話がふくらめば、面倒くさいばかりに邪険な返答をするよりはいいと思う。また、あやしい相手にはなおのこと、本当のことを気軽に話すべきではないわけだし。

　ついでに「貞子に会ったことがある」などと称して旅を楽しむのもまた一興。貞子はホラー映画好きのインドネシア人の間でとても人気があるが、まさか誰も本当に貞子がいるなんて思わないので、こいつ面白いなと思ってもらえるかも?(このあたりの話題は64-65ページの「日本の文化」を参照)。

　長距離バスや列車の中で隣り合わせた人々と話をすると、自分の行き先に関する情報を提供してもらえることも多い。彼らのインフォメーションは、時と

して非常に有用な場合もあるけれど、偏見に満ちたことも少なくない。たとえば、ジャワを旅行中に「マドゥラ島に行きたい」と言うと、「あそこは野蛮な人間が多いからやめたほうがいい」などといわれたりする。そういった情報のかけらと自分の目で見たことを総合していくと、本当のインドネシアの姿が見えてくるだろう。

いちばんおもしろい「ノンクロン」とその"おきて"

　インドネシアを最大限に楽しむのなら、やっぱり「ノンクロン」をすべきだ。「ノンクロン」(nongkrong)とは「しゃがむ」という意味だが、道端や屋台などでなんとなくたむろしながらとりとめのない会話を楽しむ、というような意味合いを帯びている。屋台のおやじと、日本語学科の学生と、バスターミナルのギター弾きと、市場のおばちゃんと、土産物屋のおねえさんと、その辺で遊んでいる子供たちと。いろんな相手といろんな会話をして、インドネシアのいろんな味を楽しもう。それで言葉までマスターできてしまったらめっけもん、ってわけだ。

　そこで、ノンクロン上のマナーについて。ノンクロンをしながら割り勘の計算をするほどみっともないことはない。なんてったって、セコイ。楽しい時間が過ごせたならば、その場にいた何人かのメシ代くらいぽーんと気前よく払ってあげよう。たとえあなたが学生のバックパッカーであっても、だ。札束を見せびらかすイヤミな日本人とは絶対違う。

　インドネシアを旅していると、たとえば、ポケットの中に1万ルピアしか持っていないような人たちがわれわれに5000ルピアのお茶をおごってくれることがある。それはありがたく受け取るべきだ。また別の機会に、より多くお金を持っている自分がナシ・ゴレンをおごってあげたりすればいいのだから。

　そんな機会が訪れなくても、またどこか他の誰かにそうしてあげればいい。それは、インドネシアで私たちが受ける多々の好意へのお礼のひとつの形である。チープにおさえようとカリカリするよりは、のんびり構えたほうがいい時間がすごせるはずだ。

日本語→インドネシア語単語集

"第3部" では、約 3200 の単語を収録しています。

旅行者にとって必要度の高い言葉、深い内容を

話すための言葉を厳選しています。

★第1部への索引機能付き★

第1部に、関連の深い言葉や項目がある場合は、
そのページ番号を示してあります。
伝えたい話題へ素早くアクセスするための
索引としても活用してください。

あ行

愛
cinta
チンタ

愛くるしい
manis
マニス

愛国心
cinta negeri
チンタ ヌグリ

愛妻家 p70
suami sayang istri
スアミ サヤン イストゥリ

愛称
julukan
ジュルカン

愛情
kasih sayang
カシー サヤン

愛人 p71
selingkuhan
スリンクハン

愛する
mencintai
ムンチンタイ

合鍵
kunci duplikat
クンチ ドゥプリカッ

相変わらず
tetap saja
トゥタップ サジャ

あいさつ p12
salaman
サラマン

相性がいい
cocok
チョチョッ

アイスコーヒー p51
es kopi
エス コピ

合図
isyarat
イシャラッ

あいつ
dia
ディア

相手
lawan
ラワン

アイデア
ide
イデ

空いている
kosong
コソン

愛撫する
meraba
ムラバ

相部屋
sekamar
スカマール

あいまい
tidak jelas
ティダッ ジュラス

アイロンをかける
menyetrika
ムニュトゥリカ

浅い
dangkal
ダンカル

あさって p43
besok lusa
ベソッ ルサ

あざやか
cemerlang
チュムルラン

合う
bertemu
ブルトゥム

合う
cocok
チョチョッ

青い p35
biru
ビル

赤い p35
merah
メラー

あかちゃん p70
bayi
バイ

上がる
naik
ナイッ

明るい
terang
トゥラン

明るい(性格) p72
ceria
チュリア

秋 p44
musim gugur
ムシム ググール

あきらめる
menyerah
ムニュラー

飽きる
bosan
ボサン

握手する p45
jabat tangan
ジャバッ タンガン

アクセサリー
perhiasan
プルヒアサン

アクセル
gas
ガス

アクセルを踏む
tancap gas
タンチャップ ガス

悪夢
mimpi buruk
ミンピ ブルッ

開ける
membuka
ムンブカ

上げる(上に)
menaikkan
ムナイッカン

あげる(人に)
memberi
ムンブリ

揚げる p49
menggoreng
ムンゴレン

あこがれる
mengagumi
ムンガグミ

朝 p40
pagi
パギ

浅い
dangkal
ダンカル

足 p79
kaki
カキ

味 p47
rasa
ラサ

足裏マッサージ p19,77
pijat refleksi
ピジャッ リフレクシ

味見する p47
mencicipi
ムンチチピ

アジア
Asia
アジア

足首
pergelangan kaki
プルグランガン カキ

明日 p43
besok
ベソッ

あずける
menitip
ムニティップ

アスピリン p81
aspirin
アスピリン

汗
keringat
クリンガッ

あそこ
sana
サナ

遊ぶ p75
bermain
ブルマイン

暖かい p44
hangat
ハンガッ

暖める
menghangatkan
ムンハンガッカン

アダプター
adoptor
アダプトール

頭 p79
kepala
クパラ

頭がいい p73
pintar
ピンタール

頭金
uang muka
ウアン ムカ

新しい p34
baru
バル

あたり前
wajar
ワジャール

厚い
tebal
トゥバル

暑い p44
panas
パナス

集める
mengumpulkan
ムングンプルカン

集まる
berkumpul
ブルクンプル

宛名
alamat
アラマッ

あとで
nanti
ナンティ

穴
lubang
ルバン

あなた p94
anda
アンダ

あなたたち
kalian
カリアン

あなたの〜
〜 anda
〜アンダ

アニメ p65
animasi
アニマシ

あの
itu
イトゥ

あの頃
pada waktu itu
パダ ワクトゥ イトゥ

兄、姉 p70
kakak
カカッ

兄 p70
kakak laki-laki
カカッ ラキラキ

姉 p70
kakak perempuan
カカッ プルンプアン

アパート p68
apartemen
アパルトゥメン

アヒル p85
bebek
ベベッ

アフガニスタン
Afganistan
アフガニスタン

あぶない
berbahaya
ブルバハヤ

油 p48
minyak
ミニャッ

アフリカ
Afrika
アフリカ

アヘン
opium
オピウム

あまい p47
manis
マニス

甘える
manja
マンジャ

余り
sisa
シサ

網
jaring
ジャリン

雨 p44
hujan
フジャン

飴
permen
プルメン

アメリカ p17
Amerika
アメリカ

あやしい
mencurigakan
ムンチュリガカン

謝る p12
meminta maaf
ムミンタ マアフ

荒い/粗い
kasar
カサール

洗う
mencuci
ムンチュチ

アリ p85
semut
スムッ

ありがとう p12
terima kasih
トゥリマ カシー

ある
ada
アダ

あるく p87
berjalan
ブルジャラン

アルコール
alkohol
アルコホル

アルバイト
kerja sampingan
クルジャ サンピンガン

あれ
itu
イトゥ

アレルギー p80
alergi
アレルギ

暗証番号
nomor PIN
ノモル ピン

安心
tenang
トゥナン

安全
keamanan
クアマナン

アンティーク p37
antik
アンティッ

案内する
memandu
ムマンドゥ

案内所 p10
bagian informasi
バギアン インフォルマシ

胃 p80
lambung
ランブン

いい
baik
バイッ

いいえ
tidak/bukan
ティダッ/ブカン

いいかげん
sembarangan
スンバランガン

Eメール p90
e-mail
イーメル

Eメールアドレス p90
alamat e-mail
アラマッ イーメル

言う
bilang
ビラン

家 p68
rumah
ルマー

イカ p49
cumi-cumi
チュミチュミ

いかがですか?
bagaimana?
バゲマナ?

〜以外
kecuali 〜
クチュアリ 〜

イカダ
rakit
ラキッ

息
nafas
ナファス

息苦しい
sesak nafas
スサッ ナファス

〜行き p22
jurusan 〜
ジュルサン 〜

イギリス p17
Inggris
イングリス

生きる
hidup
ヒドゥップ

行く
pergi
プルギ

いくつ p31
berapa
ブラパ

いくつかの
beberapa
ブブラパ

いくら p33
berapa
ブラパ

池
kolam
コラム

意見
pendapat
プンダパッ

意思
niat
ニアッ

石
batu
バトゥ

維持する
mempertahankan
ムンプルタハンカン

いじめる
gencet
グンチェッ

医者 p80
dokter
ドクトゥル

異常
abnormal
アブノルマル

椅子
kursi
クルシ

イスラエル
Israel
イスラエル

イスラム教
agama Islam
アガマ イスラム

イスラム教徒
muslim
ムスリム

遺跡
tempat peninggalan bersejarah
トゥンパッ プニンガラン ブルスジャラー

いそがしい
sibuk
シブッ

いそぐ
buru-buru
ブルブル

板
papan
パパン

痛い p79
sakit
サキッ

偉大
agung
アグン

いたずら
jahil
ジャイル

炒める
menumis
ムヌミス

イタリア
Italia
イタリア

1 p30	satu	サトゥ
1回	sekali	スカリ
1階	lantai satu	ランタイ サトゥ
一ヶ月 p42	sebulan	スブラン
1月 p44	Januari	ジャヌアリ
1週間 p42	seminggu	スミング
1年 p42	setahun	スタフン
1年中	sepanjang tahun	スパンジャン タフン
1日 p42	sehari	スハリ
1日おき	selang sehari	スラン スハリ
一日中	sepanjang hari	スパンジャン ハリ
一人分	untuk satu orang	ウントゥッ サトゥ オラン
1杯 p31	segelas	スグラス
一匹 p31	seekor	スエコール
一本 p31	sebatang	スバタン
市場	pasar	パサール
いちばん	nomor satu	ノモル サトゥ
一部分	sebagian	スバギアン
胃腸薬 p81	obat maag	オバッ マアグ
一瞬	sejenak	スジュナッ
いっしょ	sama-sama	サマサマ
一生	seumur hidup	スウムール ヒドゥップ
一生懸命	sungguh-sungguh	スングースングー
いっぱい	banyak	バニャッ
一般的	umum	ウムム
一夫一妻制 p70	monogami	モノガミ
一夫多妻 p70	poligami	ポリガミ
一方的	secara sepihak	スチャラ スピハッ
一方通行	jalan satu arah	ジャラン サトゥ アラー
いつ? p42	kapan?	カパン?
いつか	kapan-kapan	カパンカパン
いつでも	kapan saja	カパン サジャ
いつも	selalu	スラル
遺伝	keturunan	クトゥルナン
意図	maksud	マクスッ
糸	benang	ブナン
井戸	sumur	スムール
移動する	berpindah	ブルピンダー
いなか	kampung	カンプン
犬 p84	anjing	アンジン
犬の肉	daging anjing	ダギン アンジン
稲 p85	padi	パディ
命	nyawa	ニャワ
いのる	berdoa	ブルドア
いばる p72	menyombongkan diri	ムニョンボンカン ディリ
違反	pelanggaran	プランガラン
いびきをかく	mengorok	ムンオロッ
今	sekarang	スカラン
居間 p68	ruang keluarga	ルアン クルアルガ
意味	arti	アルティ
意味する	berarti	ブルアルティ
イモ	ubi	ウビ
妹 p70	adik perempuan	アディッ プルンプアン
嫌になる	jenuh	ジュヌー
イヤリング	anting	アンティン
〜以来	sejak 〜	スジャッ 〜
イライラする	uring-uringan	ウリンウリンガン
インチキ	penipuan	プニプアン
イラク	Irak	イラッ
インド	India	インディア
いらない p33	tidak usah	ティダッ ウサー
入り口	pintu masuk	ピントゥ マスッ
要る	butuh	ブトゥー
居る	ada	アダ
イレズミ p57	tato	タト
入れる	memasukkan	ムマスッカン
色 p35	warna	ワルナ
いろいろ	macam-macam	マチャムマチャム
色が落ちる	luntur	ルントゥール
岩	batu	バトゥ
いわう	merayakan	ムラヤカン
印鑑	stempel	ステンペル
インク	tinta	ティンタ
印刷する	mencetak	ムンチェタッ
印象	kesan	クサン
インスタントラーメン p54	mi instan	ミー インスタン
インターネット p18,38,74	internet	イントゥルネッ
インターネットカフェ	kafe internet	カフェ イントゥルネッ
インターネット屋	warnet	ワルネッ
引退する	mengundurkan diri	ムンウンドゥールカン ディリ
インドネシア p17	Indonesia	インドネシア
インフルエンザ p80	influenza	インフルエンザ
インフレ	inflasi	インフラシ
インポテンツ	impoten	インポテン
陰茎 p79	penis	ペニス
飲料水 p51	air minum	アイル ミヌム
ウイスキー	wiski	ウイスキ
Windows(パソコン)	Windows	ウィンドウス
ウール	wol	ウォル
上	atas	アタス
ウエイター/ウエイトレス	pelayan	プラヤン
植える	tanam	タナム
飢える	kelaparan	クラパラン
うがい薬 p81	obat kumur	オバッ クムール
雨期 p44	musim hujan	ムシム フジャン
浮く	mengapung	ムンアプン
受付	resepsionis	レセプショニス
受け取る	menerima	ムヌリマ
受取人	penerima	プヌリマ
ウサギ p84	kelinci	クリンチ
牛 p84	sapi	サピ
うしなう	kehilangan	クヒランガン
後ろ	belakang	ブラカン
うすい	tipis	ティピス
薄い(味) p47	tawar	タワール
うそ	bohong	ボホン
歌 p60	lagu	ラグ
歌う p74	bernyanyi	ブルニャニ
疑い	kecurigaan	クチュリガアン
疑う	mencurigai	ムンチュリガイ
宇宙	luar angkasa	ルアール アンカサ
撃つ	menembak	ムネンバッ
鬱	depresi	デプレシ
うつくしい p90	indah	インダー
移す	memindahkan	ムミンダーカン
訴える	menuntut	ムヌントゥッ
腕 p79	lengan	ルンガン
腕時計 p38	jam tangan	ジャム タンガン
馬 p84	kuda	クダ
上手い	pandai	パンダイ
生まれる	lahir	ラヒール
海	laut	ラウッ
膿	nanah	ナナー
産む	melahirkan	ムラヒールカン
裏	belakang	ブラカン
裏切る	mengkhianati	ムンキアナティ
うらむ	dendam	ドゥンダム
うらやましい	iri hati	イリ ハティ
売り切れる	terjual habis	トゥルジュアル ハビス
得る	mendapatkan	ムンダパッカン
売る	menjual	ムンジュアル
うるさい	berisik	ブリシッ
うれしい	senang	スナン
ウロコ	sisik	シシッ
打つ	memukul	ムムクル
噂	gosip	ゴシップ
浮気する	berselingkuh	ブルスリンクー
上着 p34	baju	バジュ
噂	gosip	ゴシップ
運	keberuntungan	クブルウントゥンガン
運がいい	beruntung	ブルウントゥン
運が悪い	sial	シアル
うんざりする	jenuh	ジュヌー
うんちをする	buang air besar	ブアン アイル ブサール
運賃 p22	ongkos	オンコス
運転する p11	menyetir	ムニューティール
運転手	supir	スピール
運転免許証	SIM	シム
運動	olahraga	オララガ
運動する	berolahraga	ブルオララガ
絵	lukisan	ルキサン
絵をかく p74	melukis	ムルキス
エアコン p18,82	AC	アーセー
映画 p75	film	フィルム
映画館	bioskop	ビオスコップ
永久	abadi	アバディ
影響	pengaruh	プンガルー

Column 1

英語
bahasa Inggris
バハサ イングリス

エイズ
AIDS
アイズ

衛生的
higienis
ヒギエニス

ATM
ATM
アーティーエム

ATMカード
kartu ATM
カルトゥ アーティーエム

英雄
pahlawan
パフラワン

栄養
gizi
ギジ

笑顔
senyuman
スニュマン

駅 p22
stasiun
スタシウン

エキストラベッド p18
extra bed
エクストラ ベッ

駅長
kepala stasiun
クパラ スタシウン

えさ
umpan
ウンパン

SMS
SMS
エスエムエス

SMSする
kirim SMS
キリム エスエムエス

エスカレーター
eskalator
エスカラトール

エステ p19,77
spa
スパ

枝
ranting pohon
ランティン ポホン

エネルギー
energi
エネルギ

絵はがき
kartu pos bergambar
カルトゥ ポス ブルガンバール

エビ p49
udang
ウダン

絵本
buku bergambar
ブク ブルガンバール

Column 2

エメラルド
zamrud
ザムルッ

えらい
hebat
ヘバッ

選ぶ
memilih
ムミリ

エリ(襟)
kerah
クラー

得る
mendapatkan
ムンダパッカン

エレベーター
lift
リフ

宴会
pesta
ペスタ

延期する
menunda
ムヌンダ

エンジニア
teknisi
テクニシ

援助する
membantu
ムンバントゥ

炎症 p80
radang
ラダン

エンジン
mesin
ムシン

遠征
ekspedisi
エクスペディシ

演奏する
memainkan
ムマインカン

円高 p31
nilai Yen menguat
ニライ イェン ムングアッ

延長する
memperpanjang
ムンプルパンジャン

煙突
cerobong
チェロボン

エンピツ
pensil
ペンシル

遠慮する
menolak secara halus
ムノラッ スチャラ ハルス

おい(甥) p70
keponakan
クポナカン

おいしい p47
enak
エナッ

老いる
menjadi tua
ムンジャディ トゥア

Column 3

王様
raja
ラジャ

追う
mengejar
ムングジャール

置く
menaruh
ムナルー

応急手当て p80
pertolongan pertama
プルトロンガン プルタマ

応接間
ruang tamu
ルアン タム

横断歩道
tempat penyeberangan
トゥンパッ プニュブラーンガン

往復
PP
ペーペー

往復切符
karcis PP
カルチス ペーペー

オウム
burung beo
ブルン ベオ

多い
banyak
バニャッ

大きい p35
besar
ブサール

大きさ
besarnya
ブサールニャ

おおげさ
mengada-ada
ムンガダアダ

オーストラリア p17
Australia
アウストラリア

オートバイ
motor
モトール

おかず
lauk
ラウッ

丘
bukit
ブキッ

おカネ p31
uang
ウアン

おがむ
sembahyang
スンバヤン

小川
sungai kecil
スンガイ クチル

落ちる
jatuh
ジャトゥー

おかわり
tambah
タンバー

沖
lepas pantai
ルパス パンタイ

夫 p70
suami
スアミ

Column 4

おつり
kembalian
クンバリアン

音
bunyi
ブニー

弟/妹 p70
adik
アディッ

弟 p70
adik laki-laki
アディッ ラキラキ

送る
mengirim
ムンギリム

男 p70
pria, laki-laki
プリア, ラキラキ

男の子 p70
anak laki-laki
アナッ ラキラキ

おくれる p41
terlambat
トゥルランバッ

起こす p40
membangunkan
ムンバングンカン

おこなう
melakukan
ムラクカン

怒る
marah
マラー

おごる
mentraktir
ムントラクティール

おじ p70
om
オム

惜しい
sayang
サヤン

オシャレ p72
modis
モディス

教える
mengajar
ムンアジャール

おしっこ p81
pipis
ピピス

おしぼり
lap tangan basah
ラップ タンガン バサー

オス
jantan
ジャンタン

押す
mendorong
ムンドロン

おそい
lama
ラマ

おなら
kentut
クントゥッ

親 p70
orang tua
オラン トゥア

オナニー
onani
オナニ

おば p70
tante
タンテ

オバケ
hantu
ハントゥ

Column 5

覚える
ingat
インガッ

覚えている
ingat
インガッ

覚えてない
tidak ingat
ティダッ インガッ

おぼれる
tenggelam
トゥングラム

おまえ p94
kamu
カム

お参りする
berziarah
ブルジアラー

お守り
ajimat
アジマッ

オムツ
popok
ポポッ

おめでとう p12
selamat
スラマッ

訪れる
mengunjungi
ムングンジュンギ

重い p88
berat
ブラッ

重さ
beratnya
ブラッニャ

思う
merasa
ムラサ

思い出す
teringat
トゥリンガッ

思い出せない
tidak bisa ingat
ティダッ ビサ インガッ

思い出
kenangan
クナンガン

おもしろい
lucu
ルチュ

おもちゃ
mainan
マイナン

表
permukaan
プルムカアン

主な
yang utama
ヤン ウタマ

親 p70
orang tua
オラン トゥア

親孝行
anak yang berbakti
アナッ ヤン ブルバクティ

親不孝
anak durhaka
アナッ ドゥルハカ

Column 6

親指 p79
jempol
ジュンポル

おやすみなさい
selamat malam
スラマッ マラム

泳ぐ p77
berenang
ブルナン

およそ~
kira-kira ~
キラキラ ~

オランウータン p24,84
orang utan
オランウタン

オランダ
Belanda
ブランダ

織物 p37
tenunan
トゥヌナン

降りる
turun
トゥルン

折る
melipat
ムリパッ

織る
menenun
ムヌヌン

俺 p94
aku
アク

オレンジ p53
jeruk sankist
ジュルッ サンキス

終わる
selesai
スルサイ

終わり
selesai
スルサイ

恩
utang budi
ウタン ブディ

恩知らず
tidak tahu balas budi
ティダッ タウ バラス ブディ

音楽 p60
musik
ムシッ

音楽家
musisi
ムシシ

温泉
pemandian air panas
プマンディアン アイル パナス

温度
suhu
スフ

女
wanita, perempuan
ワニタ ブルンプアン

女の子 p70	anak perempuan	アナップルンプアン
怨念	dendam	ドゥンダム
音符	not	ノッ
オンライン	online	オンライン
温和な(人柄)	lembut	ルンブッ

か行

蚊 p85	nyamuk	ニャムッ
蛾	ngengat	ングンガッ
ガーゼ	kain kasa	カイン カサ
カーテン	gorden	ゴルデン
カード	kartu	カルトゥ
貝 p49	kerang	クラン
〜階	lantai ~	ランタイ 〜
〜回	~ kali	〜 カリ
会員	anggota	アンゴタ
会員証	kartu anggota	カルトゥ アンゴタ
絵画 p69	lukisan	ルキサン
海外	luar negeri	ルアール ヌグリ
海岸	pantai	パンタイ
会議	rapat	ラパッ
海軍	angkatan laut	アンカタン ラウッ
会計係	kasir	カシール
解決する	menyelesaikan	ムニュルサイカン
外交	diplomasi	ディプロマシ
外交官	diplomat	ディプロマッ
外国 p17	luar negeri	ルアール ヌグリ
外国語	bahasa asing	バハサ アシン
外国人	orang asing	オラン アシン
外国製 p39	buatan luar negeri	ブアタン ルアール ヌグリ
会社	kantor	カントール
会社員 p16	karyawan	カルヤワン
改装する	renovasi	レノファシ
階段	tangga	タンガ
怪談	cerita seram	チュリタ スラム
懐中電灯 p39	senter	セントゥル
海底	dasar laut	ダサール ラウッ
開店する	buka toko	ブカ トコ
ガイド	pemandu	プマンドゥ
ガイドブック	buku panduan wisata	ブク パンドゥアン ウィサタ
回復する	pulih	プリー
解放する	membebaskan	ムンベバスカン
開放的	terbuka	トゥルブカ
買い物(する) p32	belanja	ブランジャ
海洋	lautan	ラウタン
改良する	memperbaiki	ムンプルバイキ
会話	percakapan	プルチャカパン
買う p32	membeli	ムンブリ
飼う	memelihara	ムムリハラ
返す	mengembalikan	ムングンバリカン
カエル p84	kodok	コドッ
カエルの肉 p49	daging kodok	ダギン コドッ
変える	merubah	ムルバー
帰る	pulang	プラン
顔	wajah	ワジャー
香り	wangi	ワンギ
香りがいい p89	wangi	ワンギ
画家 p16	pelukis	プルキス
科学	ilmu sains	イルム サインス
化学	ilmu kimia	イルム キミア
鏡	cermin	チュルミン
牡蠣	tiram	ティラム
カギ	kunci	クンチ
カギをかける p82	mengunci	ムングンチ
抱える	memeluk	ムムルッ
書留	surat tercatat	スラッ トゥルチャタッ
書く p87	menulis	ムヌリス
画く	melukis	ムルキス
家具 p36,69	perabotan	プラボタン
学者	ilmuwan	イルムワン
確信する	yakin	ヤキン
かくす	menyembunyikan	ムニュンブニカン
学生 p16	siswa	シスワ
学生(女性)	siswi	シスウィ
確認する	memastikan	ムマスティカン
学科	jurusan	ジュルサン
革命	revolusi	レフォルシ
かくれる	bersembunyi	ブルスンブニ
影	bayangan	バヤンガン
賭ける	bertaruh	ブルタルー
賭けごと p75	judi	ジュディ
過去 p42	masa lalu	マサ ラル
数える p30	menghitung	ムンヒトゥン
カゴ	keranjang	クランジャン
カサ	payung	パユン
火山	gunung api	グヌン アピ
菓子	kue	クエ
歌詞	lirik	リリッ
家事	urusan rumah tangga	ウルサン ルマー タンガ
火事	kebakaran	クバカラン
かしこい	cerdas	チュルダス
貸してください	tolong dipinjamkan	トロン ディピンジャムカン
カジノ	kasino	カシノ
鍛冶屋	tukang besi	トゥカン ブシ
貸家 p68	rumah kontrakan	ルマー コントラカン
歌手 p61	penyanyi	プニャニ
果樹園	taman buah	タマン ブアー
貸す	meminjamkan	ムミンジャムカン
数 p30	angka	アンカ
ガス p68	gas	ガス
ガスコンロ p68	kompor gas	コンポール ガス
風	angin	アンギン
風邪 p78	flu	フルー
風邪薬 p81	obat flu	オバッ フルー
カセットテープ	kaset	カセッ
活動	kegiatan	クギアタン
活発	aktif	アクティフ
家庭 p70	rumah tangga	ルマー タンガ
角	sudut	スドゥッ
蚊取り線香 p69	obat nyamuk	オバッ ニャムッ
ガソリン	bensin	ベンシン
ガソリンスタンド	pom bensin	ポム ベンシン
肩 p79	bahu	バフ
硬い	keras	クラス
形	bentuk	ブントゥッ
かたづける	merapikan	ムラピカン
刀	pedang	プダン
片道	satu kali jalan	サトゥ カリ ジャラン
片道切符	karcis satu kali jalan	カルチス サトゥ カリ ジャラン
価値	nilai	ニライ
価値がある	bernilai	ブルニライ
家畜 p84	ternak	トゥルナッ
勝つ	menang	ムナン
楽器 p36	alat musik	アラッ ムシッ
カッコイイ p89	keren	クレン
学校	sekolah	スコラー
合唱	paduan suara	パドゥアン スアラ
勝手な	seenaknya	スエナッニャ
金持ち	orang kaya	オラン カヤ
可能	bisa	ビサ
可能性	kemungkinan	クムンキナン
彼女	dia	ディア
カバン p38	tas	タス
花瓶	vas bunga	ファス ブンガ
過敏な	sensitif	センシティフ
株	saham	サハム
株式会社	PT	ペーテー
壁	dinding	ディンディン
カボチャ	labu	ラブ
我慢する	bersabar	ブルサバール
紙	kertas	クルタス
髪 p79	rambut	ランブッ
神	Tuhan	トゥハン
カミソリ	silet	シレッ
噛む	menggigit	ムンギギッ
亀 p84	kura-kura	クラクラ
瓶(カメ)	guci	グチ
カメラ p38	kamera	カメラ
カメラマン	fotografer	フォトグラファル
鴨	itik	イティッ
カネ(money) p31	duit	ドゥイッ
カニ p49	kepiting	クピティン

蚊帳	kelambu	クランブ
粥 p55	bubur	ブブール
かゆい	gatal	ガタル
火曜日 p43	hari Selasa	ハリ スラサ
カラーフィルム	film berwarna	フィルム ブルフルナ
辛い p47	pedas	プダス
カラオケ p75	karaoke	カラオケ
ガラス	kaca	カチャ
からだ p79	tubuh	トゥブー
空手 p64	karate	カラテ
借りる	pinjam	ピンジャム
軽い p88	ringan	リンガン
彼	dia	ディア
彼ら	mereka	ムレカ
カレンダー p42	kalender	カレンデル
過労	kelelahan	クルラハン
皮、革	kulit	クリッ
川	sungai	スンガイ
かわいい p89	lucu	ルチュ
かわいそう	kasihan	カシハン
乾かす	mengeringkan	ムングリンカン
乾く	kering	クリン
為替レート p31	kurs	クルス
変わり者 p72	orang yang eksentrik	オラン ヤン エクセントリッ
変わる	berubah	ブルウバー
代わる	berganti	ブルガンティ
缶	kaleng	カレン
ガン p80	kanker	カンケル
肝炎 p80	radang hati	ラダン ハティ
眼科 p80	dokter mata	ドクトゥル マタ
考える	berpikir	ブルピキール
考え	pemikiran	プミキラン
感覚	rasa	ラサ
乾期 p44	musim kemarau	ムシム クマラウ
環境	lingkungan	リンクンガン
環境破壊	kerusakan lingkungan hidup	クルサカン リンクンガン ヒドゥップ
環境問題	masalah lingkungan hidup	マサラー リンクンガン ヒドゥップ
頑固	keras kepala	クラス クパラ
感染する p80	ketularan	クトゥララン
缶づめ	makanan kalengan	マカナン カレンガン
関係	hubungan	フブンガン
観光	pariwisata	パリウィサタ
観光客	wisatawan	ウィサタワン
観光地	tempat pariwisata	トゥンパッ パリウィサタ
韓国 p17	Korea Selatan	コレア スラタン
看護婦 p16,80	perawat	プラワッ
感謝する	berterimakasih	ブルトリマカシー
患者	pasien	パシエン
感情 p89	perasaan	プラサアン
勘定する	menghitung	ムンヒトゥン
感心する	kagum	カグム
(〜に)関する	tentang 〜	トゥンタン 〜
関税	bea cukai	ベア チュカイ
肝臓 p80	hati	ハティ
感想	kesan	クサン
乾燥した p80	kering	クリン
簡単	mudah	ムダー
監督(映画) p59	sutradara	ストラダラ
監督(スポーツ)	pelatih	プラティー
乾杯する	bersulang	ブルスラン
がんばる	berusaha	ブルウサハ
看板	papan reklame	パパン レクラメ
缶ビール	bir kaleng	ビール カレン
漢方薬 p81	obat tradisional	オバッ トラディショナル
カンボジア	Kamboja	カンボジャ
記憶	ingatan	インガタン
気があう	cocok	チョチョッ
気がつく	sadar	サダール
気が長い	sabar	サバール
気に入る	suka	スカ
気をつける	berhati-hati	ブルハティハティ
木 p85	pohon	ポホン
黄色 p35	kuning	クニン
消える	hilang	ヒラン
気温 p44	suhu udara	スフ ウダラ
機械	mesin	ムシン
機会	kesempatan	クスンパタン
着替える	ganti baju	ガンティ バジュ
期間	jangka waktu	ジャンカ ワクトゥ
気管支炎 p80	radang cabang tenggorokan	ラダン チャバン トゥン ゴロカン
危機	krisis	クリシス
企業	perusahaan	プルサハアン
聞く	mendengar	ムンドゥンガール
効く	ampuh	アンプー
喜劇	komedi	コメディ
危険	bahaya	バハヤ
期限	batas waktu	バタス ワクトゥ
気候 p44	iklim	イクリム
基地	markas	マルカス
既婚 p71	sudah kawin	スダー カウィン
岸	tepi	トゥピ
記事	artikel	アルティケル
生地	bahan pakaian	バハン パケアン
技師	insinyur	インシニュール
汽車 p22	kereta api	クレタ アピ
記者	wartawan	ワルタワン
寄宿舎	asrama	アスラマ
技術	teknik	テクニッ
傷 p78	luka	ルカ
傷つける	melukai	ムルカイ
キスする	mencium	ムンチウム
規則	peraturan	プラトゥラン
帰省	pulang kampung	プラン カンプン
犠牲	korban	コルバン
寄生虫	parasit	パラシッ
季節 p44	musim	ムシム
北 p20,24	utara	ウタラ
期待する	berharap	ブルハラップ
鍛える	melatih	ムラティー
北朝鮮(朝鮮民主主義人民共和国)	Korea Utara	コレア ウタラ
きたない	kotor	コートル
貴重品	barang berharga	バラン ブルハルガ
きつい	ketat	クタッ
喫茶店 p20,51	warung kopi	ワルン コピ
切手	perangko	プランコ
切符売り場 p22	loket penjualan tiket	ロケッ プンジュアラン ティケッ
機内持ち込み p10	hand carry	ヘン キャリー
記入する	mengisi	ムンイシ
絹 p34,37	sutra	スートラ
記念	kenang-kenangan	クナンクナンガン
記念碑	monumen	モヌメン
記念日 p44	hari peringatan	ハリ プリンガタン
昨日 p43	kemarin	クマリン
キノコ	jamur	ジャムール
寄付	sumbangan	スンバンガン
寄付する	menyumbang	ムニュンバン
気分がいい	senang	スナン
気分が悪い	kesal	クサル
希望する	berharap	ブルハラップ
基本	dasar	ダサール
基本的に	pada dasarnya	パダ ダサールニャ
奇妙な	aneh	アネー
義務	wajib	ワジッブ
決める	menentukan	ムントゥカン
気持ち	perasaan	プラサアン
気持ちいい	enak	エナッ
気持ち悪い(吐き気がする) p78	mual	ムアル
気持ち悪い(不快)	menjijikkan	ムンジジッカン
客	tamu	タム
逆	terbalik	トゥルバリッ
キャッシュカード	kartu ATM	カルトゥ アーテーエム
キャンセルする	membatalkan	ムンバタルカン
9 p30	sembilan	スンビラン
休暇	cuti	チュティ
救急車 p78	ambulans	アンブラン
休憩	istirahat	イスティラハッ
急行列車	kereta ekspres	クレタ エクスプレス
休日 p76	hari libur	ハリ リブール
救助	pertolongan	プルトロンガン
旧跡	tempat peninggalan bersejarah	トゥンパッ プニンガラン プルスジャラー
宮殿	istana	イスタナ
牛革	kulit sapi	クリッ サピ
牛肉 p49	daging sapi	ダギン サピ
牛乳	susu sapi	スス サピ

急用 urusan mendadak ウルサン ムンダダッ	居住する bermukim ブルムキム	金髪 rambut pirang ランブッ ピラン	くすぐったい geli グリ	くもり p44 mendung ムンドゥン	くわしい(よく知っている) banyak tahu バニャッ タウ	芸術品 barang seni バラン スニ
キュウリ ketimun クティムン	居住ビザ visa menetap フィサ ムヌタップ	勤勉な p72 rajin ラジン	薬 p81 obat オバッ	暗い gelap グラップ	郡 kecamatan クチャマタン	軽傷 luka ringan ルカ リンガン
給料 gaji ガジ	去年 p43 tahun lalu タフン ラル	金曜日 p43 hari Jumat ハリ ジュマッ	薬屋 p20,81 apotek アポテッ	クラスメート p71 teman sekelas トゥマン スクラス	軍隊 tentara トゥンタラ	携帯する membawa ムンバワ
今日 p43 hari ini ハリ イニ	距離 jarak ジャラッ	区 distrik ディストリッ	糞 kotoran コトラン	クラシック p60 klasik クラシッ	軍人 prajurit プラジュリッ	携帯電話 p38 handphone ヘンフォン
教育 pendidikan プンディディカン	きらい tidak suka ティダッ スカ	食いしんぼう rakus ラクス	くだもの p53 buah-buahan ブアブアハン	クラッチ kopling コップリン	毛 bulu ブル	経費 biaya ビアヤ
教会 gereja グレジャ	霧 kabut カブッ	空気 udara ウダラ	くだらない sepele スペレ	比べる membandingkan ムンバンディンカン	経営する mengelola ムングロラ	警備 penjagaan プンジャガアン
教科書 buku pelajaran ブク プラジャラン	キリスト教 agama Kristen アガマ クリステン	空軍 angkatan udara アンカタン ウダラ	口 p79 mulut ムルッ	グラム p31 gram グラム	経営者 pengelola プングロラ	ケーブル kabel カブル
行儀がいい sopan ソパン	切る memotong ムモトン	空港 p10 bandar udara バンダール ウダラ	口うるさい cerewet チュレウェッ	クリーニング binatu ビナトゥ	計画 rencana ルンチャナ	軽べつする menghina ムンヒナ
競技場 stadion スタディオン	着る memakai ムマケ	空港税 p10 pajak bandara パジャッ バンダラ	口がうまい pintar bicara ピンタール ビチャラ	くり返す mengulang ムングラン	経験 pengalaman プンガラマン	警報 peringatan プリンガタン
狂牛病 penyakit sapi gila プニャキッ サピ ギラ	きれいな(美しい) indah インダー	偶然 kebetulan クブトゥラン	口が軽い bocor mulut ボチョール ムルッ	くり返して! p14 tolong sekali lagi! トロン スカリ ラギ	敬虔な p73 taat beragama タアップ ブルアガマ	刑務所 penjara プンジャラ
狂犬病 rabies ラビエス	きれいな(清潔な) bersih ブルシー	クーデター kudeta クデタ	口が悪い mulut kotor ムルッ コトール	クリスマス p44 natal ナタル	経済 ekonomi エコノミ	契約書 surat kontrak スラッ コントラッ
共産主義 komunisme コムニスム	キログラム p31 kilogram キログラム	クーラー p18,82 AC アーセー	口紅 lipstik リップ ステッ	クリスマス・イブ malam natal マラム ナタル	経済危機 krisis ekonomi クリシス エコノミ	契約する mengontrak ムンゴントラッ
教師 p16 guru グル	キロメートル p31 kilometer キロメトゥル	9月 p44 September セプテンブル	くちびる bibir ビビール	来る datang ダタン	経済学 ilmu ekonomi イルム エコノミ	経理 keuangan クウアンガン
行事 p44 acara アチャラ	金 emas ウマス	クギ paku パク	クツ sepatu スパトゥ	くるしい sesak スサッ	経済成長 pertumbuhan ekonomi プルトゥンブハン エコノミ	ケーキ p52 kue tar クエ タール
教授 profesor プロフェッソール	純金 emas murni ウマス ムルニ	草 p85 rumput ルンプッ	くつした kaos kaki カオス カキ	クルージング pelayaran プラヤラン	警察 p83 polisi ポリシ	ゲーム p75 permainan プルマイナン
競争 lomba ロンバ	銀 perak ペラッ	くさい bau バウ	くっつく menempel ムネンペル	車イス kursi roda クルシ ロダ	警察官 p16 polisi ポリシ	ケガ p78 cedera チュドゥラ
兄弟 p70 adik-kakak アディッカカッ	禁煙する berhenti merokok ブルフンティ ムロコッ	腐る busuk ブスッ	くっつける menempelkan ムネンペルカン	クレジットカード p33 kartu kredit カルトゥ クレディッ	警察署 kantor polisi カントール ポリシ	外科 p80 ahli bedah アフリ ブダー
郷土料理 p50 masakan daerah マサカン ダエラー	緊急 darurat ダルラッ	腐りやすい mudah busuk ムダー ブスッ	口説く(説得する) membujuk ムンブジュッ	ぐれる jadi nakal ジャディ ナカル	計算する menghitung ムンヒトゥン	毛皮 bulu binatang ブル ビナタン
興味がある tertarik トゥルタリッ	銀行 p20,83 bank バン	くし(串) tusuk トゥスッ	口説く(異性を) merayu ムラユ	黒い p35 hitam ヒタム	形式 format フォルマッ	劇 sandiwara サンディワラ
協力する bekerjasama ブクルジャサマ	禁止 larangan ラランガン	くし(櫛) sisir シシール	国 p17 negara ヌガラ	苦労する menderita ムンドリタ	掲示板 papan informasi パパン インフォルマシ	劇場 gedung kesenian グドゥン クスニアン
許可 izin イジン	近代化 modernisasi モデルニサシ	苦情 keluhan クルハン	首になる(解雇) dipecat ディプチャッ	加える menambahkan ムナンバーカン	芸術 kesenian クスニアン	今朝 p40 tadi pagi タディ パギ
許可する mengizinkan ムンイジンカン	緊張する grogi グロギ	苦情を言う mengeluh ムングルー	クモ laba-laba ラバラバ	くわしい(詳細な) rinci リンチ	芸術家 p16 seniman スニマン	下剤 p81 obat pencahar オバッ プンチャハール ル
魚貝類 p49 hasil laut ハシル ラウッ	筋肉 otot オトッ	クジラ ikan paus イカン パウス	雲 p44 awan アワン			

1

景色 / pemandangan / プマンダンガン
消しゴム / penghapus / プンハプス
化粧する / berdandan / ブルダンダン
化粧品 / kosmetik / コスメティッ
消す / menghapus / ムンハプス
ゲストハウス p18 / losmen / ロスメン
けち / pelit / プリッ
血圧 / tekanan darah / トゥカナン ダラー
血液型 / golongan darah / ゴロンガン ダラー
血液検査 p80 / tes darah / テス ダラー
結果 / hasil / ハシル
結核 / TBC / テーベーセー
月経 / mens / メンス
結婚する p71 / menikah / ムニカー
結婚式 p71 / upacara pernikahan / ウパチャラ プルニカハン
結婚パーティー / pesta pernikahan / ペスタ プルニカハン
欠席 / absen / アプセン
決定 / keputusan / クプトゥサン
欠点 / kekurangan / ククランガン
月曜日 p43 / hari Senin / ハリ スニン
解毒剤 p81 / obat penawar / オバッ プナワール

2

解熱剤 p81 / obat penurun panas / オバッ プヌルン パナス
けむり / asap / アサップ
毛虫 / ulat / ウラッ
下痢(をする) p78 / diare / ディアレ
下痢どめ p81 / obat diare / オバッ ディアレ
ゲリラ / gerilya / ゲリルヤ
ける / menendang / ムヌンダン
県 / kabupaten / カブパテン
原因 / penyebab / プニュバブ
検疫 / karantina / カランティナ
ケンカする p83 / berantam / ブランタム
見学する / meninjau / ムニンジャウ
元気 / sehat / セハッ
権利 / hak / ハッ
元気ですか? / apa kabar? / アパ カバール?
5 p30 / lima / リマ
研究する / meneliti / ムヌリティ
5月 p44 / Mei / メイ
現金 p31 / uang tunai / ウアン トゥナイ
健康 / kesehatan / クセハタン
現在 / kini / キニ
恋 / cinta / チンタ
恋しい / rindu / リンドゥ
恋する / jatuh cinta / ジャットゥー チンタ
恋人 p71 / pacar / パチャール
研修 / pelatihan / プラティハン
工員 p16 / pekerja pabrik / プクルジャ パブリッ
原子力 / tenaga nuklir / トゥナガ ヌクリール

3

原子爆弾 / bom atom / ボム アトム
原子力発電所 / pembangkit listrik tenaga nuklir / プンバンキッ リストリッ トゥナガ ヌクリール
現像 / mencuci film / ムンチュチ フィルム
建設業 / kontraktor / コントラクトール
建築 / arsitektur / アルシテクトゥール
建築家 / arsitek / アルシテッ
現地時間 p40 / waktu setempat / ワクトゥ ストゥンパッ
現地の / lokal / ローカル
限度 / batas / バタス
言語 / bahasa / バハサ
憲法 / undang-undang / ウンダンウンダン

4

幸運 / keberuntungan / クブルントゥンガン
公園 / taman / タマン
公演 / pertunjukan / プルトゥンジュカン
高価 p32 / mahal / マハル
硬貨 p31 / uang logam / ウアン ロガム
公害 / polusi / ポルシ
郊外 / pinggir kota / ピンギール コタ
合格 / lulus / ルルス
豪華な / mewah / メワー
交換する / tukar / トゥカール
講義 / pelajaran / プラジャラン
好奇心 / rasa ingin tahu / ラサ インギン タウ
抗議する / memprotes / ムンプロテス
倹約する / menghemat / ムンヘマッ
工業 / industri / インドゥストゥリ
工業化 / industrisasi / インドゥストゥリサシ
公共 / umum / ウムム
故意 / sengaja / スンガジャ
航空会社 / perusahaan penerbangan / プルウサハアン プヌルバンガン
濃い / kental / クンタル
航空券 / tiket pesawat / ティケッ プサワッ
航空便 / pos udara / ポス ウダラ
合計 / total / トータル
高血圧 / tekanan darah tinggi / トゥカナン ダラー ティンギ
高原 / dataran tinggi / ダタラン ティンギ

5

口語 / bahasa percakapan / バハサ プルチャカパン
幸福 p89 / kebahagiaan / クバハギアアン
高校 / SMU / エスエムウ
広告 / iklan / イックラン
口座 / rekening / レケニン
口座番号 / nomor rekening / ノモル レケニン
交差点 p21 / perempatan / プルンパタン
工事 / konstruksi / コンストルクシ
公衆電話 / telepon umum / テレポン ウムム
公衆トイレ p20 / WC umum / ウェーセー ウムム
交渉する / bernegosiasi / ブルネゴシアシ
工場 / pabrik / パブリッ
香辛料 p36,48 / bumbu / ブンブ
香水 / parfum / パルフム
洪水 / banjir / バンジール
高層ビル / gedung pencakar langit / グドゥン プンチャカール ランギッ
高速道路 / jalan tol / ジャラン トル
光沢 / kilauan / キラウアン
紅茶 p51 / teh / テー
校長 / kepala sekolah / クパラ スコラー
交通 / lalu lintas / ラル リンタス
交通事故 p83 / kecelakaan lalu lintas / クチュラカアン ラル リンタス

6

強盗 / perampok / プランポッ
公平 / adil / アディル
公務員 p16 / pegawai negeri / プガワイ ヌグリ
コウモリ / kelelawar / クルラワール
小売り / eceran / エチェラン
肛門 p79 / anus / アヌス
声 / suara / スアラ
声が大きい / suaranya besar / スアラニャ ブサール
声が小さい / suaranya kecil / スアラニャ クチル
越える / melewati / ムレワティ
コーヒー p51 / kopi / コピ
コーラン / Alquran / アルクルアン
氷 p46,51 / es / エス
凍る / membeku / ムンブク
誤解する / salah paham / サラー パハム
コカコーラ / Coca Cola / コカコラ
小切手 / cek / チェッ
ゴキブリ p85 / kecoa / クチュア
故郷 / kampung halaman / カンプン ハラマン
国際 / internasional / イントゥルナショナル
国際線 / jalur internasional / ジャルール イントゥル ナショナル

7

国際電話 p19 / telepon internasional / テレポン イントゥルナショナル
国籍 p17 / kewarganegaraan / クウォルガヌガラアン
国内線 p10 / jalur domestik / ジャルール ドメスティッ
国民 / warga negara / ウォルガ ヌガラ
国立公園 / taman negara / タマン ヌガラ
こげる / hangus / ハングス
ここ / sini / シニ
午後 p40 / siang/sore / シアン/ソレ
心地よい / nyaman / ニャマン
心地悪い / tidak nyaman / ティダッ ニャマン
心 / hati / ハティ
ゴザ / tikar / ティカール
腰 p79 / pinggang / ピンガン
乞食 / pengemis / プングミス
コショウ p48 / lada / ラダ
故障する p18,82 / rusak / ルサッ
個人 / pribadi / プリバディ
個性的 / lain dari yang lain / ライン ダリ ヤン ライン
小銭 / uang kecil / ウアン クチル
午前 p40 / pagi / パギ
古代 / zaman purba / ザマン プルバ
答え / jawaban / ジャワバン

日本語	Indonesia	カタカナ
答える	menjawab	ムンジャワブ
誇張する	membesar-besarkan	ムンブサールブサールカン
国歌	lagu kebangsaan	ラグ クバンサアン
国旗	bendera nasional	ブンデラ ナショナル
国境	batas negara	バタス ヌガラ
コック	koki	コキ
骨折 p79	patah tulang	パター トゥラン
小包み	paket	パケッ
骨董品 p36	barang antik	バラン アンティッ
コップ	gelas	グラス
孤独な	kesepian	クスピアン
今年 p43	tahun ini	タフン イニ
ことば	kata	カタ
こども p70,75	anak	アナッ
こどもっぽい	kekanak-kanakan	ククナッカナカン
こども服	pakaian anak	パケアン アナッ
小鳥	burung kecil	ブルン クチゥ
ことわざ	peribahasa	プリバハサ
ことわる	menolak	ムノラッ
粉	bubuk	ブブッ
この	ini	イニ
このくらい	segini	スギニ
このように	seperti ini	スプルティ イニ
ごはん	nasi	ナシ
コピーする	fotocopy	フォトコピー
ゴミ	sampah	サンパー
ゴミ箱	tempat sampah	トゥンパッ サンパー
小麦	gandum	ガンドゥム
小麦粉	tepung terigu	トゥプン トゥリグ
米 p85	beras	ブラス
ごめんなさい p12	maaf	マアフ
小指 p79	jari kelingking	ジャリ クリンキン
ゴルフ p19	golf	ゴルフ
これ	ini	イニ
コレクトコール	collect call	コレッ コール
コレラ p80	kolera	コレラ
殺す	membunuh	ムンブヌー
ころぶ	jatuh	ジャトゥー
こわい	takut	タクッ
こわす	merusak	ムルサッ
こわれる	rusak	ルサッ
今回	kali ini	カリ イニ
今月 p43	bulan ini	ブラン イニ
コンサート	konser	コンセール
混雑する	penuh sesak	プヌー スサッ
今週 p43	minggu ini	ミング イニ
コンセント p68	stopkontak	ストップ コンタッ
コンタクトレンズ	lensa kontak	レンサ コンタッ
昆虫 p85	serangga	スランガ
今度(今回)	kali ini	カリ イニ
今度(次回)	lain kali	ライン カリ
コンドーム p39,71	kondom	コンドーム
こんにちは p12	selamat siang	スラマッ シアン
今晩 p41	malam ini	マラム イニ
コンピューター	komputer	コンプートゥル
婚約する p71	bertunangan	ブルトゥナンガン
婚約者 p71	tunangan	トゥナンガン

さ行

日本語	Indonesia	カタカナ
差	selisih	スリシー
差がある	berbeda	ブルベダ
差がない	tidak berbeda	ティダッ ブルベダ
SARS	SARS	サールス
サービス料	ongkos pelayanan	オンコス プラヤナン
サーフィン p77	surfing	スルフィン
サイ(動物) p24,84	badak	バダッ
最悪	terburuk	トゥルブルッ
再会	pertemuan kembali	プルトゥムアン クンバリ
最近	akhir-akhir ini	アヒルアヒル イニ
細菌	bakteri	バッテリ
サイクリング p77	bersepeda	ブルスペダ
最後	terakhir	トゥルアヒール
最高	terbaik	トゥルバイッ
サイコー!	asyik!	アシッ!
サイコロ	dadu	ダドゥ
祭日 p44	hari raya	ハリ ラヤ
最初	pertama	プルタマ
最小 p41	terkecil	トゥルクチル
菜食主義	vegetarian	フェゲタリアン
最新	terbaru	トゥルバル
サイズ	ukuran	ウクラン
最大	terbesar	トゥルブサール
災難	bencana	ブンチャナ
才能	bakat	バカッ
再発行 p83	penerbitan ulang	プヌルビタン ウラン
裁判所 p83	pengadilan	プンアディラン
サイフ	dompet	ドンペッ
材料	bahan	バハン
サイン	tanda tangan	タンダ タンガン
サウナ	sauna	サウナ
坂	tanjakan	タンジャカン
探す	mencari	ムンチャリ
魚 p49,85	ikan	イカン
さがる	turun	トゥルン
先に	duluan	ドゥルアン
柵	pagar	パガール
咲く	mekar	ムカール
昨晩 p41	semalam	スマラム
サクラ	bunga sakura	ブンガ サクラ
酒	sake	サケ
酒飲み	peminum	プミヌム
ザボン p53	jeruk bali	ジュルッ バリ
さけぶ	berteriak	ブルトゥリアッ
避ける	menghindar	ムンヒンダール
差出人	pengirim	プンギリム
刺身 p64	sashimi	サシミ
指す	menunjuk	ムヌンジュッ
座席	tempat duduk	トゥンパッ ドゥドゥッ
座席番号	nomor tempat duduk	ノモル トゥンパッ ドゥドゥッ
~させる	menyuruh ~	ムニュルー ~
さそう	mengajak	ムンアジャッ
サソリ	kalajengking	カラジュンキン
撮影可	diizinkan untuk memotret	ディイジンカン ウントゥッ ムモトレッ
撮影禁止	dilarang memotret	ディララン ムモトレッ
サッカー p77	sepak bola	セパッ ボラ
さっき p86	tadi	タディ
雑誌 p39	majalah	マジャラー
殺人	pembunuhan	プンブヌハン
砂糖 p46,48	gula	グラ
砂漠	gurun pasir	グルン パシール
さびしい	kesepian	クスピアン
さびた	berkarat	ブルカラッ
ザボン p53	jeruk bali	ジュルッ パリ
さむい	dingin	ディンギン
寒気	kedinginan	クディンギナン
サメ	ikan hiu	イカン ヒウ
さめる	menjadi dingin	ムンジャディ ディンギン
皿 p46	piring	ピリン
サラダ	salad	サラッ
サル	monyet	モニェッ
さわる	menyentuh	ムニュントゥー
3 p30	tiga	ティガ
3月 p44	Maret	マレッ
3等(3等賞)	juara tiga	ジュアラ ティガ
3等(汽車などのランク)	kelas tiga	クラス ティガ
三角	segi tiga	スギ ティガ
サンゴ	batu karang	バトゥ カラン
サンゴ礁	terumbu karang	トゥルンブ カラン
賛成	setuju	ストゥジュ
算数	matematika	マテマティカ
山賊	perampok	プランポッ
サンダル p34	sandal	サンダル
サンドイッチ	sandwich	センウィッチ
残念	sayang	サヤン
散髪	memotong rambut	ムモトン ランブッ
散髪屋	pemangkas rambut	プマンカス ランブッ
産婦人科 p80	klinik kebidanan	クリニッ クビダナン
サンプル	contoh	チョントー
散歩(する) p20,75	jalan-jalan	ジャランジャラン
市	kota	コタ
詩	puisi	プイシ
試合	pertandingan	プルタンディンガン
しあわせ p89	bahagia	バハギア
寺院(仏教)	vihara	フィハラ
寺院(ヒンズー) p20	pura	プラ
シーツ	seprai	スプレイ
CD	CD	シーディー
塩 p48	garam	ガラム

しおからい p47	asin	アシン
仕送りする	mengirimkan uang	ムンギリムカン ウアン
市外局番	kode wilayah	コドゥ ウィラヤー
資格	hak	ハッ
四角	segi empat	スギ ウンパッ
しかし	tetapi	トゥタピ
4月 p44	April	アプリル
しかる	memarahi	ムマラヒ
時間 p40	waktu	ワクトゥ
四季 p44	empat musim	ウンパッ ムシム
至急	segera	スグラ
子宮	rahim	ラヒム
試験	ujian	ウジアン
資源	sumber daya	スンブル ダヤ
事件	kasus	カースス
事故 p83	kecelakaan	クチュラカアン
時刻表	jadwal keberangkatan	ジャドウフル クブランカタン
仕事 p16	pekerjaan	プクルジャアン
時差 p41	perbedaan waktu	プルベダアン ワクトゥ
自殺(する)	bunuh diri	ブヌー ディリ
刺しゅう	sulaman	スラマン
辞書	kamus	カムス
次女 p70	putri kedua	プトゥリ クドゥア
市場調査	survei pasar	スルフェイ パサール
しずか	sepi	スピ
しずむ	tenggelam	トゥングラム
施設	fasilitas	ファシリタス
自然	alam	アラム
子孫 p70	anak cucu	アナッ チュチュ
舌 p79	lidah	リダー
下	bawah	バワー
時代	zaman	ザマン
時代遅れ	ketinggalan zaman	クティンガラン ザマン
下着 p34	pakaian dalam	パケアン ダラム
仕立てる	dijahit	ディジャヒッ
7 p30	tujuh	トゥジュー
7月 p44	Juli	ジュリ
七面鳥	kalkun	カルクン
失業する	menganggur	ムンアングール
実業家	pengusaha	プングサハ
しつこい	ngotot	ンゴトッ
実際は〜	pada kenyataannya 〜	パダ クニャタアンニャ 〜
湿度	kelembapan	クルンバパン
嫉妬(する)	cemburu	チュンブル
じっとしている	diam	ディアム
実は〜	sebenarnya 〜	スブナルニャ 〜
失敗(する)	gagal	ガガル
湿布	kompres	コンプレス
質問	pertanyaan	プルタニャアン
〜してあげる	(動詞)+kan	( )+カン
指定席 p23	kursi VIP	クルシ フィップ
自転車	sepeda	スペダ
自動	otomatis	オトマティス
自動車	mobil	モビル
自動車保険	asuransi mobil	アスランシ モビル
自動販売機	mesin penjual otomatis	ムシン プンジュアル オトマティス
次男 p70	putra kedua	プトラ クドゥア
死ぬ	meninggal	ムニンガル
支配人	manager	マネジェル
始発 p22,40	keberangkatan pertama	クブランカタン プルタマ
支払い日 p42	hari pembayaran	ハリ プンバヤラン
支払う	membayar	ムンバヤール
しばしば	sering	スリン
しばる	mengikat	ムンイカッ
しびれる	mati rasa	マティ ラサ
自分	diri sendiri	ディリ スンディリ
自分勝手	egois	エゴイス
紙幣 p31	uang kertas	ウアン クルタス
脂肪	lemak	ルマッ
しぼりたて	baru diperas	バル ディプラス
しぼる	peras	プラス
資本家	kapitalis	カピタリス
資本主義	kapitalisme	カピタリスム
島	pulau	プラウ
縞	garis-garis	ガリスガリス
姉妹・兄弟 p70	adik-kakak	アディッカカッ
しまう	menyimpan	ムニンパン
自慢する	membanggakan	ムンバンガカン
地味な	sederhana	スドゥルハナ
事務所	kantor	カントール
事務職 p16	administrasi	アドミニストラシ
氏名 p16	nama	ナマ
しめった	lembap	ルンバップ
閉める	menutup	ムヌトゥップ
地面	tanah	タナー
社会	sosial	ソシアル
社会福祉	kesejahteraan sosial	クスジャートゥラアン ソシアル
10代の若者	remaja	ルマジャ
ジャガイモ	kentang	クンタン
市役所	balai kota	バライ コタ
車掌	kondektur	コンデクトゥール
ジャーナリスト	jurnalis	ジュルナリス
写真 p15,90	foto	フォト
写真屋	tukang foto	トゥカン フォト
ジャズ p60	jazz	ジェス
社長	presiden direktur	プレシデン ディレクトゥール
シャツ p34	kemeja	クメジャ
借金	hutang	フタン
じゃまをする	mengganggu	ムンガング
ジャム	selai	スレイ
ジャムゥ p67,81	jamu	ジャムゥ
シャワー	shower	ショウェール
シャワー付き	pakai shower	パケ ショウェール
シャワーなし	tanpa shower	タンパ ショウェール
シャンプー	shampo	シャンポ
週 p43	minggu	ミング
自由	bebas	ベバス
自由化	pembebasan	プンベバサン
自由席 p23	tempat duduk bebas	トゥンパッ ドゥドゥッ ベバス
10 p30	sepuluh	スプルー
10月 p44	Oktober	オクトーブル
11月 p44	November	ノフェンブル
12月 p44	Desember	ディセンブル
収穫	panen	パネン
習慣	kebiasaan	クビアサアン
宗教	agama	アガマ
住所 p90	alamat	アラマッ
ジュース p53	jus	ジュス
渋滞 p6,11	macet	マチェッ
重体	sekarat	スカラッ
住宅地	perumahan	プルマハン
集中する	berkonsentrasi	ブルコンセントラシ
集中力	daya konsentrasi	ダヤ コンセントラシ
終点	pemberhentian terakhir	プンブルフンティアン トゥルアヒール
充電	cas	チャス
充電器 p38	charger	チャルジャル
充電池	baterai	バテライ
収入	pendapatan	プンダパタン
充分	cukup	チュクップ
住民	penduduk	プンドゥドゥッ
重役	direktur	ディレクトゥール
重要な	penting	プンティン
修理工場	bengkel	ベンケル
修理する	memperbaiki	ムンプルバイキ
授業	pelajaran	プラジャラン
熟す	matang	マタン
宿題	PR	ペーエル
手芸品 p37	barang kerajinan tangan	バラン クラジナン タンガン
手術 p80	operasi	オプラシ
首相	perdana menteri	プルダナ ムントゥリ
出血する	berdarah	ブルダラー
出国	keberangkatan	クブランカタン
出国カード p10	kartu imigrasi	カルトゥ イミグラシ
出産	persalinan	プルサリナン
出席	kehadiran	クハディラン
出入国管理 p10	urusan keimigrasian	ウルサン クイミグラシアン
出発する	berangkat	ブランカッ
出発時間 p40	waktu keberangkatan	ワクトゥ クブランカタン
出版社	penerbit	プネルビッ
首都 p24,26	ibu kota	イブ コタ
主婦 p16	ibu rumah tangga	イブ ルマー タンガ

趣味 *p74*
hobi
ホビ

寿命
usia
ウシア

主要な
utama
ウタマ

種類
jenis
ジェニス

純粋
murni
ムルニ

準備
persiapan
プルシアパン

準備する
menyiapkan
ムニアップカン

賞
penghargaan
プンハルガアン

上演
pertunjukan
プルトゥンジュカン

紹介する
memperkenalkan
ムンプルクナルカン

消火器
alat pemadam kebakaran
アラッ プマダム クバカラン

小学校
SD
エスデー

正月 *p44*
tahun baru
タフン バル

定規
penggaris
プンガリス

乗客
penumpang
プヌンパン

消極的 *p72*
pasif
パシフ

条件
syarat
シャラッ

証拠
bukti
ブクティ

正午 *p41*
jam 12 siang
ジャム ドゥアブラス シアン

上司
atasan
アタサン

正直
jujur
ジュジュール

正直者 *p72*
orang jujur
オラン ジュジュール

少女
gadis
ガディス

症状
gejala
グジャラ

上手
pandai
パンダイ

少数民族
suku minoritas
スク ミノリタス

小説
novel
ノフェル

小説家
penulis novel
プヌリス ノフェル

肖像
potret
ポトレッ

状態
keadaan
クアダアン

招待状
surat undangan
スラッ ウンダンガン

招待する
mengundang
ムングンダン

招待する
memperkenalkan
ムンウンダン

冗談を言う
bercanda
ブルチャンダ

小腸 *p80*
usus kecil
ウスス クチル

商店街
pertokoan
プルトコアン

消毒する
mengsteril
ムンステリル

消毒薬
obat steril
オバッ ステリル

使用人
pembantu
プンバントゥ

証人
saksi
サクシ

商人
pedagang
プダガン

少年
bocah
ボチャー

乗馬
naik kuda
ナイック クダ

商売
dagang
ダガン

商品
produk
プロドッ

賞品
hadiah
ハディアー

上品
anggun
アングン

じょうぶ
kuat
クアッ

しょうべん
kencing
クンチン

情報
informasi
インフォルマシ

情報誌
majalah informasi
マジャラー インフォルマシ

消防署
kantor pemadam kebakaran
カントール プマダム クバカラン

証明
bukti
ブクティ

証明書 *p83*
surat keterangan
スラッ クトゥランガン

正面
depan
ドゥパン

条約
perjanjian
プルジャンジアン

しょうゆ
kecap asin
ケチャップ アシン

将来
masa depan
マサ ドゥパン

使用料
biaya pemakaian
ビアヤ プマケアン

初級
tingkat pemula
ティンッカッ プムラ

食あたり *p78*
keracunan makanan
クラチュナン マカナン

食事 *p46*
makan
マカン

食堂 *p46*
rumah makan
ルマー マカン

食堂車
gerbong restoran
グルボン レストラン

植物
tumbuh-tumbuhan
トゥンブートゥンブハン

植物園
kebun tumbuh-tumbuhan
クブン トゥンブートゥン ブハン

植民地
daerah jajahan
ダエラー ジャジャハン

食欲
nafsu makan
ナフス マカン

処女
perawan
プラワン

女性
wanita, perempuan
ワニタ, プルンプアン

女中
pembantu rumah tangga
プンバントゥ ルマー タンガ

除虫剤
obat serangga
オバッ スランガ

食器棚
lemari piring
ルマリ ピリン

所得
pendapatan
プンダ パタン

処方箋
resep
レセップ

所有する
memiliki
ムミリキ

書類
dokumen
ドクメン

地雷
ranjau
ランジャウ

知らせる
melaporkan
ムラポールカン

しらべる
memeriksa
ムムリクサ

私立
swasta
スワスタ

汁
kuah
クアー

知る
mengetahui
ムングタウイ

知っている
tahu
タウ

知らない
tidak tahu
ティダッ タウ

城
istana
イスタナ

白 *p35*
putih
プティー

シンガポール *p17*
Singapura
シンガプラ

進学する
melanjutkan sekolah
ムランジュッカン スコラー

シングルルーム
kamar dengan single bed
カマール ドゥンガン シングル ベッ

神経
saraf
サラフ

神経質 *p72*
sensitif
センシティフ

信号
lampu lalu lintas
ランプ ラル リンタス

神父
uskup
ウスクップ

人口
populasi
ポプラシ

申告
laporan
ラポラン

深刻
serius
セリウス

新婚さん
pengantin baru
プンガンティン バル

新婚旅行
bulan madu
ブラン マドゥ

診察 *p80*
pemeriksaan
プムリクサアン

真実
kebenaran
クブナラン

真珠
mutiara
ムティアラ

知らせる
melaporkan
ムトゥアラ

人種
suku
スク

信じる
percaya
プルチャヤ

ジーンズ
jins
ジンス

申請
aplikasi
アプリカシ

親戚
famili
ファミリ

親切
kebaikan hati
クバイカン ハティ

新鮮
segar
スガール

心臓 *p80*
jantung
ジャントゥン

腎臓 *p80*
ginjal
ギンジャル

身体障害者
penyandang cacat
プニャンダン チャチャッ

診断
diagnosa
ディアグノサ

身長
tinggi badan
ティンギ バダン

侵入
invasi
インファシ

心配する
khawatir
カワティール

信号
lampu lalu lintas
カワティール

神父
uskup
ウスクップ

新聞 *p39*
koran
コラン

新聞記者
wartawan
ワルタワン

じんましん
bintik-bintik
ビンティッビンティッ

親友 *p71*
sahabat
サハバッ

信頼する
mempercayai
ムンプルチャヤイ

心理学
psikologi
プシコロギ

人力車
becak
ベチャッ

酢 *p48*
cuka
チュカ

水泳 *p77*
renang
ルナン

スイカ *p53*
semangka
スマンカ

水害
banjir
バンジール

水牛 *p84*
kerbau
クルバウ

推薦
rekomendasi
レコメンダシ

スイッチ
tombol
トンボル

水道
saluran air
サルラン アイル

水道水
air keran
アイル クラン

水筒
tempat minum
トゥンパッ ミヌム

炊飯器
rice cooker
ライス クックル

睡眠薬 *p81*
obat tidur
オバッ ティドゥール

水曜日 *p43*
hari Rabu
ハリ ラブ

吸う
mengisap
ムンイサップ

数字 *p30*
angka
アンカ

スーツ
setelan
ステラン

スーツケース
kopor
コポール

スーパーマーケット
pasar swalayan
パサール スワラヤン

スープ
sup
スップ

末っ子 *p70*
anak bungsu
アナッ ブンス

スカート
rok
ロッ

姿
sosok
ソソッ

好き
suka
スカ

ズキズキ痛い *p79*
nyut-nyutan
ニュッニュタン

少ない
kurang
クラン

すぐに
segera
スグラ

スケベ *p72*
mesum
ムスム

すこし
sedikit
スディキッ

すずしい *p44*
sejuk
スジュッ

勧める
rekomendasi
レコメンダシ

すそ(裾／服)
tepi
トゥピ

スター *p58,61*
bintang
ビンタン

スチュワーデス
pramugari
プラムガリ

頭痛 *p78*	炭	請求する	政党	赤痢 *p80*	専攻	操作する

炭
arang
アラン

請求する
menagih
ムナギー

政党
partai
パルタイ

赤痢 *p80*
disentri
ディセントリ

専攻
jurusan
ジュルサン

操作する
beroperasi
ブルオプラシ

頭痛 *p78*
sakit kepala
サキッ クパラ

住む
tinggal
ティンガル

請求書
tagihan
タギハン

青年
pemuda
プムダ

セクシー
seksi
セクシー

繊維
serat
スラッ

そうじ
pembersihan
プンブルシハン

ずっと
terus-terusan
トゥルストゥルサン

済む
selesai
スルサイ

税金
pajak
パジャッ

生年月日 *p42*
tanggal lahir
タンガル ラヒール

セクハラ
pelecehan seksual
プレチェハン セクスアル

先日 *p43*
kemarin
クマリン

葬式
upacara
pemakaman
ウパチャラ プマカマン

すっぱい *p47*
asam
アサム

スラム
daerah kumuh
ダエラー クムー

清潔な
bersih
ブルシー

性病
penyakit kelamin
プニャキッ クラミン

セクシー
seksi
セクシー

洗剤
sabun cuci
サブン チュチ

想像する
berimajinasi
ブルイマジナシ

ステーキ
bistik
ビスティッ

スリ *p67,83*
copet
チョペッ

制限
batas
バタス

政府
pemerintah
プムリンター

積極的
aktif
アクティフ

戦車
tank
テン

相談
konsultasi
コンスルタシ

すでに
sudah
スダー

するどい
tajam
タジャム

性交
seks
セックス

制服
baju seragam
バジュ スラガム

セッケン
sabun
サブン

選手
atlet
アトレッ

僧侶
biksu
ビックス

すてる
buang
ブアン

すわる
duduk
ドゥドゥッ

成功する
berhasil
ブルハシル

生命
nyawa
ニャフ

絶対に
pasti
パスティ

先週 *p43*
minggu lalu
ミング ラル

送料
ongkos kirim
オンコス キリム

ステンレス
stainless
ステインレス

澄んだ
jernih
ジュルニー

生産する
memproduksi
ムンプロドゥクシ

西洋人
bule
ブレ

接着剤
lem
レム

先生
guru
グル

ソース
kecap
ケチャップ

ストッキング
stocking
ストッキン

寸法
ukuran
ウクラン

政治
politik
ポリティッ

清涼飲料
soft drink
ソフドリン

設備
fasilitas
ファシリタス

先祖
nenek moyang
ネネッ モヤン

速達
surat kilat
スラッ キラッ

ストロー
sedotan
スドタン

背
tinggi badan
ティンギ バダン

政治家 *p59*
politikus
ポリティクス

生理ナプキン
pembalut wanita
プンバルッ ワニタ

説明する
menjelaskan
ムンジュラスカン

戦争
perang
プラン

そこ
situ
シトゥ

砂
pasir
パシール

性
seks
セックス

聖書
Injil
インジル

精霊
roh
ロー

節約する
menghemat
ムンヘマッ

喘息 *p80*
asma
アスマ

底
dasar
ダサール

素直
penurut
プヌルッ

誠意
keikhlasan
クイフラサン

正常
normal
ノルマル

西暦 *p42*
masehi
マセヒ

せまい
sempit
スンピッ

洗濯する
mencuci pakaian
ムンチュチ パケアン

祖国
tanah air
タナー アイル

スニーカー
sepatu keds
スパトゥ ケッズ

精液
sperma
スペルマ

政情不安
situasi politik
yang tidak stabil
シトゥアシ ポリティッ ヤン ティダッ スタビル

セーター
baju wol
バジュ ウォル

セールスマン
orang sales
オラン セレス

全部
semua
スムア

組織
organisasi
オルガニサシ

スパゲッティー
spageti
スパゲティ

西欧
Barat
バラッ

背負う
memikul
ムミクル

ゼロ *p30*
kosong
コソン

洗面器
baskom
バスコム

そして
lalu
ラル

素早い
tangkas
タンカス

性格 *p72*
sifat
シファッ

精神
jiwa
ジワ

世界
dunia
ドゥニア

セロテープ
selotip
セロティップ

世話する
merawat
ムラワッ

洗面台
wastafel
ワスタフェル

そそぐ
menuangkan
ムヌアンカン

すばらしい
bagus
バグス

正確
tepat
トゥパッ

精神科
ahli penyakit jiwa
アフリ プニャキッ ジワ

席
tempat duduk
トゥンパッ ドゥドゥッ

専門学校
sekolah kejuruan
スコラー クジュルアン

そだてる
mengasuh
ムンアスー

スピード
kecepatan
クチュパタン

生活
kehidupan
クヒドゥパン

精神病
penyakit jiwa
プニャキッ ジワ

千 *p30*
seribu
スリブ

線路
rel kereta
レル クレタ

卒業する
tamat
タマッ

スプーン *p46*
sendok
センドッ

生活費
biaya hidup
ビアヤ ヒドゥップ

成績
nilai
ニライ

咳
batuk
バトゥッ

線
garis
ガリス

ゾウ *p24,84*
gajah
ガジャー

率直
spontan
スポンタン

すべて
semua
スムア

税関 *p10*
kantor bea cukai
カントール ベア チュカイ

製造する
memproduksi
ムンプロドゥクシ

脊髄
tulang punggung
トゥラン プングン

禅
zen
ゼン

双眼鏡
teropong
トゥロポン

ソデ(服)
lengan baju
ルンガン バジュ

すべる
tergelincir
トゥルグリンチール

性器
alat kelamin
アラッ クラミン

製造業者
produsen
プロデューセン

責任
tanggung jawab
タングン ジャワブ

赤道
katulistiwa
カトゥリスティフ

全員
semua orang
スムア オラン

象牙
gading
ガディン

外
luar
ルアール

スポーツ *p77*
olahraga
オラーラガ

正規
resmi
ルスミ

ぜいたくな
mewah
メワー

赤面する
mukanya menjadi
merah
ムカニャ ムンジャディ メラー

洗顔
cuci muka
チュチ ムカ

選挙
pemilihan
プミリハン

その
itu
イトゥ

ズボン *p34*
celana
チュラナ

世紀
abad
アバッ

成長する
tumbuh
トゥンブー

先月 *p43*
bulan lalu
ブラン ラル

倉庫
gudang
グダン

その他
dan lain-lain
ダン ラインライン

すみません *p12*
maaf
マアフ

正義
keadilan
クアディラン

生徒
murid
ムリッ

石油
minyak tanah
ミニャッ タナー

線香
hio
ヒオ

創作
ciptaan
チプタアン

搜索する
mencari
ムンチャリ

祖父 p70	退院 p80	たいてい	大理石	足す	たのしむ	短期
kakek	keluar rumah	rata-rata	marmer	menambah	menikmati	jangka pendek
カケッ	sakit	ラタラタ	マルマル	ムナンバー	ムニクマティ	ジャンカ ペンデッ
ソファ	クルアール ルマー	態度	代理人	たすける	たのむ	短気
sofa	サキッ	sikap	wali	menolong	meminta	pemarah
ソファ	体温	シカップ	ワリ	ムノロン	ムミンタ	プマラー
祖母 p70	suhu badan	態度がよい	台湾 p17	訪ねる	タバコ p38,66	単語
nenek	スフ バダン	bersikap baik	Taiwan	mengunjungi	rokok	kata
ネネッ	体温計 p79	ブルシカップ バイッ	タイワン	ムングンジュンギ	ロコッ	カタ
染める	termometer	態度が悪い	台湾人	尋ねる	タバコを吸う	断食 p45
mewarnai	トゥルモメトゥル	bersikap buruk	orang Taiwan	bertanya	p10,66	puasa
ムワルナイ	大学	ブルシカップ ブルッ	オラン タイワン	ブルタニャ	merokok	プアサ
空	universitas	大統領 p59	耐える	たたかう	ムロコッ	単純
langit	ウニフェルシタス	presiden	bersabar	berjuang	ダブルルーム p18	sederhana
ランギッ	大学生	プレシデン	ブルサバール	ブルジュアン	kamar dengan	スドゥルハナ
剃る	mahasiswa	台所 p68	タオル	たたく	double bed	短所
mencukur	マハシスワ	dapur	handuk	memukul	カマール ドゥンガン	kekurangan
ムンチュクール	大学院	ダプール	ハンドゥッ	ムムクル	ドブゥ ベッ	ククランガン
それ	pasca sarjana	第二次世界大戦	タオルケット	たたむ	たぶん	誕生日 p42
itu	パスチャ サルジャナ	perang dunia	selimut	melipat	mungkin	hari ulang tahun
イトゥ	耐久性	kedua	スリムッ	ムリパッ	ムンキン	ハリ ウラン タフン
それから	daya tahan	プラン ドゥニア クドゥ	たおれる	ただしい	食べ放題	タンス
lalu	ダヤ タハン	ア	jatuh	benar	makan sepuasnya	lemari
ラル	大工	タイピスト	ジャトゥー	ブナール	マカン スプアスニャ	ルマリ
それぞれ	tukang kayu	tukang ketik	タカ	立入禁止	食べる	ダンス
masing-masing	トゥカン カユ	トゥカン クティッ	elang	dilarang masuk	makan	dansa
マシンマシン	たいくつ	代表	ウラン	ディララン マスッ	マカン	ダンサ
それとも	bosan	wakil	高い(高さ) p88	立つ	食べ物 p46	男性
atau	ボサン	ワキル	tinggi	berdiri	makanan	pria, laki-laki
アタウ	滞在する	代表的な	ティンギ	ブルディリ	マカナン	プリア ラキラキ
それら	tinggal	yang mewakili	高い(値段)	脱脂綿	打撲	団体
itu	ティンガル	ヤン ムワキリ	mahal	kapas	memar	rombongan
イトゥ	大使	台風 p45	マハル	カパス	ムマール	ロンボンガン
損害	duta besar	badai	宝くじ	脱水症	タマゴ p49	たんぼ
kerugian	ドゥタ ブサール	バダイ	lotre	dehidrasi	telur	sawah
クルギアン	大使館 p83	タイプする	ロトレ	デヒドラシ	トゥルール	サワー
損害賠償	kedutaan besar	ketik	滝	脱毛	だます	暖房
ganti rugi	クドゥタアン ブサール	クティッ	air terjun	rambut rontok	menipu	pemanas
ガンティ ルギ	体重	たいへん	アイル トゥルジュン	ランブッ ロントッ	ムニプ	プマナス
尊敬	berat badan	gawat	炊く	達成する	タマネギ	血 p81
hormat	ブラッ バダン	ガワッ	menanak	mencapai	bawang bombai	darah
ホルマッ	体重計	たいへん(面倒く	ムナナッ	ムンチャパイ	バワン ボンバイ	ダラー
尊重	penimbang berat	さい)	抱く	縦	ためす	痔 p80
menghargai	badan	repot	memeluk	vertikal	mencoba	wasir
ムンハルガイ	プニンバン ブラッ	レポッ	ムムルッ	フェルティカル	ムンチョバ	ワシール
村長	ダン	大便	たくさん	建物	ためらう	治安がいい
kepala desa	だいじょうぶ	air besar	banyak	bangunan	ragu-ragu	aman
クパラ デサ	tidak apa-apa	アイル ブサール	バニャッ	バングナン	ラグラグ	アマン
	ティダッ アパアパ	逮捕する	タクシー p11	建てる	たもつ	治安が悪い
た行	退職	menangkap	taksi	membangun	mempertahankan	rawan
	berhenti kerja	ムナンカップ	タクシ	ムンバングン	ムンプルタハンカン	ラワン
ターメリック	ブルフンティ クルジャ	題名	タクシー乗り場	たとえば	たよる	地位
kunyit	大臣	judul	p11	misalnya	mengandalkan	kedudukan
クニッ	menteri	ジュドゥル	tempat naik taksi	ミサルニャ	ムンアンダルカン	クドゥドゥカン
ダース	ムントゥリ	タイヤ	トゥンパッ ナイッ タク	棚 p36	たりる	地域
lusin	大豆	ban	シ	lemari	cukup	wilayah
ルシン	kacang kedelai	バン	竹	ルマリ	チュクップ	ウィラヤー
タイ p17	カチャン クデレ	ダイヤモンド	bambu	谷	たりない	ちいさい
Thailand	耐水	berlian	バンブ	lembah	kurang	kecil
タイラン	tahan air	ベルリアン	タコ p49	ルンバー	クラン	クチル
タイ人	タハン アイル	太陽	gurita	他人	だれ? p86	チーズ
orang Thailand	大切に思う	matahari	グリタ	orang lain	siapa?	keju
オラン タイラン	merasa penting	マタハリ	凧	オラン ライン	シアパ	ケジュ
ダイエット	ムラサ プンティン	平らな	layang-layang	タネ	誰でも	チーム
diet	体操 p77	rata	ラヤンラヤン	biji	siapa saja	tim
ディエッ	senam	ラタ	確かな(sure)	ビジ	シアパ サジャ	ティム
だいたい	スナム	大陸	pasti	たのしい	痰	
kira-kira		benua	パスティ	senang	dahak	
キラキラ		ブヌア	たしかめる	スナン	ダハッ	
			memastikan			
			ムマスティカン			

日本語	ローマ字				

チェック(小切手)
cek
チェッ

茶 *p51*
teh
テー

中心
pusat
プサッ

直接
langsung
ランスン

つける
menempelkan
ムネンペルカン

DVD
DVD
ディーヴィーディー

手続き
proses
プロセス

チェックアウト *p19*
check out
チェッカウ

チャーター
carter
チャルタル

中断する
berhenti untuk sementara
ブルフンティ ウントゥッ スムンタラ

地理
geografi
ゲオグラフィ

土
tanah
タナー

ディスコ
diskotik
ディスコティッ

鉄道 *p22*
kereta api
クレタ アピ

チェックイン *p19*
check in
チェッキン

茶色 *p35*
warna coklat
ワルナ チョクラッ

注文(する)
pesan
プサン

治療する
mengobati
ムンゴバティ

つづく
berlanjut
ブルランジュッ

ティッシュペーパー
kertas tisu
クルタス ティスー

テニス *p77*
tenis
テニス

地下
bawah tanah
パワー タナー

着陸する
mendarat
ムンダラッ

腸 *p80*
usus
ウスス

チンピラ
preman
プレマン

つづける
melanjutkan
ムランジュッカン

停電
mati lampu
マティ ランプ

手荷物
barang bawaan
バラン バワアン

近い *p20*
dekat
ドゥカッ

茶わん
mangkok
マンコッ

ツアー
tur
トゥール

つつむ
membungkus
ムンブンクス

ていねい
teliti
トゥリティ

手のひら
telapak tangan
トゥラパッ タンガン

ちがい
perbedaan
ブルベダアン

蝶 *p85*
kupu-kupu
クプクプ

追加する
menambahkan
ムナンバーカン

つなぐ
menyambungkan
ムニャンブンカン

データ
data
ダタ

デパート
department store
デパルトメン ストール

ちがう
berbeda
ブルベダ

注意
perhatian
ブルハティアン

超過
kelebihan
クルビハン

(〜に)ついて
tentang ~
トゥンタン 〜

粒
butir
ブティール

テーブル *p69*
meja
メジャ

てぶくろ
sarung tangan
サルン タンガン

近づく
mendekati
ムンドゥカティ

仲介手数料
komisi
コミシ

長期
jangka panjang
ジャンカ パンジャン

ツインルーム *p18*
kamar dengan twin bed
カマール ドゥンガン トイン ベッ

妻 *p70*
istri
イストゥリ

テーブルクロス
taplak meja
タプラッ メジャ

デフレ
deflasi
デフラシ

近道
jalan pintas
ジャラン ピンタス

中学校
SMP
エスエムペー

長距離バス
bus antar propinsi
ブス アンタル プロピンシ

通貨 *p31*
mata uang
マタ ウアン

つまらない
tidak menarik
ティダッ ムナリッ

でかける
pergi
プルギ

デモ
demo
デモ

力
kekuatan
ククアタン

中級
kelas menengah
クラス ムヌンガー

彫刻 *p36*
ukiran
ウキラン

通過する
melewati
ムルワティ

罪
dosa
ドサ

〜できる *p86*
bisa ~
ビサ 〜

出る
keluar
クルアール

地球
bumi
ブミ

中東
Timur Tengah
ティムール トゥンガー

調査(する)
survei
スルフェイ

通訳する
menerjemahkan
ムヌルジュマーカン

爪 *p79*
kuku
クク

〜できない *p86*
tidak bisa ~
ティダッ ビサ〜

テレビ *p18,82*
televisi
テレフィシ

チケット
tiket
ティケッ

中国 *p17*
Tiongkok
ティオンコッ

長所
kelebihan
クルビハン

通訳の人を呼んで *p82*
tolong panggilkan penerjemah
トロン パンギルカン プヌルジュマー

つめ切り
gunting kuku
グンティン クク

手紙 *p90*
surat
スラッ

テロ
teror
テロール

遅刻する *p41*
terlambat
トゥルランバッ

中国語
bahasa Tiongkok
バハサ ティオンコッ

長女 *p70*
putri sulung
ブトゥリ スルン

つめたい *p88*
dingin
ディンギン

敵
musuh
ムスー

テロリスト
teroris
テロリス

知識
pengetahuan
ブングタウアン

中国人
orang Tiongkok
オラン ティオンコッ

頂上
puncak
プンチャッ

つよい
kuat
クアッ

出口
pintu keluar
ピントゥ クルアール

点
titik
ティティッ

知人 *p71*
kenalan
クナラン

中国茶
teh Cina
テー チナ

朝食
sarapan
サラパン

つかう
memakai
ムマカイ

つらい
menyusahkan
ムニュサーカン

手首
pergelangan tangan
プルグランガン タンガン

店員
pegawai toko
プガワイトコ

父 *p70*
ayah
アヤー

忠告する
menasehati
ムナセハティ

調整する
menyesuaikan
ムニュスアイカン

つかまえる
menangkap
ムナンカップ

釣り *p77*
mancing
マンチン

天気 *p44*
cuaca
チュアチャ

ちぢむ
ciut
チウッ

中古車
mobil bekas
モビル ブカス

腸チフス
tifus
ティフス

つかれる
capek
チャペッ

つり銭
uang kembalian
ウアン クンバリアン

デザイン
desain
デザイン

天気予報 *p44*
prakiraan cuaca
プラキラアン チュアチャ

地図
peta
プタ

中止する
membatalkan
ムンバタルカン

ちょうど
tepat
トゥパッ

つかれた *p78*
capek
チャペッ

手
tangan
タンガン

デザート *p52*
pencuci mulut
プンチュチ ムルッ

電気
listrik
リストゥリッ

知的
inteligen
インテリゲン

注射 *p80*
suntik
スンティッ

ちょうどいい
pas
パス

月
bulan
ブラン

提案
saran
サラン

デジタルカメラ
kamera digital
カメラ ディジタル

電圧
tekanan listrik
トゥカナン リストゥリッ

乳房 *p79*
payudara
パユダラ

駐車する
memarkir
ムマルキル

次
yang berikut
ヤン ブリクッ

低血圧
tekanan darah rendah
トゥカナン ダラー ルンダー

手数料
komisi
コミシ

天国
surga
スルガ

地方
daerah
ダエラー

駐車禁止
dilarang parkir
ディララン パルキル

長男 *p70*
putra sulung
ブトゥラ スルン

着く
sampai
サンペイ

Tシャツ *p34*
kaos oblong
カオス オブロン

手帳
buku agenda
ブク アゲンダ

伝言
pesan
プサン

駐車場
tempat parkir
トゥンパッ パルキル

調味料 *p48*
bumbu
ブンブ

机
meja
メジャ

ティーバッグ
kantong teh
カントン テー

鉄
besi
ブシ

天才
jenius
ジニウス

昼食
makan siang
マカン シアン

貯金
tabungan
タブンガン

つくる
membuat
ムンブアッ

てつだう
membantu
ムンバントゥ

展示
pameran
パメラン

貯金する
menabung
ムナブン

日本語	Indonesia	カタカナ
天井	plafon	プラフォン
添乗員	pemandu wisata	プマンドゥ ウィサタ
転職	pindah kerja	ピンダ クルジャ
点数	nilai	ニライ
伝染病	penyakit menular	プニャキッ ムヌラール
電池	baterai	バテライ
電灯	lampu	ランプ
伝統的	tradisional	トラディショナル
電報	telegram	テレグラム
電話	telepon	テレポン
電話帳	buku telepon	ブク テレポン
電話する	menelepon	ムネレポン
電話番号 p82	nomor telepon	ノモル テレポン
～と～	~ dan ~	～ ダン ～
～と一緒に	dengan ~	ドゥンガン ～
ドアー p69	pintu	ピントゥ
トイレ	WC	ウェーセー
トイレットペーパー	tisu toilet	ティス トイレッ
塔	menara	ムナラ
党	partai	パルタイ
藤	rotan	ロタン
どういたしまして p12	sama-sama	サマサマ
トウガラシ	cabe	チャベ
陶器	keramik	クラミッ
東洋	Timur	ティムール
東京 p65	Tokyo	トーキョー
同僚	teman sekantor	トゥマン スカントール
倒産する	bangkrut	バンクルッ
同情する	merasa simpatik	ムラサ シンパティッ
搭乗券	boarding pass	ボーディン パス
盗賊	penyamun	プニャムン
どうぞ～ください	silakan ~	シラカン ～
到着する	tiba	ティバ
到着時刻 p40	waktu kedatangan	ワクトゥ クダタンガン
童貞	perjaka	プルジャカ
道徳	etika	エティカ
盗難 p83	kecurian	クチュリアン
盗難届 p83	laporan kecurian	ラポラン クチュリアン
東南アジア	Asia Tenggara	アシア トゥンガラ
糖尿病	diabetes	ディアベテス
豆腐	tahu	タフ
同封する	melampirkan	ムランピールカン
動物	binatang	ビナタン
動物園 p84	kebun binatang	クブン ビナタン
透明な	bening	ブニン
トウモロコシ	jagung	ジャグン
どうやって? p86	bagaimana caranya?	バゲマナ チャランャ?
登録する	mendaftar	ムンダフタール
遠い p20	jauh	ジャウー
床屋	pemangkas rambut	プマンカス ランブッ
通り	jalan	ジャラン
トカゲ p84	kadal	カダル
毒	racun	ラチュン
毒ヘビ p84	ular berbisa	ウラール ブルビサ
得意	pintar	ピンタール
独学する	otodidak	オトディダッ
特産物（食べ物）	makanan khas	マカナン ハス
特産物（モノ）	benda khas	ブンダ ハス
読書	baca buku	バチャ ブク
独身 p71	bujangan	ブジャンガン
得する	beruntung	ブルウントゥン
独占する	memonopoli	ムモノポリ
特徴	ciri	チリ
独特	khas	ハス
特に	terutama	トゥルウタマ
特別	khusus	クースス
独立（個人）	mandiri	マンディリ
独立（国家）	merdeka	ムルデカ
時計 p41	jam	ジャム
溶ける	mencair	ムンチャイール
どこ? p86	mana?	マナ?
どこでも	di mana saja	ディ マナ サジャ
泊まる	menginap	ムンイナップ
ドミトリー p18	domitori	ドミトリ
ところで	ngomong-ngomong	ンゴモンゴモン
都市	kota	コタ
歳	umur	ウムール
歳上の	yang lebih tua	ヤン ルビー トゥア
歳下の	yang lebih muda	ヤン ルビー ムダ
歳とった	tua	トゥア
図書館	perpustakaan	プルプスタカアン
閉じる	tutup	トゥトゥップ
都心 p26	pusat kota	プサッ コタ
土地	tanah	タナー
途中下車	turun di tengah jalan	トゥルン ディ トゥンガ ジャラン
突然	tiba-tiba	ティバティバ
とても ～ p88	~ sekali	～ スカリ
とどける	menyampaikan	ムニャンペイカン
となり	samping	サンピン
飛ぶ	terbang	トゥルバン
徒歩	jalan kaki	ジャラン カキ
とぼける	pura-pura tidak tahu	プラプラ ティダッ タウ
トマト p49	tomat	トマッ
止まる	berhenti	ブルフンティ
ともだち p71	teman	トゥマン
土曜日 p43	hari Sabtu	ハリ サブトゥ
トラ p84	harimau	ハリマウ
ドライクリーニング	dry cleaning	ドライ クリーニン
トラック	truk	トルッ
トラベラーズチェック	cek perjalanan	チェッ プルジャラナン
トランプ	kartu	カルトゥ
鳥	burung	ブルン
ドリアン p53	duren	ドゥレン
とり替える	mengganti	ムンガンティ
とり消す	membatalkan	ムンバタルカン
取り締まり	pengendalian	プングンダリアン
トリ肉 p49	daging ayam	ダギン アヤム
努力	usaha	ウサハ
流れ星	meteor	メテオール
泣く	menangis	ムナンギス
鳴く	bersuara	ブルスアラ
どれ? p86	yang mana?	ヤン マナ?
泥棒 p83	maling	マリン
トンネル	terowongan	トロウォンガン

な行

ない	tidak ada	ティダッ アダ
内科 p80	internis	イントゥルニス
内線	extension	エクステンション
内戦	perang saudara	プラン ソウダラ
ナイトクラブ	kelab malam	クラブ マラム
ナイフ	pisau	ピサウ
内容	isi	イシ
ナイロン	nilon	ニロン
直す	memperbaiki	ムンプルバイキ
治る	sembuh	スンブー
中	dalam	ダラム
長い p88	panjang	パンジャン
長い間	lama	ラマ
ながめがいい	pemandangannya bagus	プマンダンガンニャ バグス
ながれる	mengalir	ムンアリール
なくす	kehilangan	クヒランガン
なぐる	memukul	ムムクル
投げる	melempar	ムレンパール
ナス p49	terong	テロン
なぜ? p86	kenapa?	クナパ
なぜならば	karena	カルナ
夏 p44	musim panas	ムシム パナス
夏休み p44	liburan musim panas	リブラン ムシム パナス
なつかしい	kangen	カンゲン
7 p30	tujuh	トゥジュー
なに? p86	apa?	アパ
ナベ	panci	パンチ
生（なま）	mentah	ムンター
名前 p16	nama	ナマ
ナマズ	ikan lele	イカン レレ
波	ombak	オンバッ
なみだ	air mata	アイル マタ
悩む	bingung	ビングン
ならう	belajar	ブラジャール
鳴る	berbunyi	ブルブニ
なるほど	oh, begitu	オー、ブギトゥ

慣れる terbiasa トゥルビアサ	ニセモノ p39 barang palsu バラン パルス	尿 air seni アイル スニ	ネズミ p84 tikus ティクス	のこり sisa シサ	バーベキュー barbekyu バルベキュー	バカ p73 bodoh ボドー
何個 p31 berapa banyak ブラパ バニャッ	日曜日 p43 hari Minggu ハリ ミング	煮る merebus ムルブス	値段 harga ハルガ	覗く mengintip ムンインティップ	パーマ keriting クリティン	はがき kartu pos カルトゥ ポス
何時 p40 jam berapa ジャム ブラパ	日用品 p38 keperluan sehari-hari クプルルアン スハリ ハリ	庭 halaman ハラマン	熱が出る demam ドゥマム	除く menghilangkan ムンヒランカン	肺 p80 paru-paru パルパル	はかり timbangan ティンバンガン
何時間 p40 berapa jam ブラパ ジャム	日記 buku harian ブク ハリアン	ニワトリ p49,85 ayam アヤム	ネックレス kalung カルン	望む berharap ブル ハラップ	灰 abu アブ	計る menimbang ムニンバン
何種類 berapa macam ブラパ マチャム	人気がある populer ポプレール	ネットカフェ kafe internet カフェ イントゥルネッ	望み harapan ハラパン	はい(肯定) ya ヤ	パキスタン Pakistan パキスタン
何でも apa saja アパ サジャ	似ている mirip ミリップ	人気がない tidak populer ティダッ ポプレール	ネットワーク jaringan ジャリンガン	ノックする mengetok ムングトッ	~倍 ~ kali lipat ~ カリ リパッ	吐く p78 muntah ムンター
何人 p31 berapa orang ブラパ オラン	似ていない tidak mirip ティダッ ミリップ	人形 boneka ボネカ	値引きする diskon ディスコン	のど p79 tenggorokan トゥンゴロカン	灰色 p35 abu-abu アブアブ	吐き気 p78 mual ムアル
難民 pengungsi プンウンシ	~になる menjadi ~ ムンジャディ ~	人間 manusia マヌシア	ねむい p89 mengantuk ムンガントゥッ	のどが乾く p51 haus ハウス	肺炎 p80 radang paru-paru ラダン パルパル	履く memakai ムマカイ
2月 p30 dua ドゥア	にぶい tumpul トゥンプル	妊娠(する) hamil ハミル	寝る tidur ティドゥール	ののしる mencaci-maki ムンチャチマキ	ハイキング piknik ピクニッ	爆弾 bom ボム
2月 p44 Februari フェブルアリ	日本 p64 Jepang ジパン	人数 jumlah orang ジュムラー オラン	年金 pensiun ペンシウン	登る mendaki ムンダキ	バイクタクシー ojek motor オジェッ モトール	爆竹 p45 petasan プタサン
2等(2等賞) juara dua ジュアラ ドゥア	日本円 p31 Yen Jepang イェン ジパン	ニンニク p48 bawang putih バワン プティー	ネンザする p79 keseleo クスレオ	飲む minum ミヌム	灰皿 asbak アスバッ	爆発する meledak ムルダッ
2等(汽車などのランク) kelas dua クラス ドゥア	日本語 bahasa Jepang バハサ ジパン	妊婦 wanita hamil ワニタ ハミル	年収 pendapatan per tahun プンダパタン プルタフン	飲み物 p51 minuman ミヌマン	歯医者 p80 dokter gigi ドクトゥル ギギ	博物館 museum ムシウム
2倍 p31 dua kali lipat ドゥア カリ リパッ	日本酒 sake サケ	縫う menjahit ムンジャヒッ	燃料 bahan bakar バハン バカール	乗る p22 naik ナイッ	売春 prostitusi プロスティトゥシ	ハゲ botak ボタッ
似合う cocok チョチョッ	日本食 p64 masakan Jepang マサカン ジパン	抜く mencabut ムンチャブッ	年齢 p16 usia ウシア	乗り換える ganti kendaraan ガンティ クンダラアン	売春婦 pelacur プラチュール	箱 kotak コタッ
匂い bau バウ	日本人 orang Jepang オラン ジパン	脱ぐ membuka ムンブカ	脳 otak オタッ	乗り物 p22 kendaraan クンダラアン	配達する mengantar ムンアントール	はこぶ membawa ムンバワ
にがい p48 pahit パヒッ	荷物 p19,83 barang bawaan バラン バワアン	盗む mencuri ムンチュリ	農園 kebun クブン	のんき santai サンタイ	パイナップル p53 nanas ナナス	はさみ gunting グンティン
にぎやかな ramai ラマイ	入学 masuk sekolah マスッ スコラー	布 p37 kain カイン	農業 pertanian プルタニアン	は行	ハイヒール sepatu hak tinggi スパトゥ ハッ ティンギ	はさむ menjepit ムンジュピッ
肉 p49 daging ダギン	入管 p10 imigrasi イミグラシ	塗る mengoleskan ムンオレスカン	農村 pedesaan プデサアン	歯 p79 gigi ギギ	パイプ pipa ピパ	端 pinggir ピンギール
肉屋 penjual daging プンジュアル ダギン	入国カード p10 kartu imigrasi カルトゥ イミグラシ	濡れる basah バサー	農民 p16 petani プタニ	葉 p49 daun ダウン	俳優 aktor アクトール	橋 jembatan ジュンバタン
にげる melarikan diri ムラリカン ディリ	入場する masuk マスッ	根 akar アカール	能力 kemampuan クマンプアン	バー bar バール	入る masuk マスッ	箸 p46 sumpit スンピッ
西 p20,24 barat バラッ	入場券 tiket masuk ティケッ マスッ	値打ちがある berharga ブルハルガ	ノート buku tulis ブク トゥリス	バーゲン p33 obral オブラル	ハエ p85 lalat ララッ	はじめ awal アワル
	入場料 harga tiket masuk ハルガ ティケッ マスッ	ネクタイ dasi ダシ	のこぎり gergaji グルガジ	~パーセント ~ persen ~ プルセン	墓 makam マカム	はじめる mulai ムライ
	ニュース berita ブリタ	ネコ p84 kucing クチン		パーティー pesta ペスタ		はじめて pertama kali プルタマ カリ

パジャマ p34	piyama	ピヤマ
場所	tempat	トゥンパッ
破傷風 p80	tetanus	テタヌス
柱	tiang	ティアン
走る	berlari	ブルラリ
蓮	teratai	トゥラタイ
バス p22	bus	ブス
バスターミナル p22	terminal bus	トゥルミナル ブス
バス停 p22	halte bus	ハルテ ブス
はずかしい	malu	マル
バスタオル	handuk mandi	ハンドゥッ マンディ
バスタブ	bath tub	バッタブ
バスポート p83	paspor	パスポール
パソコン p34,74	komputer	コンプートゥル
旗	bendera	ブンデラ
バター	mentega	ムンテガ
はだか	telanjang	トゥランジャン
畑	ladang	ラダン
はだし	telanjang kaki	トゥランジャン カキ
はたらく	bekerja	ブクルジャ
8 p30	delapan	ドゥラパン
8月 p44	Agustus	アグストゥ
蜂 p85	lebah	ルバー
ハチミツ	madu	マドゥ
発音 p15	lafal	ラファル
発音してください p15	tolong diucapkan	トロン ディウチャップ カン
バッグ	tas	タス
バックツアー	paket tur	パケット トゥール
バックパッカー	back packer	ベッ ペッカル
発行する	menerbitkan	ムヌルビッカン
発行控え	salinan	サリナン
発車する	berangkat	ブランカッ
発車時刻 p40	waktu keberangkatan	ワクトゥ クブランカタン
バッテリー	baterai	バテライ
発展途上国	negara berkembang	ヌガラ ブルクンバン
バティック p37	batik	バティッ
ハデな	mencolok	ムンチョロッ
バドミントン p59,77	bulu tangkis	ブル タンキス
鼻 p79	hidung	ヒドゥン
鼻水	ingus	イングス
花	bunga	ブンガ
話す	berbicara	ブルビチャラ
バナナ p53	pisang	ピサン
羽	sayap	サヤップ
跳ねる	loncat	ロンチャッ
母 p70	ibu	イブ
パパイヤ p53	pepaya	プパヤ
歯ブラシ	sikat gigi	シカッ ギギ
葉巻	cerutu	チュルトゥ
ハミガキ粉	odol	オドル
速い p89	cepat	チュパッ
早い	cepat	チュパッ
林	pepohonan	プポホナン
払う	membayar	ムンバヤール
針	jarum	ジャルム
針金	kawat	カワッ
はり紙	poster	ポストゥル
春 p44	musim semi	ムシム スミ
貼る	menempelkan	ムネンペルカン
晴れ	cerah	チュラー
パレスチナ	Palestina	パレスティナ
パワー	kekuatan	ククアタン
パン	roti	ロティ
晩	malam	マラム
範囲	batas	バタス
繁栄	makmur	マックムール
繁華街	tempat keramaian	トゥンパッ クラマイアン
ハンカチ	saputangan	サプタンガン
バンガロー	bungalo	ブンガロー
反感	antipati	アンティパティ
パンク	kempes	クンペス
番号 p30	nomor	ノモール
犯罪	kejahatan	クジャハタン
ハンサム p89	ganteng	ガンタン
半ズボン p34	celana pendek	チュラナ ペンデッ
半袖 p34	baju lengan pendek	バジュ ルンガン ペンデッ
反対する	memprotes	ムンプロテス
反対側	sisi berlawanan	シシ ブルラワナン
パンツ p34	celana dalam	チュラナ ダラム
パンティー p34	panties	パンティース
半島	semenanjung	スムナンジュン
ハンドクリーム	hand body	ヘンボディ
半月 p42	setengah bulan	ストゥンガー ブラン
半年 p42	setengah tahun	ストゥンガー タフン
ハンドバック	tas tangan	タス タンガン
半日	setengah hari	ストゥンガー ハリ
犯人	pelaku kejahatan	プラク クジャハタン
ハンバーガー	hamburger	ハムブルグル
パンフレット	brosur	ブロスール
半分	setengah	ストゥンガー
パン屋	toko roti	トコ ロティ
火	api	アピ
日 p42	hari	ハリ
ピアス	anting	アンテイン
ピアスの穴をあける	tindik	ティンディッ
ピアノ	piano	ピアノ
ビール p51	bir	ビール
日帰り	perjalanan dalam satu hari	プルジャラナン ダラム サトゥ ハリ
比較する	membandingkan	ムンバンディンカン
東 p20,24	timur	ティムール
惹かれる	tertarik	トゥルタリッ
光	cahaya	チャハヤ
ひき受ける	terima	トゥリマ
引く	menarik	ムナリッ
低い	rendah	ルンダー
ピクニック	piknik	ピクニッ
ヒゲ	kumis	クミス
ヒゲそり	cukuran kumis	チュクラン クミス
ひどい(残酷)	kejam	クジャム
ひどい(状態)	parah	パラー
等しい	sama	サマ
ひざ p79	dengkul	ドゥンクル
ビザ	visa	フィサ
ひじ p79	siku	シク
ビジネス	bisnis	ビスニス
美術	kesenian	クスニアン
美術館	museum seni	ムシウム スニ
秘書	sekretaris	セクレタリス
非常口	pintu darurat	ピントゥ ダルラッ
左 p20	kiri	キリ
日付 p42	tanggal	タンガル
筆記試験	tes tertulis	テス トゥルトゥリス
ひっこす	pindah	ピンダー
ひっぱる	menarik	ムナリッ
ヒップ p79	pinggul	ピングル
必要書類	dokumen yang dibutuhkan	ドクメン ヤン ディブトゥーカン
必要(とする)	butuh	ブトゥー
ビデオ	video	フィデオ
ビデオカメラ	kamera video	カメラ フィデオ
ビデオテープ	kaset video	カセッ フィデオ
ひとりっ子 p70	anak tunggal	アナットゥンガル
ひとり旅	jalan-jalan sendiri	ジャランジャラン スンディリ
一人で	sendirian	スンディリアン
避難する	mengungsi	ムンウンシ
ビニール	plastik	プラスティッ
ビニール袋	kantong plastik	カントン プラスティッ
皮肉	ironi	イロニ
避妊する p71	KB	カーベー
避妊薬	pil KB	ピル カーベー
日の入り	magrib	マッグリブ
日の出	matahari terbit	マタハリ トゥルビッ
皮膚	kulit	クリッ
皮膚科 p80	ahli penyakit kulit	アフリ プニャキッ クリッ
皮膚病 p79	penyakit kulit	プニャキッ クリッ
ひま	waktu senggang	ワクトゥ スンガン
秘密	rahasia	ラハシア
紐	tali	タリ
日焼け	terbakar matahari	トゥルバカール マタハリ
日焼け止めクリーム	sunblok	サンブロッ
費用 p31	biaya	ビアヤ
美容院	salon	サロン

病院 p80	rumah sakit ルマー サキッ
病気	sakit サキッ
表現する	mengekspresikan ムンエクスプレシカン
美容師	penata rambut プナタ ランブッ
標準	standar スタンダール
評判がいい	reputasinya baik レプタシニャ バイッ
評判が悪い	reputasinya buruk レプタシニャ ブルッ
ビリヤード p77	bilyar ビリヤール
昼 p40	siang シアン
ビル	pil ピル
ビル	gedung グドゥン
昼休み	istirahat siang イスティラハッ シアン
広い	luas ルアス
拾う	memungut ムムングッ
広げる(拡大する)	memperluas ムンプルルアス
広げる(敷く)	menggelar ムングラール
広場	lapangan ラパンガン
ビン	botol ボトル
ピンク p35	pink ピン
貧血 p78	anemia アネミア
品質	mutu ムトゥ
ヒンズー教	agama Hindu アガマ ヒンドゥ

ピンチ	keadaan darurat クアダアン ダルラッ
貧乏	miskin ミスキン
ファイル	file ファイル
ファックス	fax フェックス
ファッション	fashion フェッション
フィリピン p0	Filipina フィリピナ
フィリピン人	orang Filipina オラン フィリピナ
フィルム	film フィルム
風刺	sindiran シンディラン
夫婦 p70	suami istri スアミ イストゥリ
封筒	amplop アンプロップ
ブーム	tren トレン
笛	suling スリン
ふえる	bertambah ブルタンバー
フェリーボート	kapal feri カパル フェリ
フォーク(食器) p46	garpu ガルプ
フォークソング	lagu rakyat ラグ ラクャッ
フォーマル	formal フォルマル
部下 p71	bawahan バワハン
深い	dalam ダラム
不可能	tidak mungkin ティダッ ムンキン
武器	senjata スンジャタ
服 p34	pakaian パケアン

吹く	tiup ティウップ
拭く	mengelap ムングラップ
複雑	rumit ルミッ
腹痛 p80	sakit perut サキッ プルッ
ふくむ(勘定に入る)	termasuk トゥルマスッ
ふくむ(含有する)	mengandung ムンガンドゥン
不景気	resesi レセシ
不幸な p89	malang マラン
ふざけるな!	jangan main-main! ジャンガン マインマイン
不思議	keajaiban クアジャイバン
部署	divisi ディフィシ
侮辱する	menghina ムンヒナ
ふせぐ	mencegah ムンチュガー
フタ	tutup トゥトゥップ
ブタ p84	babi バビ
ブタ肉 p49	daging babi ダギン バビ
舞台	panggung パングン
ふたたび	kembali クンバリ
普段着	pakaian sehari-hari パケアン スハリハリ
ぶつ	menampar ムナンパール
普通	biasa ビアサ
物価	harga barang ハルガ バラン

ぶつかる	menabrak ムナブラッ
仏教	agama Budha アガマ ブッダ
仏教徒	Buddist ブディス
仏像	patung Budha パトゥン ブッダ
ブッダ	Budha ブッダ
筆	kuas クアス
ブドウ	anggur アングール
不動産	properti プロペルティ
不動産屋	agen properti アゲン プロペルティ
不得意	tidak jago ティダッ ジャゴ
ふとった p88	gemuk グムッ
ふともも p79	paha パハ
不妊	mandul マンドゥル
船	kapal カパル
船着き場	pelabuhan プラブハン
船便	pos laut ポス ラウッ
船酔い	mabuk laut マブッ ラウッ
部品	suku cadang スク チャダン
部分	bagian バギアン
不便な	tidak mudah ティダッ ムダー
不法	ilegal イレガル
不法入国	masuk negara secara ilegal マスッ ヌガラ スチャラ イレガル

不法滞在	menetap di negara seara ilegal ムヌタップ ディ ヌガラ スチャラ イレガル
不眠症	insomnia インソムニア
ふやす	menambahkan ムナンバーカン
冬 p44	musim dingin ムシム ディンギン
ブラウス	blus ブルス
ブラシ	sikat シカッ
ブラジャー p34	BH ベーハー
プラスチック	plastik プラスティッ
プラチナ	platinum プラティヌム
プロテスタント	Protestan プロテスタン
フラッシュ可	boleh pakai blitz ボレー パケ ブリッツ
フラッシュ禁止	dilarang pakai blitz ディララン パケ ブリッツ
プラットホーム	peron ペロン
フランス	Perancis プランチス
ブランデー	brendi ブレンディ
プリペイドカード(携帯電話の)	voucher フォウチャー
プリペイドカードの残額(通話用)	pulsa プルサ
プリペイドカードの残額(データ用)	kuota クオタ
プリペイドカードのチャージ p38	isi kuota/pulsa イシ クオタ/プルサ
不良品	barang rusak バラン ルサッ
(〜が)降る	turun 〜 トゥルン 〜
古い	tua トゥア

震える	bergetar ブルグタール
古着	baju bekas バジュ ブカス
古本屋	toko buku bekas トコ ブク ブカス
ブレーキ	rem レム
ブレスレット	gelang グラン
プレゼント	kado カド
風呂	kamar mandi カマール マンディ
プロ	profesional プロフェショナル
ブローチ	bros ブロス
フロント	resepsionis レセプショニス
分 p40	〜 menit 〜 ムニッ
雰囲気	suasana スアサナ
文化	kebudayaan クブダヤアン
文学	sastra サストラ
文芸作品	karya sastra カルヤ サストラ
文語	bahasa sastra バハサ サストラ
紛失証明 p83	bukti kehilangan ブクティ クヒランガン
紛失する p83	kehilangan クヒランガン
文章	kalimat カリマッ
噴水	air mancur アイル マンチュール
分析する	menganalisa ムンアナリサ
文法	tata bahasa タタ バハサ

文房具屋	toko alat tulis トコ アラッ トゥリス
文明	keadaban クアダバン
分野	bidang ビダン
ヘアスタイル	model rambut モデル ランブッ
ヘアブラシ	sikat rambut シカッ ランブッ
平均	rata-rata ラタラタ
平原	padang パダン
兵士	prajurit プラジュリッ
ページ	halaman ハラマン
平坦	rata ラタ
閉店する	tutup toko トゥトゥップ トコ
平和	damai ダマイ
ベスト	rompi ロンピ
へそ p79	pusar プサール
下手	tidak jago ティダッ ジャゴ
ペット	binatang peliharaan ビナタン プリハラアン
ベッド p69	ranjang ランジャン
別料金	biaya tambahan ビアヤ タンバハン
ベトナム p0	Vietnam フィエッナム
ベトナム人	orang Vietnam オラン フィエッナム
ヘビ p84	ular ウラール
ベビーカー	kereta bayi クレタ バイ
部屋 p68	kamar カマール

ま行

減る	望遠鏡	牧師	ポット p69	本屋	混ぜる
berkurang	**teropong**	**pastor**	**teko**	**toko buku**	**campur**
ブルクラン	トゥロポン	パストール	テコ	トコ ブク	チャンプール

ベル	法学	ポケット	ホットコーヒー p51	翻訳	また ～
bel	**ilmu hukum**	**kantong**	**kopi panas**	**terjemahan**	**~ lagi**
ベル	イルム フクム	カントン	コピ パナス	トゥルジュマハン	～ ラギ

ベルト	方言	保険	ホットシャワー	翻訳する	まだ～ある p86
ikat pinggang	**dialek**	**asuransi**	**shower dengan air panas**	**menerjemahkan**	**masih ~**
イカッ ピンガン	ディアレッ	アスランシ	ショウェール ドゥンガン アイル パナス	ムヌルジュマーカン	マシー ～

ヘロイン	冒険	保険会社	ホテル p18		まだ～ない p86
heroin	**petualangan**	**perusahaan asuransi**	**hotel**		**belum ~**
ヘロイン	プトゥアランガン	プルウサハアン アスランシ	ホテル		ブルム ～

ペン	方向	保護	毎(回、日など)		または
pena	**arah**	**perlindungan**	**tiap ~**		**atau**
ペナ	アラー	プルリンドゥンガン	ティアッ ～		アタウ

ペンキ	暴行	ホコリ	歩道		町
cat	**kekerasan**	**debu**	**trotoar**		**kota**
チェッ	ククラサン	ドゥブ	トロトアール		コタ

勉強する p86	膀胱 p80	ホコリっぽい	ほとんど		待合室
belajar	**kantong kemih**	**berdebu**	**hampir**		**ruang tunggu**
ブラジャール	カントン クミー	ブルドゥブ	ハンピール		ルアン トゥング

変更する	報告	誇る	ほとんど全部		待ち合わせ
merubah	**laporan**	**bangga**	**hampir semuanya**		**janjian**
ムルバー	ラポラン	バンガ	ハンピール スムア ニャ		ジャンジアン

弁護士 p83	防止	星	ボーナス		まちがい
pengacara	**pencegahan**	**bintang**	**bonus**		**kesalahan**
プンアチャラ	プンチュガハン	ビンタン	ボヌス		クサラハン

返事	帽子	欲しい	骨 p79		まちがえる
jawaban	**topi**	**mau**	**tulang**		**salah**
ジャワバン	トピ	マウ	トゥラン		サラー

編集者	宝石	補償	ほほ p79		待つ
editor	**permata**	**ganti rugi**	**pipi**		**menunggu**
エディトール	プルマタ	ガンティ ルギ	ピピ		ムヌング

弁償する	放送	保証	ほほ笑み	まがる(向きを変える)	まつげ
ganti rugi	**siaran**	**jaminan**	**senyuman**	**belok**	**bulu mata**
ガンティ ルギ	シアラン	ジャミナン	スニュマン	ベロッ	ブル マタ

変態 p72	包装	保証金	ほほ笑む	巻く	Mac(パソコン)
maniak	**bungkusan**	**uang jaminan**	**tersenyum**	**menggulung**	**Macintosh**
マニアッ	ブンクサン	ウアン ジャミナン	トゥルスニュム	ムングルン	メッキントッシュ

べんとう	包帯	保証書	ほめる	マクドナルド	マッサージ p19,77
bekal	**perban**	**surat jaminan**	**memuji**	**McDonald**	**pijat**
ブカル	プルバン	スラッ ジャミナン	ムムジ	メックドナル	ピジャッ

扁桃腺 p80	防犯 p83	保証人	ボランティア	まくら	まっすぐ
amandel	**mencegah kejahatan**	**penjamin**	**sukarela**	**bantal**	**lurus**
アマンデル	ムンチュガー クジャハタン	プンジャミン	スカレラ	バンタル	ルルス

ヘンな	方法	保証する	ポリエステル	マグロ	マッチ
aneh	**cara**	**menjamin**	**polyester**	**ikan tuna**	**korek**
アネー	チャラ	ムンジャミン	ポリエステル	イカン トゥナ	コレッ

便秘 p80	法律	干す	彫る	負ける	祭り
susah buang air besar	**hukum**	**jemur**	**memahat**	**kalah**	**festival**
スサー ブアン アイル ブサール	フクム	ジュムール	ムマハッ	カラー	フェスティバル

返品	ボウル	ポスト	掘る	孫 p70	～まで
pengembalian barang	**mangkok**	**kotak pos**	**menggali**	**cucu**	**sampai ~**
プングンバリアン バラン	マンコッ	コタッ ポス	ムンガリ	チュチュ	サンペ ～

便利	ボート	細い	ポルトガル	まじめ p72	窓
kemudahan	**perahu**	**kurus**	**Portugis**	**serius**	**jendela**
クムダハン	プラフ	クルス	ポルトゥギス	セリウス	ジュンデラ

保育園	ボール	ボタン	本	まずい(食物) p47	まな板
play group	**bola**	**kancing**	**buku**	**tidak enak**	**talenan**
プレイ グループ	ボラ	カンチン	ブク	ティダッ エナッ	タルナン

棒	ボールペン p39	墓地	香港 p17	まずい(事態)	学ぶ
tongkat	**bolpen**	**makam**	**Hong Kong**	**gawat**	**belajar**
トンカッ	ボルペン	マカム	ホンコン	ガワッ	ブラジャール

貿易	ほかの	ホチキス	ほんとうに	まずしい	まにあう
perdagangan	**lain**	**stapler**	**sungguh**	**miskin**	**keburu**
プルダガンガン	ライン	ステプレール	スングー	ミスキン	クブル

			ほんもの	ますます～	マニキュア p19
			barang asli	**semakin ~**	**kutek**
			バラン アスリ	スマキン ～	クテッ

マネる	まぶしい	まもなく	守る	豆	麻薬
meniru	**silau**	**sebentar lagi**	**melindungi**	**kacang**	**narkoba**
ムニル	シラウ	スブンタール ラギ	ムリンドゥンギ	カチャン	ナルコバ

まゆげ	迷う	マラソン	マラリア p80	まるい	まるで～
alis	**bingung**	**maraton**	**malaria**	**bundar**	**seperti ~**
アリス	ビングン	マラトン	マラリア	ブンダール	スプルティ ～

マレーシア p17	マレーシア人	回す	回る	満員	マンガ p39,65
Malaysia	**orang Malaysia**	**memutarkan**	**berputar**	**penuh**	**komik**
マライシア	オラン マライシア	ムムタールカン	ブルプタール	プヌー	コミッ

マンゴ p53	マンゴスチン p53	満足する	まん中		
mangga	**manggis**	**puas**	**tengah**		
マンガ	マンギス	プアス	トゥンガー		

(117)

まん→やけ

満腹	kenyang	クニャン
万年筆	pulpen	プルペン
実	buah	ブアー
見送る	mengantar	ムンアンタール
みがく	menggosok	ムンゴソッ
右 p20	kanan	カナン
未婚 p17	belum kawin	ブルム カウィン
岬	semenanjung	スムナンジュン
みじかい p35	pendek	ペンデッ
ミシン	mesin jahit	ムシン ジャヒッ
水 p51	air	アイル
水浴び	mandi	マンディ
水色 p35	biru muda	ビル ムダ
湖	danau	ダナウ
水着 p34	baju renang	バジュ ルナン
水玉	dot	ドッ
店	toko	トコ
(〜を)見せる	memperlihatkan ~	ムンプルリハッカン ~
見せて!	lihat dong!	リハッ ドン
道 p20	jalan	ジャラン
みつける	menemukan	ムヌムカン
見つめる	menatap	ムナタップ
見積もり	estimasi	エスティマシ
密輸(出)する	mengekspor secara ilegal	ムンエクスポール スチャラ イレガル
密輸(入)する	mengimpor secara ilegal	ムンインポール スチャラ イレガル
みとめる	mengaku	ムンアク
緑色 p35	hijau	ヒジャウ
皆(みな)	semua	スムア
港	pelabuhan	プラブハン
南 p20,24	selatan	スラタン
南アフリカ	Afrika Selatan	アフリカ スラタン
みにくい	buruk rupa	ブルッ ルパ
ミネラルウォーター p51	air mineral	アイル ミネラル
身分証明書	kartu identitas	カルトゥ イデンティタス
未亡人	janda	ジャンダ
見本	contoh	チョントー
見舞う	menjenguk	ムンジュングッ
耳 p79	kuping	クピン
脈拍	denyut nadi	ドゥニュッ ナディ
みやげ p36	oleh-oleh	オレーオレー
みやげ物屋 p36	toko oleh-oleh	トコ オレーオレー
ミャンマー p0	Myanmar	ミャンマール
ミュージカル	musikal	ムシカル
明朝 p43	besok pagi	ベソッ パギ
明晩 p43	besok malam	ベソッ マラム
未来 p42	masa depan	マサ ドゥパン
魅力的	menarik	ムナリッ
見る	melihat	ムリハッ
ミルク	susu	スス
民芸品	barang kerajinan tangan	バラン クラジナン タンガン
民主主義	demokrasi	デモクラシ
民族	bangsa	バンサ
民族音楽	musik tradisional	ムシットラディショナル
民族舞踊	tarian tradisional	タリアントラディショナル
むかえる	menjemput	ムンジュンプッ
むかし	masa lalu	マサ ラル
婿 p70	menantu	ムナントゥ
無効	tidak berlaku	ティダッ ブルラク
向こう側 p20	sebelah sana	スブラー サナ
ムシ p85	serangga	スランガ
ムシ刺され p78	gigitan serangga	ギギタン スランガ
ムシ歯	sakit gigi	サキッ ギギ
無職 p16	pengangguran	プンアングラン
無色 p35	tidak berwarna	ティダッ ブルワルナ
むずかしい p89	sulit	スリッ
息子 p70	putra	プトラ
結ぶ	mengikat	ムンイカッ
娘 p70	putri	プトゥリ
ムダづかい	boros	ボロス
無地	polos	ポロス
夢中	keasyikan	クアシィカン
胸 p79	dada	ダダ
無謀	ceroboh	チュロボー
村	desa	デサ
紫 p35	ungu	ウング
ムリな	tidak mungkin	ティダッ ムンキン
綿	katun	カトゥン
目 p79	mata	マタ
芽	tunas	トゥナス
めい(姪) p70	keponakan	クポナカン
名刺	kartu nama	カルトゥ ナマ
名詞	kata benda	カタ ブンダ
名所	tempat pariwisata	トゥンパッ パリウィサタ
迷信	takhayul	タハユル
名声	ketenaran	クテナラン
メートル	meter	メトゥル
迷惑	terganggu	トゥルガング
メガネ	kacamata	カチャマタ
目薬	obat mata	オバッ マタ
(〜を)目指す	menuju ~	ムヌジュ ~
メス(雌)	betina	ブティナ
目印	tanda	タンダ
めずらしい	langka	ランカ
めったに〜ない	jarang ~	ジャラン ~
メニュー p46	menu	メヌ
めまいがする p78	pusing	プシン
メールアドレス p90	alamat e-mail	アラマッ イーメル
面(お面) p36	topeng	トペン
免税	bebas pajak	ベバス パジャッ
免税店 p10	toko bebas pajak	トコ ベバス パジャッ
面積	luasnya	ルアスニャ
めんどくさい	malas	マラス
もう〜した p86	sudah ~	スダー ~
申し込み	pendaftaran	プンダフタラン
申し訳ない p12	tidak enak hati	ティダッ エナッ ハティ
儲ける	mendapat untung	ムンダパッ ウントゥン
盲腸炎 p80	usus buntu	ウスス ブントゥ
毛布	selimut	スリムッ
燃える	terbakar	トゥルバカール
目的	tujuan	トゥジュアン
目的地	tempat tujuan	トゥンパット トゥジュアン
目標	target	タルゲッ
木曜日 p43	hari Kamis	ハリ カミス
潜る	menyelam	ムニュラム
もし〜ならば	kalau ~	カロウ ~
文字	huruf	フルッフ
もしもし p12	halo	ハロ
モスク	mesjid	ムスジッ
持ち上げる	angkat	アンカッ
持ち歩く	membawa	ムンバワ
もち米	beras ketan	ブラス クタン
喪中	berkabung	ブルカブン
もちろん	tentu	トントゥ
持つ	membawa	ムンバワ
持っている	punya	プニャ
持っていく	mengantarkan	ムンアンタールカン
持ってくる	membawakan	ムンバワカン
持ち主	pemilik	プミリッ
もてなす	melayani	ムラヤニ
物	benda	ブンダ
物置	gudang	グダン
燃やす	membakar	ムンバカール
模様 p34	motif	モティフ
最寄りの駅	stasiun terdekat	スタシウン トゥルデカッ
もらう	diberikan	ディブリカン
森	hutan	フタン
漏る	bocor	ボチョール
門	gerbang	グルバン
問題(problem)	masalah	マサラー
問題ない(No problem) p12	tidak apa-apa	ティダッ アパアパ

や行

八百屋	tukang sayur	トゥッカン サユール
やかん p68	ceret	チェレッ
ヤギ p49,,84	kambing	カンビン
やきそば p50,55	mi goreng	ミー ゴレン
焼き増し	cuci cetak	チュチ チェタッ
やきめし p50,55	nasi goreng	ナシ ゴレン
野球	bisbol	ビスボル
約(およそ)	kira-kira	キラキラ
焼く	membakar	ムンバカール
役所	instansi pemerintah	インスタンシ プムリンター
約束	janji	ジャンジ
役に立つ	berguna	ブルグナ
ヤケドをする p79	terbakar	トゥルバカール

日本語	Indonesia	カタカナ
野菜 p49	sayur	サユール
やさしい	mudah	ムダー
ヤシ	kelapa	クラパ
ヤシの実 p53	buah kelapa	ブアー クラパ
安い p32	murah	ムラー
安売り p33	obral	オブラル
やすみ	istirahat	イスティラハッ
やすむ	beristirahat	ブルイスティラハッ
やせた	kurus	クルス
屋台 p54	warung	ワルン
家賃	uang kontrak rumah	ウアン コントラック ルマー
薬局 p20,81	apotek	アポテッ
宿 p18	penginapan	プンギナパン
野党	partai oposisi	パルタイ オポシシ
雇う	mempekerjakan	ムンプクルジャカン
屋根	atap	アタップ
破ける	sobek	ソベッ
破る	menyobek	ムニョベッ
山	gunung	グヌン
山火事	kebakaran hutan	クバカラン フタン
ヤモリ	cecak	チチャッ
やわらかい	empuk	ウンプッ
湯	air panas	アイル パナス
ゆううつ	muram	ムラム
遊園地	taman ria	タマン リア
有害	beracun	ブラチュン
夕方 p40	sore	ソレ
勇気がある p72	berani	ブラニ
有効期限	kadaluwarsa	カダルワルサ
有効な	berlaku	ブルラク
優勝	juara	ジュアラ
友情	persahabatan	プルサハバタン
夕食	makan malam	マカン マラム
郵送する	mengirim melalui pos	ムンギリム ムラルイ ポス
郵便	pos	ポス
郵便局	kantor pos	カントール ポス
郵便番号	kode pos	コドゥ ポス
郵便料金	biaya pos	ビアヤ ポス
有名な p58	terkenal	トゥルクナル
ユーモア	humor	フモール
床	lantai	ランタイ
幽霊	hantu	ハントゥ
ゆかい	menyenangkan	ムニュナンカン
雪 p44	salju	サルジュ
輸出	ekspor	エクスポール
ゆたか	kaya	カヤ
ゆっくり	pelan-pelan	プランプラン
ゆっくり話して! p14	tolong bicara pelan-pelan!	トロン ビチャラ プランプラン
ゆでる	merebus	ムルブス
輸入	impor	インポール
指 p79	jari	ジャリ
指輪	cincin	チンチン
夢	mimpi	ミンピ
夢を見る	bermimpi	ブルミンピ
良い	baik	バイッ
酔う	mabuk	マブッ
用意する	menyiapkan	ムニアップカン
要求する	minta	ミンタ
用事	urusan	ウルサン
幼児	balita	バリタ
用心する	berhati-hati	ブルハティハティ
幼稚園	TK	テーカー
洋服ダンス	lemari baju	ルマリ バジュ
ヨーロッパ	Eropa	エロパ
余暇	waktu senggang	ワクトゥ スンガン
ヨガ p77	yoga	ヨガ
預金する	menabung	ムナブン
横	samping	サンピン
横になる	berbaring	ブルバリン
予想	perkiraan	ブルキラアン
予防する	mencegah	ムンチュガー
欲	nafsu	ナフス
よごれる	kotor	コトール
予算	anggaran	アンガラン
ヨット	perahu layar	プラフ ラヤール
予定	rencana	ルンチャナ
呼ぶ	memanggil	ムマンギル
予防接種	imunisasi	イムニサシ
読む p71	membaca	ムンバチャ
嫁 p70	menantu	ムナントゥ
予約する	memesan	ムムサン
夜 p40	malam	マラム
喜ぶ	gembira	ゲンビラ
弱い	lemah	ルマー
4 p30	empat	ウンパッ

ら行

来月 p43	bulan depan	ブラン ドゥパン
来週 p43	minggu depan	ミング ドゥパン
ライター	korek api	コレッ アピ
来年 p43	tahun depan	タフン ドゥパン
ライム	jeruk nipis	ジュルッ ニピス
ラオス p0	Laos	ラオス
ラジオ	radio	ラディオ
ラップ(音楽) p60	rap	レップ
ラフレシア	bunga bangkai	ブンガ バンカイ
卵巣	indung telur	インドゥン トゥルール
ランプ	lampu	ランプ
ランブータン p53	rambutan	ランブータン
理解する	mengerti	ムングルティ
陸	darat	ダラッ
陸軍	angkatan darat	アンカタン ダラッ
離婚 p71	perceraian	プルチュライアン
離婚する p71	bercerai	ブルチュライ
理想	ideal	イデアル
立派	megah	ムガー
理髪店	pemangkas rambut	プマンカス ランブッ
理由	alasan	アラサン
龍	naga	ナガ
留学	sekolah di luar negeri	スコラー ディルアール ヌグリ
留学生	mahasiswa asing	マハシスワ アシン
流行	tren	トレン
量	banyaknya	バニャッニャ
寮	asrama	アスラマ
両替する p19	menukar uang	ムヌカール ウアン
両替所	tempat penukaran uang	トンパッ プヌカラン ウアン
料金	biaya	ビアヤ
領事館	konsulat jenderal	コンスラッ ジェンデラル
領収書	kwitansi	クウィタンシ
両方	dua-duanya	ドゥアドゥアニャ
料理 p50	masakan	マサカン
〜料理 p50	masakan 〜	マサカン 〜
料理する p49	memasak	ムマサッ
旅券番号	nomor paspor	ノモール パスポール
旅行	perjalanan	プルジャラナン
旅行者	turis	トゥリス
旅行する	berjalan-jalan	ブルジャランジャラン
旅行代理店	agen perjalanan	アゲン プルジャラナン
リラックス	santai	サンタイ
リンゴ	apel	アプル
臨時	darurat	ダルラッ
隣人	tetangga	トゥタンガ
留守	tidak ada di rumah	ティダッ アダ ディ ルマー
ルピア p31	Rupiah	ルピアー
ルビー	zamrud	ザムルッ
ルームメイト	teman sekamar	トゥマン スカマール
例	contoh	チョントー
霊	roh	ロー
例外	pengecualian	プングチュアリアン
冷蔵庫	kulkas	クルカス
冷房 p18,82	AC	アーセー
レート	kurs	クルス
歴史 p50	sejarah	スジャラー
レコード	piringan hitam	ピリンガン ヒタム
レジ	kasir	カシール
レシート	bon	ボン
レストラン p46	restoran	レストラン
列車	kereta	クレタ
レバー(食用)	hati	ハティ
レバー(てこ)	tongkat	トンカッ
練習(する)	latihan	ラティハン
レンタカー p22	mobil sewa	モビル セワ
レントゲン	rontgen	ロンゲン
連絡する	menghubungi	ムンフブンギ

聾唖者
bisu tuli
ビス トゥリ

老人
orang tua
オラン トゥア

ロウソク *p39*
lilin
リリン

労働者
buruh
ブルー

労働ビザ
visa kerja
フィサ クルジャ

ロープ
tambang
タンバン

ローン
pinjaman
ピンジャマン

6 *p30*
enam
ウナム

ログアウトする *p74*
log out
ロッアウ

ログインする *p74*
log in
ロッイン

6月 *p44*
Juni
ジュニ

録音する
merekam
ムルカム

録画する
merekam
ムルカム

路地
gang
ガン

ロシア
Rusia
ルシア

ロック *p60*
musik rok
ムシッ ロッ

ロビー
lobi
5¥ロビ

わ行

輪
lingkaran
リンカラン

ワールドカップ *p65*
piala dunia
ピアラ ドゥニア

ワイファイ(WIFI) *p74*
WIFI
ワイファイ

わいろ
sogok
ソゴッ

ワイン
anggur
アングール

赤ワイン
anggur merah
アングール メラー

白ワイン
anggur putih
アングール プティー

若い
muda
ムダ

沸かす
mendidihkan
ムンディディーカン

わがまま
egois
エゴイス

わかる
mengerti
ムングルティ

わからない
tidak mengerti
ティダッ ムングルティ

わかりにくい
sulit dimengerti
スリッ ディムングル
ティ

わかれる
berpisah
ブルピサー

わける
memisahkan
ムミサーカン

輪ゴム
karet gelang
カレッ グラン

わざと
sengaja
スンガジャ

わざわざ～する
repot-repot ~
レポッレポッ ~

わずらわしい
merepotkan
ムレポッカン

忘れる
lupa
ルパ

私 *p94*
saya
サヤ

私たち
kami/kita
カミ／キタ

私の～
~ saya
~ サヤ

わたす
menyerahkan
ムニュラーカン

わたる
menyeberang
ムニュブラン

ワニ
buaya
ブアヤ

わらう
tertawa
トゥルタワ

割引き
diskon
ディスコン

割る
memecahkan
ムムチャーカン

割る(割り算)
dibagi
ディバギ

悪い
buruk
ブルッ

湾
teluk
トゥルッ

インドネシア語→日本語 単語集

"第4部"では、約 3000 の単語を収録しています。

話し相手のインドネシア人にこのページを見せ、

返事の言葉を指さしてもらいましょう。

★第1部への索引機能付き★

第1部に、関連の深い言葉や項目がある場合は、
そのページ番号を示してあります。
伝えたい話題へ素早くアクセスするための
索引としても活用してください。

A

abad
アバッ
世紀

abadi
アバディ
永久

abnormal
アブノルマル
異常

absen
アブセン
欠席

abu
アブ
灰

abu-abu
アブアブ
灰色 p35

AC
アーセー
冷房、エアコン p18,82

acara
アチャラ
行事 p44

ada
アダ
ある、居る

adik
アディッ
弟／妹 p70

adik laki-laki
アディッ ラキラキ
弟 p70

adik perempuan
アディッ プルンプアン
妹 p70

adik-kakak
アディッカカッ
兄弟、姉妹 p70

adil
アディル
公平

administrasi
アドミニストラシ
事務職 p16

adoptor
アダプトール
アダプター

Afganistan
アフガニスタン
アフガニスタン

Afrika
アフリカ
アフリカ

Afrika Selatan
アフリカ スラタン
南アフリカ

agama
アガマ
宗教

agama Budha
アガマ ブッダ
仏教

agama Hindu
アガマ ヒンドゥ
ヒンズー教

agama Islam
アガマ イスラム
イスラム教

agama Kristen
アガマ クリステン
キリスト教

agen perjalanan
アゲン プルジャラナン
旅行代理店

agen properti
アゲン プロペルティ
不動産屋

agung
アグン
偉大

Agustus
アグストゥス
8月 p44

ahli bedah
アフリ ブダー
外科 p80

ahli penyakit jiwa
アフリ プニャキッジ ワ
精神科

ahli penyakit kulit
アフリ プニャキッ クリッ
皮膚科 p80

AIDS
アイズ
エイズ

air
アイル
水 p51

air besar
アイル ブサール
大便

air keran
アイル クラン
水道水

air mancur
アイル マンチュール
噴水

air mata
アイル マタ
なみだ

air mineral
アイル ミネラル
ミネラルウオータ p51

air minum
アイル ミヌム
飲料水 p51

air panas
アイル パナス
湯

air seni
アイル スニ
尿

air terjun
アイル トゥルジュン
滝

ajimat
アジマッ
お守り

akar
アカール
根

akhir-akhir ini
アヒルアヒル イニ
最近

aktif
アクティフ
活発、積極的

aktor
アクトール
俳優

aku
アク
俺 p94

alam
アラム
自然

alamat
アラマッ
住所、宛名 p90

alamat e-mail
アラマッ イーメル
メールアドレス p90

alasan
アラサン
理由

alat kelamin
アラッ クラミン
性器

alat musik
アラッ ムシッ
楽器 p36

alat pemadam kebakaran
アラッ プマダム クバカラン
消火器

aneh
アネー
ヘンな、奇妙な

alergi
アレルギ
アレルギー p80

alis
アリス
まゆげ

alkohol
アルコホル
アルコール

Alquran
アルクルアン
コーラン

aman
アマン
治安がいい

amandel
アマンデル
扁桃腺 p80

ambil
アンビル
取る

ambulans
アンブラン
救急車 p78

Amerika
アメリカ
アメリカ p17

amplop
アンプロップ
封筒

ampuh
アンプー
効く

anak
アナッ
こども p70,75

anak bungsu
アナッ ブンス
末っ子 p70

anak cucu
アナッ チュチュ
子孫 p70

anak durhaka
アナッ ドゥルハカ
親不孝

anak laki-laki
アナッ ラキラキ
男の子 p70

anak perempuan
アナッ プルンプアン
女の子 p70

anak tunggal
アナッ トゥンガル
ひとりっ子 p70

anak yang berbakti
アナッ ヤン ブルバクティ
親孝行

anda
〜アンダ
あなた、あなたの〜

anemia
アネミア
貧血 p78

anggaran
アンガラン
予算

apel
アプル
リンゴ

anggota
アンゴタ
会員

anggun
アングン
上品

anggur
アングール
ブドウ、ワイン

anggur merah
アングール メラー
赤ワイン

anggur putih
アングール プティー
白ワイン

angin
アンギン
風

angka
アンカ
数、数字 p30

angkat
アンカッ
持ち上げる

angkatan darat
アンカタン ダラッ
陸軍

angkatan laut
アンカタン ラウッ
海軍

angkatan udara
アンカタン ウダラ
空軍

animasi
アニマシ
アニメ p65

anjing
アンジン
犬 p84

antik
アンティッ
アンティーク p37

anting
アンティン
イヤリング、ピアス

antipati
アンティパティ
反感

anus
アヌス
肛門 p79

apa kabar?
アパ カバール?
元気ですか?

apa saja
アパ サジャ
何でも

apa?
アパ?
なに? p86

apartemen
アパルトメン
アパート p68

api
アピ
火

aplikasi
アプリカシ
申請

apotek
アポテッ
薬局 p20,81

April
アプリル
4月 p44

arah
アラー
方向

arang
アラン
炭

arsitek
アルシテッ
建築家

arsitektur
アルシテクトゥール
建築

arti
アルティ
意味

artikel
アルティクル
記事

asam
アサム
すっぱい p47

asap
アサップ
けむり

asbak
アスバッ
灰皿

Asia
アシア
アジア

Asia Tenggara
アシア トゥンガラ
東南アジア

asin
アシン
しおからい p47

asma
アスマ
喘息 p80

aspirin
アスピリン
アスピリン p81

asrama
アスラマ
寄宿舎、寮

asuransi
アスランシ
保険

asuransi mobil
アスランシ モビル
自動車保険

asyik!
アシッ!
サイコー!

atap
アタップ
屋根

atas
アタス
上

atasan
アタサン
上司

atau
アタウ
それとも、または

atlet
アトレッ
選手

ATM
アーテーエム
ATM

Australia
アウストラリア
オーストラリア p17

awal
アワル
はじめ

awan
アワン
雲 p44

ayah
アヤー
父 p70

ayam
アヤム
ニワトリ p49,85

B

babi
バビ
ブタ p84

baca buku
バチャ ブク
読書

back packer
ベッ ペッカル
バックパッカー

badai
バダイ
台風 p45

badak
バダッ
サイ(動物) p24,84

bagaimana caranya?
バゲマナ チャラニャ?
どうやって? p86

bagaimana?
バゲマナ?
いかがですか?

bagian
バギアン
部分

bagian informasi
バギアン インフォル マシ
案内所 p10

bagus
バグス
すばらしい

bahagia	バハギア	しあわせ p89
bahan	バハン	材料
bahan bakar	バハン バカール	燃料
bahan pakaian	バハン パケアン	生地
bahasa	バハサ	言語
bahasa asing	バハサ アシン	外国語
bahasa Inggris	バハサ イングリス	英語
bahasa Jepang	バハサ ジパン	日本語
bahasa percakapan	バハサ プルチャカパン	口語
bahasa sastra	バハサ サストラ	文語
bahasa Tiongkok	バハサ ティオンコッ	中国語
bahaya	バハヤ	危険
bahu	バフ	肩 p79
baik	バイッ	いい、良い
baju	バジュ	上着 p34
baju bekas	バジュ ブカス	古着
baju lengan pendek	バジュ ルンガン ペンデッ	半袖 p34
baju renang	バジュ ルナン	水着 p34
baju seragam	バジュ スラガム	制服
baju wol	バジュ ウォル	セーター
bakat	バカッ	才能
bakteri	バッテリ	細菌
balai kota	バライ コタ	市役所
balita	バリタ	幼児
bambu	バンブ	竹
ban	バン	タイヤ
bandar udara	バンダール ウダラ	空港 p10
bangga	バンガ	誇る
bangkrut	バンクルッ	倒産する
bangsa	バンサ	民族
bangun	バングン	起きる
bangunan	バングナン	建物
banjir	バンジール	洪水、水害
bank	バン	銀行 p20,83
bantal	バンタル	まくら
banyak	バニャッ	たくさん、多い
banyak tahu	バニャッ タウ	くわしい（よく知っている）
banyaknya	バニャッニャ	量
bar	バール	バー
barang antik	バラン アンティッ	骨董品 p36
barang asli	バラン アスリ	ほんもの
barang bawaan	バラン バワアン	荷物 p19,83
barang berharga	バラン ブルハルガ	貴重品
barang hilang	バラン ヒラン	落とし物 p83
barang kerajinan tangan	バラン クラジナン タンガン	手芸品、民芸品 p37
barang palsu	バラン パルス	ニセモノ p39
barang rusak	バラン ルサッ	不良品
barang seni	バラン スニ	芸術品
barang bawaan	バラン バワアン	手荷物
barat	バラッ	西 p20,24
Barat	バラッ	西欧
barbekyu	バルベキュー	バーベキュー
baru	バル	新しい p34
baru diperas	バル ディプラス	しぼりたて
basah	バサー	濡れる
baskom	バスコム	洗面器
batas	バタス	制限、範囲
batas negara	バタス ヌガラ	国境
batas waktu	バタス ワクトゥ	期限
baterai	バテライ	電池、充電池
bath tub	バッタブ	バスタブ
batik	バティッ	バティック p37
batu	バトゥ	岩、石
batu karang	バトゥ カラン	サンゴ
batuk	バトゥッ	咳
bau	バウ	くさい、匂い
bawah	バワー	下
bawah tanah	バワー タナー	地下
bawahan	バワハン	部下 p71
bawang bombai	バワン ボンバイ	タマネギ
bawang putih	バワン プティー	ニンニク p48
bayangan	バヤンガン	影
bayar di muka	バヤール ディ ムカ	前払い
bayi	バイ	あかちゃん p70
bea cukai	ベア チュカイ	関税
bebas	ベバス	自由
bebas pajak	ベバス パジャッ	免税
bebek	ベベッ	アヒル p85
beberapa	ブブラパ	いくつかの
becak	ベチャッ	人力車
bekal	ブカル	べんとう
bekerja	ブクルジャ	はたらく
bekerjasama	ブクルジャサマ	協力する
bel	ベル	ベル
belajar	ブラジャール	勉強する、習う p86
belakang	ブラカン	後ろ、裏
Belanda	ブランダ	オランダ
belanja	ブランジャ	買い物（する） p32
belok	ベロッ	まがる（向きを変える）
belum ~	ブルム ~	まだ～ない p86
belum kawin	ブルム カウィン	未婚 p17
benang	ブナン	糸
benar	ブナール	ただしい
bencana	ブンチャナ	災難
benda	ブンダ	物
benda khas	ブンダ ハス	特産物（モノ）
bendera	ブンデラ	旗
bendera nasional	ブンデラ ナショナル	国旗
bengkel	ベンケル	修理工場
bengkok	ベンコッ	まがる（湾曲する）
bening	ブニン	透明な
bensin	ベンシン	ガソリン
bentuk	ブントゥッ	形
benua	ブヌア	大陸
beracun	ブラチュン	有害
berangkat	ブランカッ	出発する、発車する p86
berani	ブラニ	勇気がある p72
berantam	ブランタム	ケンカする p83
berapa	ブラパ	いくら、いくつ p33
berapa banyak	ブラパ バニャッ	何個 p31
berapa jam	ブラパ ジャム	何時間 p40
berapa macam	ブラパ マチャム	何種類
berapa orang	ブラパ オラン	何人 p31
berarti	ブルアルティ	意味する
beras	ブラス	米 p85
beras ketan	ブラス クタン	もち米
berat	ブラッ	重い p88
berat badan	ブラッ バダン	体重
beratnya	ブラッニャ	重さ
berbahaya	ブルバハヤ	あぶない
berbaring	ブルバリン	横になる
berbeda	ブルベダ	ちがう、差がある
berbicara	ブルビチャラ	話す
berbunyi	ブルブニ	鳴る
bercanda	ブルチャンダ	冗談を言う
bercerai	ブルチュライ	離婚する p71
berdandan	ブルダンダン	化粧する
berdarah	ブルダラー	出血する
berdebu	ブルドブ	ホコリっぽい
berdiri	ブルディリ	立つ
berdoa	ブルドア	いのる
berenang	ブルナン	泳ぐ p77
berganti	ブルガンティ	代わる
bergetar	ブルグタール	震える
berguna	ブルグナ	役に立つ
berharap	ブルハラップ	望む、期待する
berharga	ブルハルガ	値打ちがある
berhasil	ブルハシル	成功する
berhati-hati	ブルハティハティ	気をつける、用心する
berhenti	ブルフンティ	止まる
berhenti merokok	ブルフンティ ムロコッ	禁煙する
berhenti untuk sementara	ブルフンティ ウントゥッ スムンタラ	中断する
berhenti kerja	ブルフンティ クルジャ	退職
berimajinasi	ブルイマジナシ	想像する
berisik	ブリシッ	うるさい

beristirahat
ブルイスティラハッ
やすむ

berita
ブリタ
ニュース

berjalan
ブルジャラン
あるく p87

berjalan-jalan
ブルジャランジャラン
旅行する

berjuang
ブルジュアン
たたかう

berkabung
ブルカブン
喪中

berkarat
ブルカラッ
さびた

berkonsentrasi
ブルコンセントラシ
集中する

berkumpul
ブルクンプル
集まる

berkurang
ブルクラン
減る

berlaku
ブルラク
有効な

berlanjut
ブルランジュッ
つづく

berlari
ブルラリ
走る

berlian
ベルリアン
ダイヤモンド

bermain
ブルマイン
遊ぶ p75

bermimpi
ブルミンピ
夢を見る

bermukim
ブルムキム
居住する

bernegosiasi
ブルネゴシアシ
交渉する

bernilai
ブルニライ
価値がある

bernyanyi
ブルニャニ
歌う p74

berolahraga
ブルオラガ
運動する

beroperasi
ブルオプラシ
操作する

berpikir
ブルピキール
考える

berpindah
ブルピンダー
移動する

berpisah
ブルピサー
わかれる

berputar
ブルプタール
回る

bersabar
ブルサバール
我慢する、耐える

berselingkuh
ブルスリンクー
浮気する

bersembunyi
ブルスンブニ
かくれる

bersepeda
ブルスペダ
サイクリング p77

bersih
ブルシー
きれいな、清潔な

bersikap baik
ブルシカップ バイッ
態度がよい

bersikap buruk
ブルシカップ ブルッ
態度が悪い

bersuara
ブルスアラ
鳴く

bersulang
ブルスラン
乾杯する

bertambah
ブルタンバー
ふえる

bertanya
ブルタニャ
尋ねる

bertaruh
ブルタルー
賭ける

bertemu
ブルトゥム
会う

berteriak
ブルトゥリアッ
さけぶ

berterimakasih
ブルトゥリマカシー
感謝する

bertunangan
ブルトゥナンガン
婚約する p71

berubah
ブルウバー
変わる

beruntung
ブルウントゥン
運がいい、得する

berusaha
ブルウサハ
がんばる

berziarah
ブルジアラー
お参りする

besar
ブサール
大きい p35

besarnya
ブサールニャ
大きさ

besi
ブシ
鉄

besok
ベソッ
明日 p43

besok lusa
ベソッ ルサ
あさって p43

besok malam
ベソッ マラム
明晩 p43

besok pagi
ベソッ パギ
明朝 p43

betina
ブティナ
メス（雌）

BH
ベーハー
ブラジャー p34

biasa
ビアサ
普通

biaya
ビアヤ
費用、料金 p31

biaya hidup
ビアヤ ヒドゥップ
生活費

biaya pemakaian
ビアヤ プマケアン
使用料

biaya pos
ビアヤ ポス
郵便料金

biaya tambahan
ビアヤ タンバハン
別料金

bibir
ビビール
くちびる

bidang
ビダン
分野

biji
ビジ
タネ

biksu
ビックス
僧侶

bilang
ビラン
言う

bilyar
ビリヤール
ビリヤード p77

binatang
ビナタン
動物

binatang peliharaan
ビナタン プリハラアン
ペット

binatu
ビナトゥ
クリーニング

bingung
ビングン
悩む、迷う

bintang
ビンタン
星、スター p58,61

bintik-bintik
ビンティッビンティッ
じんましん

bioskop
ビオスコップ
映画館

bir
ビール
ビール p51

bir kaleng
ビール カレン
缶ビール

biru
ビル
青い p35

biru muda
ビル ムダ
水色 p35

bisa
ビサ
可能

bisa ~
ビサ ～
~できる p86

bisbol
ビスボル
野球

bisnis
ビスニス
ビジネス

bistik
ビスティッ
ステーキ

bisu tuli
ビス トゥリ
聾唖者

blus
ブルス
ブラウス

boarding pass
ボーディン パス
搭乗券

bocah
ボチャー
少年

bocor
ボチョール
漏る

bocor mulut
ボチョール ムルッ
口が軽い

bodoh
ボドー
バカ p73

bohong
ボホン
うそ

bola
ボラ
ボール

boleh pakai blitz
ボレー パケ ブリッツ
フラッシュ可

bolpen
ボルペン
ボールペン p39

bom
ボム
爆弾

bom atom
ボム アトム
原子爆弾

bon
ボン
レシート

boneka
ボネカ
人形

bonus
ボヌス
ボーナス

boros
ボロス
ムダづかい

bosan
ボサン
たいくつ、飽きる

botak
ボタッ
ハゲ

botol
ボトル
ビン

brendi
ブレンディ
ブランデー

bros
ブロス
ブローチ

brosur
ブロスール
パンフレット

buah
ブアー
実

buah kelapa
ブアー クラパ
ヤシの実 p53

buah-buahan
ブアブアハン
くだもの p53

buang
ブアン
すてる

buang air besar
ブアン アイル ブサール
うんちをする

buatan luar negeri
ブアタン ルアール ヌグリ
外国製 p39

buaya
ブアヤ
ワニ

bubuk
ブブッ
粉

bubur
ブブール
粥 p55

Buddist
ブディス
仏教徒

Budha
ブッダ
ブッダ

bujangan
ブジャンガン
独身 p71

buka toko
ブカトコ
開店する

bukit
ブキッ
丘

bukti
ブクティ
証拠、証明

bukti kehilangan
ブクティ クヒランガン
紛失証明 p83

buku
ブク
本

buku agenda
ブク アゲンダ
手帳

buku bergambar
ブク ブルガンバール
絵本

buku harian
ブク ハリアン
日記

buku panduan wisata
ブク パンドゥアン ウィサタ
ガイドブック

buku pelajaran
ブク プラジャラン
教科書

buku telepon
ブク テレポン
電話帳

buku tulis
ブク トゥリス
ノート

bulan
ブラン
月

bulan depan
ブラン ドゥパン
来月 p43

bulan ini
ブラン イニ
今月 p43

bulan lalu
ブラン ラル
先月 p43

bulan madu
ブラン マドゥ
新婚旅行

bule
ブレ
西洋人

bulu
ブル
毛

bulu binatang
ブル ビナタン
毛皮

bulu mata
ブル マタ
まつげ

bulu tangkis
ブル タンキス
バドミントン p59,77

bumbu
ブンブ
調味料、香辛料 p36,48

bumi
ブミ
地球

bundar
ブンダール
まるい

bunga
ブンガ
花

bunga bangkai
ブンガ バンカイ
ラフレシア

bunga sakura
ブンガ サクラ
サクラ

bungalo
ブンガロー
バンガロー

bungkusan
ブンクサン
包装

bunuh diri
ブヌー ディリ
自殺(する)

bunyi
ブニ
音

buru-buru
ブルブル
いそぐ

buruh
ブルー
労働者

buruk
ブルッ
悪い

buruk rupa
ブルッ ルパ
みにくい

burung
ブルン
鳥、おちんちん p85

burung beo
ブルン ベオ
オウム

burung kecil
ブルン クチュ
小鳥

bus
ブス
バス p22

bus antar propinsi
ブス アンタル プロピンシ
長距離バス

busuk
ブスッ
腐る

butir
ブティール
粒

butuh
ブトゥー
必要(とする)

C

cabe
チャベ
トウガラシ

cahaya
チャハヤ
光

campur
チャンプール
混ぜる

capek
チャペッ
つかれた p78

cara
チャラ
方法

carter
チャルタル
チャーター

cas
チャス
充電

cat
チェッ
ペンキ

CD
シーディー
CD

cecak
チチャッ
ヤモリ

cedera
チュドゥラ
ケガ p78

cek
チェッ
チェック(小切手)

cek perjalanan
チェッ プルジャラナン
トラベラーズ チェック

celana
チュラナ
ズボン p34

celana dalam
チュラナ ダラム
パンツ p34

celana pendek
チュラナ ペンデッ
半ズボン p34

cemburu
チュンブル
嫉妬(する)

cemerlang
チュムルラン
あざやか

cepat
チュパッ
速い、早い p89

cerah
チュラー
晴れ

cerdas
チュルダス
かしこい

ceret
チェレッ
やかん p68

cerewet
チュルウェッ
口うるさい

ceria
チュリア
明るい(性格)p72

cerita seram
チュリタ スラム
怪談

cermin
チュルミン
鏡

ceroboh
チュロボー
無謀

cerobong
チュロボン
煙突

cerutu
チュルトゥ
葉巻

charger
チャルジャル
充電器 p38

check in
チェッキン
チェックイン p19

check out
チェッカウ
チェックアウト p19

cincin
チンチン
指輪

cinta
チンタ
愛、恋

cinta negeri
チンタ ヌグリ
愛国心

ciptaan
チプタアン
創作

ciri
チリ
特徴

ciut
チウッ
ちぢむ

Coca Cola
コカコラ
コカコーラ

cocok
チョチョッ
気があう、似合う

collect call
コレッ コール
コレクトコール

contoh
チョントー
サンプル、見本

copet
チョペッ
スリ p67,83

cuaca
チュアチャ
天気 p44

cuci cetak
チュチ チェタッ
焼き増し

cuci muka
チュチ ムカ
洗顔

cucu
チュチュ
孫 p70

cuka
チュカ
酢 p48

cukup
チュクップ
たりる、充分

cukuran kumis
チュクラン クミス
ヒゲそり

cumi-cumi
チュミチュミ
イカ p49

cuti
チュティ
休暇

D

dada
ダダ
胸 p79

dadu
ダドゥ
サイコロ

daerah
ダエラー
地方

daerah jajahan
ダエラー ジャジャハン
植民地

daerah kumuh
ダエラー クムー
スラム

dagang
ダガン
商売

daging
ダギン
肉 p49

daging anjing
ダギン アンジン
犬の肉

daging ayam
ダギン アヤム
トリ肉 p49

daging babi
ダギン バビ
ブタ肉 p49

daging kodok
ダギン コドッ
カエルの肉 p49

daging sapi
ダギン サピ
牛肉 p49

dahak
ダハッ
痰

dalam
ダラム
深い、中

damai
ダマイ
平和

dan ~
~ ダン ~
~ と ~

dan lain-lain
ダン ラインライン
その他

danau
ダナウ
湖

dangkal
ダンカル
浅い

dansa
ダンサ
ダンス

dapur
ダプール
台所 p68

darah
ダラー
血 p81

darat
ダラッ
陸

darurat
ダルラッ
緊急、臨時

dasar
ダサール
基本、底

dasar laut
ダサール ラウッ
海底

dasi
ダシ
ネクタイ

data
ダタ
データ

datang
ダタン
来る

dataran tinggi
ダタラン ティンギ
高原

daun
ダウン
葉 p49

daya konsentrasi
ダヤ コンセントラシ
集中力

daya tahan
ダヤ タハン
耐久性

debu
ドゥブ
ホコリ

deflasi
デフラシ
デフレ

dehidrasi
デヒドラシ
脱水症

dekat
ドゥカッ
近い p20

delapan
ドゥラパン
8 p30

demam
ドゥマム
熱が出る

demo
デモ
デモ

demokrasi
デモクラシ
民主主義

dendam
ドゥンダム
うらむ、怨念

dengan ~
ドゥンガン ~
~と一緒に

dengkul
ドゥンクル
ひざ p79

denyut nadi
ドゥニュッ ナディ
脈拍

depan
ドゥパン
正面、前

department store
デパルトメン ストール
デパート

depresi
デプレシ
鬱

desa
デサ
村

desain
デサイン
デザイン

Desember
ディセンブル
12月 p44

di mana saja
ディ マナ サジャ
どこでも

dia
ディア
彼、彼女

diabetes
ディアベテス
糖尿病

diagnosa
ディアグノサ
診断

dialek
ディアレッ
方言

diam
ディアム
じっとしている

diare
ディアレ
下痢(をする)p78

dibagi
ディバギ
割る(割り算)

diberikan
ディブリカン
もらう

diet
ディエッ
ダイエット

diizinkan untuk memotret
ディイジンカン ウントゥッ ムモトレッ
撮影可

dijahit
ディジャヒッ
仕立てる

dilarang masuk
ディララン マスッ
立入禁止

dilarang memotret
ディララン ムモトレッ
撮影禁止

dilarang pakai blitz
ディララン パケ ブリッツ
フラッシュ禁止

dilarang parkir
ディララン パルキル
駐車禁止

dinding
ディンディン
壁

dingin
ディンギン
つめたい、さむい p88

dipecat
ディプチャッ
首になる(解雇)

diplomasi
ディプロマシ
外交

diplomat
ディプロマッ
外交官

direktur
ディレクトゥール
重役

diri sendiri
ディリ スンディリ
自分

disentri
ディセントリ
赤痢 p80

diskon
ディスコン
割引き、値引きする

diskotik
ディスコティッ
ディスコ

125

distrik
ディストリッ
区

divisi
ディフィシ
部署

dokter
ドクトゥル
医者 p80

dokter gigi
ドクトゥル ギギ
歯医者 p80

dokter mata
ドクトゥル マタ
眼科 p80

dokumen
ドクメン
書類

dokumen yang dibutuhkan
ドクメン ヤン ディブトゥーカン
必要書類

Dolar
ドラール
ドル p31

domitori
ドミトリ
ドミトリー p18

dompet
ドンペッ
サイフ

dosa
ドサ
罪

dot
ドッ
水玉

dry cleaning
ドライ クリーニン
ドライクリーニング

dua
ドゥア
2 p30

dua kali lipat
ドゥア カリ リパッ
2倍 p31

dua-duanya
ドゥアドゥアニャ
両方

duduk
ドゥドゥッ
すわる

duit
ドゥイッ
カネ (money) p31

duluan
ドゥルアン
先に

dunia
ドゥニア
世界

duren
ドゥレン
ドリアン p53

duta besar
ドゥタ ブサール
大使

DVD
ディーフィーティー
DVD

E

eceran
エチェラン
小売り

editor
エディトール
編集者

egois
エゴイス
わがまま、自分勝手

ekonomi
エコノミ
経済

ekspedisi
エクスペディシ
遠征

ekspor
エクスポール
輸出

elang
ウラン
タカ

e-mail
イーメル
Eメール p90

emas
ウマス
金

emas murni
ウマス ムルニ
純金

empat
ウンパッ
4 p30

empat musim
ウンパッ ムシム
四季 p44

empuk
ウンプッ
やわらかい

enak
エナッ
おいしい、気持ちいい p47

enam
ウナム
6 p30

energi
エネルギ
エネルギー

Eropa
エロパ
ヨーロッパ

es
エス
氷 p46,51

es kopi
エス コピ
アイスコーヒー p51

eskalator
エスカラトール
エスカレーター

estimasi
エスティマシ
見積もり

etika
エティカ
道徳

extension
エクステンション
内線

extra bed
エキストラ ベッ
エキストラベッド p18

F

famili
ファミリ
親戚

fashion
フェッション
ファッション

fasilitas
ファシリタス
施設、設備

fax
フェックス
ファックス

Februari
フェブルアリ
2月 p44

festival
フェスティファル
祭り

file
ファイル
ファイル

Filipina
フィリピナ
フィリピン p0

film
フィルム
映画、フィルム p75

film berwarna
フィルム ブルワルナ
カラーフィルム

flu
フルー
風邪 p78

formal
フォルマル
フォーマル

format
フォルマッ
形式

foto
フォト
写真 p15,90

fotocopy
フォトコピー
コピーする

fotografer
フォトグラファル
カメラマン

G

gading
ガディン
象牙

gadis
ガディス
少女

gagal
ガガル
失敗 (する)

gajah
ガジャー
ゾウ p24,84

gaji
ガジ
給料

gandum
ガンドゥム
小麦

gang
ガン
路地

ganteng
ガンタン
ハンサム p89

ganti baju
ガンティ バジュ
着替える

ganti kendaraan
ガンティ ケンダラアン
乗り換える

ganti rugi
ガンティ ルギ
損害賠償、弁償、AH777 補償

garam
ガラム
塩 p48

garis
ガリス
線

garis-garis
ガリスガリス
縞

garpu
ガルプ
フォーク (食器) p46

gas
ガス
アクセル、ガス

gatal
ガタル
かゆい

gawat
ガワッ
たいへん、まずい (事態)

gedung
グドゥン
ビル

gedung kesenian
グドゥン クスニアン
劇場

gedung pencakar langit
グドゥン ブンチャカール ランギッ
高層ビル

gejala
グジャラ
症状

gelang
グラン
ブレスレット

gelap
グラップ
暗い

gelas
グラス
コップ

geli
グリ
くすぐったい

gembira
グンビラ
喜ぶ

gemuk
グムッ
ふとった p88

gencet
グンチェッ
いじめる

geografi
ゲオグラフィ
地理

gerbang
グルバン
門

gerbong restoran
グルボン レストラン
食堂車

gereja
グレジャ
教会

gergaji
グルガジ
のこぎり

gerilya
グリルヤ
ゲリラ

gigi
ギギ
歯 p79

gigi geraham
ギギ グラハム
奥歯 p79

gigitan serangga
ギギタン スランガ
ムシ刺され p78

ginjal
ギンジャル
腎臓 p80

gizi
ギジ
栄養

golf
ゴルフ
ゴルフ p19

golongan darah
ゴロンガン ダラー
血液型

gorden
ゴルデン
カーテン

gosip
ゴシップ
噂

gram
グラム
グラム p31

gratis
グラティス
無料

grogi
グロギ
緊張する

guci
グチ
瓶 (カメ)

gudang
グダン
倉庫、物置

gula
グラ
砂糖 p46,48

gunting
グンティン
はさみ

gunting kuku
グンティン クク
つめ切り

gunung
グヌン
山

gunung api
グヌン アピ
火山

gurita
グリタ
タコ p49

guru
グル
教師 p16

gurun pasir
グルン パシール
砂漠

H

hadiah
ハディアー
賞品

hak
ハッ
権利、資格

halaman
ハラマン
ページ、庭

halo
ハロ
もしもし p12

halte bus
ハルテ ブス
バス停 p22

hamburger
ハンブルグル
ハンバーガー

hamil
ハミル
妊娠 (する)

hampir
ハンピール
ほとんど

hampir semuanya
ハンピール スムア ニャ
ほとんど全部

hand body
ヘンボディ
ハンドクリーム

hand carry
ヘン キャリー
機内持ち込み p10

handphone
ヘンフォン
携帯電話 p38

handuk
ハンドゥッ
タオル

handuk mandi
ハンドゥッ マンディ
バスタオル

hangat
ハンガッ
暖かい p44

hangus
ハングス
こげる

hantu
ハントゥ
オバケ

harapan
ハラパン
望み

harga
ハルガ
値段

harga barang
ハルガ バラン
物価

harga tiket masuk
ハルガ ティケッ マ スッ
入場料

hari
ハリ
日 p42

hari ini
ハリ イニ
今日 p43

hari Jumat
ハリ ジュマッ
金曜日 p43

hari Kamis
ハリ カミス
木曜日 p43

hari libur
ハリ リブール
休日 p76

hari Minggu
ハリ ミング
日曜日 p43

hari pembayaran
ハリ プンバヤラン
支払い日 p42

hari peringatan
ハリ プリンガタン
記念日 p44

hari Rabu
ハリ ラブ
水曜日 p43

hari raya
ハリ ラヤ
祭日 p44

hari Sabtu
ハリ サブトゥ
土曜日 p43

hari Selasa
ハリ スラサ
火曜日 p43

hari Senin
ハリ スニン
月曜日 p43

hari ulang tahun
ハリ ウラン タフン
誕生日 p42

harimau
ハリマウ
トラ p84

hasil
ハシル
結果

hasil laut
ハシル ラウッ
魚貝類 p49

hati
ハティ
肝臓、心 p80

haus
ハウス
のどが乾く p51

hebat
ヘバッ
えらい

heroin
ヘロイン
ヘロイン

hidung
ヒドゥン
鼻 p79

hidup
ヒドゥップ
生きる

higienis
ヒギエニス
衛生的

hijau
ヒジャウ
緑色 p35

hilang
ヒラン
消える

hio
ヒオ
線香

hitam
ヒタム
黒い p35

hobi
ホビ
趣味 p74

Hong Kong
ホンコン
香港 p17

hormat
ホルマッ
尊敬

hotel
ホテル
ホテル p18

hubungan
フブンガン
関係

hujan
フジャン
雨 p44

hukum
フクム
法律

humor
フモール
ユーモア

huruf
フルッフ
文字

hutan
フタン
森

hutang
フタン
借金

I

ibu
イブ
母 p70

ibu kota
イブ コタ
首都 p24,26

ibu rumah tangga
イブ ルマー タンガ
主婦 p16

ide
イデ
アイデア

ideal
イデアル
理想

ikan
イカン
魚 p49,85

ikan hiu
イカン ヒウ
サメ

ikan lele
イカン レレ
ナマズ

ikan paus
イカン パウス
クジラ

ikan tuna
イカン トゥナ
マグロ

ikat pinggang
イカッ ピンガン
ベルト

iklan
イックラン
広告

iklim
イクリム
気候 p44

ilegal
イレガル
不法

ilmu ekonomi
イルム エコノミ
経済学

ilmu hukum
イルム フクム
法学

ilmu kimia
イルム キミア
化学

ilmu sains
イルム サインス
科学

ilmuwan
イルムワン
学者

imigrasi
イミグラシ
入管 p10

impor
インポール
輸入

impoten
インポテン
インポテンツ

imunisasi
イムニサシ
予防接種

indah
インダー
きれいな、美しい p90

India
インディア
インド

Indonesia
インドネシア
インドネシア p17

indung telur
インドゥン トゥルール
卵巣

industri
インドゥストゥリ
工業

industrisasi
インドゥストゥリサシ
工業化

inflasi
インフラシ
インフレ

influenza
インフルエンザ
インフルエンザ p80

informasi
インフォルマシ
情報

ingat
インガッ
覚えている、覚える

ingatan
インガタン
記憶

Inggris
イングリス
イギリス p17

ingus
イングス
鼻水

ini
イニ
この、これ

Injil
インジル
聖書

itik
イティッ
鴨

itu
イトゥ
あの、あれ、その、それ

izin
イジン
許可

instansi pemerintah
インスタンシ プムリンター
役所

inteligen
インテリゲン
知的

internasional
イントゥルナショナル
国際

internet
イントゥルネッ
インターネット p19,38,74

internis
イントゥルニス
内科 p80

invasi
インファシ
侵入

insinyur
インシニュール
技師

insomnia
インソムニア
不眠症

Irak
イラッ
イラク

iri hati
イリ ハティ
うらやましい

ironi
イロニ
皮肉

isi
イシ
内容

isi kuota/pulsa
イシ クオタ／プルサ
プリペイドカードのチャージ p38

Israel
イスラエル
イスラエル

istana
イスタナ
宮殿、城

istirahat
イスティラハッ
やすみ、休憩

istirahat siang
イスティラハッ シアン
昼休み

istri
イストゥリ
妻 p70

isyarat
イシャラッ
合図

Italia
イタリア
イタリア

J

jabat tangan
ジャバッ タンガン
握手する p45

jadi nakal
ジャディ ナカル
ぐれる

jadwal keberangkatan
ジャドゥワル クブラン カタン
時刻表

jagung
ジャグン
トウモロコシ

jahil
ジャイル
いたずら

jalan
ジャラン
道、通り p20

jalan kaki
ジャラン カキ
徒歩

jalan pintas
ジャラン ピンタス
近道

jalan satu arah
ジャラン サトゥ アラー
一方通行

jalan tol
ジャラン トル
高速道路、有料道路

jalan-jalan
ジャランジャラン
散歩(する) p20,75

jalan-jalan sendiri
ジャランジャラン スンディリ
ひとり旅

jalur domestik
ジャルール ドメスティック
国内線 p10

jalur internasional
ジャルール イントゥルナショナル
国際線

jam
ジャム
時計 p41

jam berapa
ジャム ブラパ
何時 p40

jam 12 siang
ジャム ドゥアプラス シアン
正午 p41

jam tangan
ジャム タンガン
腕時計 p38

jaminan
ジャミナン
保証

jamu
ジャムウ
ジャムウ p67,81

jamur
ジャムール
キノコ

janda
ジャンダ
未亡人

jangan main-main!
ジャンガン マインマイン
ふざけるな!

jangka panjang
ジャンカ パンジャン
長期

jangka pendek
ジャンカ ペンデッ
短期

jangka waktu
ジャンカ ワクトゥ
期間

janji
ジャンジ
約束

janjian
ジャンジアン
待ち合わせ

jantan
ジャンタン
オス

jantung
ジャントゥン
心臓 p80

Januari
ジャヌアリ
1月 p44

jarak
ジャラッ
距離

jarang ~
ジャラン ~
めったに~ない

jari
ジャリ
指 p79

jari kelingking
ジャリ クリンキン
小指 p79

jaring
ジャリン
網

jaringan
ジャリンガン
ネットワーク

jarum
ジャルム
針

jatuh
ジャトゥー
ころぶ、たおれる、落ちる

jatuh cinta
ジャトゥー チンタ
恋する

jauh
ジャウー
遠い p20

jawaban
ジャワバン
答え、返事

jazz
ジェス
ジャズ p60

jembatan
ジュンバタン
橋

Column 1

jempol
ジュンポル
親指 p79

jemur
ジュムール
干す

jendela
ジュンデラ
窓

jenis
ジュニス
種類

jenius
ジェニウス
天才

jenuh
ジュヌー
うんざりする、嫌
になる

Jepang
ジパン
日本 p64

jernih
ジュルニー
澄んだ

jeruk bali
ジュルッ バリ
ザボン p53

jeruk nipis
ジュルッ ニピス
ライム

jeruk sankist
ジュルッ サンキスト
オレンジ p53

jins
ジンス
ジーンズ

jiwa
ジワ
精神

juara
ジュアラ
優勝

juara dua
ジュアラ ドゥア
2等（2等賞）

juara tiga
ジュアラ ティガ
3等（3等賞）

judi
ジュディ
賭けごと p75

judul
ジュドゥル
題名

jujur
ジュジュール
正直

Juli
ジュリ
7月 p44

Column 2

julukan
ジュルカン
愛称

jumlah orang
ジュムラー オラン
人数

Juni
ジュニ
6月 p44

jurnalis
ジュルナリス
ジャーナリスト

jurusan
ジュルサン
学科、専攻

jurusan ~
ジュルサン ~
~行き p22

jus
ジュス
ジュース p53

K

kabel
カブル
ケーブル

kabupaten
カブパテン
県

kabut
カブッ
霧

kaca
カチャ
ガラス

kacamata
カチャマタ
メガネ

kacang
カチャン
豆

kacang kedelai
カチャン クデレイ
大豆

kadal
カダル
トカゲ p84

kadaluwarsa
カダルワルサ
有効期限

kado
カド
プレゼント

kafe internet
カフェ イントゥルネッ
インターネットカ
フェ p20

kafe internet
カフェ イントゥルネッ
ネットカフェ

kagum
カグム
感心する

Column 3

kain
カイン
布 p37

kain kasa
カイン カサ
ガーゼ

kakak
カカッ
兄、姉 p70

kakak laki-laki
カカッ ラキラキ
兄 p70

kakak perempuan
カカッ プルンプアン
姉 p70

kakek
カケッ
祖父 p70

kaki
カキ
足 p79

kalah
カラー
負ける

kalajengking
カラジュンキン
サソリ

kalau ~
カロウ ~
もし~ならば

kalender
カレンデル
カレンダー p42

kaleng
カレン
缶

kali
~ カリ
~回

kali ini
カリ イニ
今回、今度

kali lipat
~ カリ リパッ
~倍

kalian
カリアン
あなたたち

kalimat
カリマッ
文章

kalkun
カルクン
七面鳥

kalung
カルン
ネックレス

kamar
カマール
部屋 p68

kamar dengan
double bed
カマール ドゥンガン
ドゥブ ベッ
ダブルルーム p18

Column 4

kamar dengan
single bed
カマール ドゥンガン
シングル ベッ
シングルルーム

kamar dengan
twin bed
カマール ドゥンガン
トゥイン ベッ
ツインルーム p18

kamar mandi
カマール マンディ
風呂

kambing
カンビン
ヤギ p49,84

Kamboja
カンボジャ
カンボジア

kamera
カメラ
カメラ p38

kamera digital
カメラ ディジタル
デジタルカメラ

kamera video
カメラ フィデオ
ビデオカメラ

kami/kita
カミ／キタ
私たち

kampung
カンプン
いなか

kampung
halaman
カンプン ハラマン
故郷

kamu
カム
おまえ p94

kamus
カムス
辞書

kan
（)＋カン
~してあげる

Kanada
カナダ
カナダ

kanan
カナン
右 p20

kancing
カンチン
ボタン

kangen
カンゲン
なつかしい

kanker
カンケル
ガン p80

kantong
カントン
ポケット

Column 5

kantong kemih
カントン クミー
膀胱 p80

kantong teh
カントン テー
ティーバック

kantong plastik
カントン プラスティッ
ビニール袋

kantor
カントール
会社、事務所

kantor pemadam
kebakaran
カントール プマダム
クバカラン
消防署

kantor polisi
カントール ポリシ
警察署

kantor pos
カントール ポス
郵便局

kantor bea cukai
カントール ベア チュ
カイ
税関 p10

kaos kaki
カオス カキ
くつした

kaos oblong
カオス オブロン
Tシャツ p34

kapal
カパル
船

kapal feri
カパル フェリ
フェリーボート

kapan saja
カパン サジャ
いつでも

kapan?
カパン?
いつ? p42

kapan-kapan
カパンカパン
いつか

kapas
カパス
脱脂綿

kapitalis
カピタリス
資本家

kapitalisme
カピタリスム
資本主義

karantina
カランティナ
検疫

karaoke
カラオケ
カラオケ p75

karate
カラテ
空手 p64

Column 6

karcis PP
カルチス ペーペー
往復切符

karcis satu kali
jalan
カルチス サトゥ カリ
ジャラン
片道切符

karena
カルナ
なぜならば

karet gelang
カレッ グラン
輪ゴム

kartu
カルトゥ
カード、トランプ

kartu anggota
カルトゥ アンゴタ
会員証

kartu ATM
カルトゥ アーテーエム
キャッシュカード

kartu identitas
カルトゥ イデンティタス
身分証明書

kartu imigrasi
カルトゥ イミグラシ
出国カード、入国
カード p10

kartu kredit
カルトゥ クレディッ
クレジットカード
p33

kartu nama
カルトゥ ナマ
名刺

kartu pos
カルトゥ ポス
はがき

kartu pos
bergambar
カルトゥ ポス ブルガ
ンバール
絵はがき

kartu ATM
カルトゥ アーテーエム
ATMカード

karya sastra
カルヤ サストラ
文芸作品

karyawan
カルヤワン
会社員 p16

kasar
カサール
荒い／粗い

kaset
カセッ
カセットテープ

kaset video
カセッ フィデオ
ビデオテープ

kasih sayang
カシー サヤン
愛情

Column 7

kasihan
カシハン
かわいそう

kasino
カシノ
カジノ

kasir
カシール
レジ、会計係

kasus
カースス
事件

kata
カタ
ことば、単語

kata benda
カタ ブンダ
名詞

Katolik
カトリッ
カトリック

katulistiwa
カトゥリスティワ
赤道

katun
カトゥン
綿

kawat
カワッ
針金

kaya
カヤ
ゆたか

KB
カーベー
避妊する p71

keadaan
クアダアン
状態

keadaan darurat
クアダアン ダルラッ
ピンチ

keadaban
クアダバン
文明

keadilan
クアディラン
正義

keajaiban
クアジャイバン
不思議

keamanan
クアマナン
安全

keasyikan
クアシカン
夢中

kebahagiaan
クバハギアアン
幸福 p89

kebaikan hati
クバイカン ハティ
親切

kebakaran
クバカラン
火事

kebakaran hutan
クバカラン フタン
山火事

kebenaran
クブナラン
真実

keberangkatan
クブランカタン
出国

keberangkatan pertama
クブランカタン プルタマ
始発 p22,40

keberuntungan
クブルウントゥンガン
運、幸運

kebetulan
クブトゥラン
偶然

kebiasaan
クビアサアン
習慣

kebudayaan
クブダヤアン
文化

kebun
クブン
農園

kebun binatang
クブン ビナタン
動物園 p84

kebun tumbuh-tumbuhan
クブン トゥンブートゥン ブハン
植物園

keburu
クブル
まにあう

kecamatan
クチャマタン
郡

kecap
ケチャップ
ソース

kecap asin
ケチャップ アシン
しょうゆ

kecelakaan
クチュラカアン
事故 p83

kecelakaan lalu lintas
クチュラカアン ラル リンタス
交通事故 p83

kecepatan
クチュパタン
スピード

kecil
クチル
ちいさい

kecoa
クチョア
ゴキブリ p85

kecuali ~
クチュアリ ～
～以外

kecurian
クチュリアン
盗難 p83

kecurigaan
クチュリガアン
疑い

kedinginan
クディンギナン
寒気

kedudukan
クドゥドゥカン
地位

kedutaan besar
クドゥタアン ブサール
大使館 p83

kegiatan
クギアタン
活動

kehadiran
クハディラン
出席

kehidupan
クヒドゥパン
生活

kehilangan
クヒランガン
うしなう、紛失する

keikhlasan
クイフラサン
誠意

kejahatan
クジャハタン
犯罪

kejam
クジャム
ひどい（残酷）

keju
ケジュ
チーズ

kekanak-kanakan
クカナッカナカン
こどもっぽい

kekerasan
ククラサン
暴行

kekuatan
ククアタン
パワー（力）

kekurangan
ククランガン
欠点、短所

kelab malam
クラブ マラム
ナイトクラブ

kelambu
クランブ
蚊帳

kelapa
クラパ
ヤシ

kelaparan
クラパラン
飢える

kelas dua
クラス ドゥア
2等（汽車などのランク）

kelas menengah
クラス ムヌンガー
中級

kelas tiga
クラス ティガ
3等（汽車などのランク）

kelebihan
クルビハン
超過、長所

kelelahan
クルラハン
過労

kelelawar
クルラワール
コウモリ

kelembapan
クルンバパン
湿度

kelinci
クリンチ
ウサギ p84

keluar
クルアール
出る

keluar rumah sakit
クルアール ルマー サキッ
退院 p80

keluarga
クルアルガ
家族 p70

keluhan
クルハン
苦情

kemampuan
クマンプアン
能力

kemarin
クマリン
昨日、先日 p43

kemarin lusa
クマリン ルサ
おととい p43

kembali
クンバリ
ふたたび

kembalian
クンバリアン
おつり

kemeja
クメジャ
シャツ p34

kempes
クンペス
パンク

kemudahan
クムダハン
便利

kemungkinan
クムンキナン
可能性

kenalan
クナラン
知人 p71

kenangan
クナンガン
思い出

kenang-kenangan
クナンクナンガン
記念

kenapa?
クナパ?
なぜ? p86

kencing
クンチン
しょうべん

kendaraan
クンダラアン
乗り物 p22

kental
クンタル
濃い

kentang
クンタン
ジャガイモ

kentut
クントゥッ
おなら

kenyang
クニャン
お腹が一杯 p47

kenyataan
クニャタアン
現実

kepala
クパラ
頭 p79

kepala desa
クパラ デサ
村長

kepala sekolah
クパラ スコラー
校長

kepala stasiun
クパラ スタシウン
駅長

keperluan sehari-hari
クプルルアン スハリハリ
日用品 p38

kepiting
クピティン
カニ p49

keponakan
クポナカン
おい（甥）、めい（姪）p70

keputusan
クプトゥサン
決定

keracunan makanan
クラチュナン マカナン
食あたり p78

kerah
クラー
エリ（襟）

keramik
クラミッ
陶器

kerang
クラン
貝 p49

keranjang
クランジャン
カゴ

keras
クラス
硬い

keras kepala
クラス クパラ
頑固

kerbau
クルバウ
水牛 p84

keren
クレン
カッコイイ p89

kereta
クレタ
列車

kereta api
クレタ アピ
鉄道 p22

kereta bayi
クレタ バイ
ベビーカー

kereta ekspres
クレタ エクスプレス
急行列車

kereta api
クレタ アピ
汽車 p22

kering
クリン
乾く、乾燥した

keringat
クリンガッ
汗

keriting
クリティン
パーマ

kerja sampingan
クルジャ サンピンガン
アルバイト

kertas
クルタス
紙

kertas tisu
クルタス ティスー
ティッシュペーパー

kerugian
クルギアン
損害

kerusakan lingkungan hidup
クルサカン リンクンガン ヒドゥップ
環境破壊

kesal
クサル
気分が悪い

kesalahan
クサラハン
まちがい

kesan
クサン
感想、印象

kesehatan
クセハタン
健康

kesejahteraan sosial
クスジャートゥラアン ソシアル
社会福祉

keseleo
クスレオ
ネンザする p79

kesempatan
クスンパタン
チャンス、機会

kesenian
クスニアン
芸術、美術

kesepian
クスピアン
さびしい、孤独な

ketat
クタッ
きつい

ketenaran
クテナラン
名声

ketik
クティッ
タイプする

ketimun
クティムン
キュウリ

ketinggalan zaman
クティンガラン ザマン
時代遅れ

ketularan
クトゥララン
感染する p80

keturunan
クトゥルナン
遺伝

keuangan
クウアンガン
経理

kewarganegaraan
クワルガヌガラアン
国籍 p17

khas
ハス
独特

khawatir
カワティール
心配する

khusus
クースス
特別

kilauan
キラウアン
光沢

kilogram
キログラム
キログラム p31

kilometer
キロメトル
キロメートル p31

kini
キニ
現在

kira-kira
キラキラ
だいたい、約（およそ）

kira-kira ~
キラキラ ～
およそ～

kiri
キリ
左 p20

kirim SMS
キリム エスエムエス
SMSする

klasik
クラシッ
クラシック p60

klinik kebidanan
クリニック クビダナン
産婦人科 p80

kode pos
コドゥ ポス
郵便番号

kode wilayah
コドゥ ウィラヤー
市外局番

kodok
コドッ
カエル p84

koki
コキ
コック

kolam
コラム
池

kolera
コレラ
コレラ p80

komedi
コメディ
喜劇

komik
コミッ
マンガ p39,65

komisi
コミシ
手数料

kompor gas
コンポール ガス
ガスコンロ p68

kompres
コンプレス
湿布

komputer
コンプートゥル
パソコン p34,74

komunisme
コムニスム
共産主義

kondektur
コンデクトゥール
車掌

kondom
コンドーム
コンドーム p39,71

konser
コンセール
コンサート

konstruksi
コンストルクシ
工事

konsulat jenderal
コンスッツ ジェンデラル
領事館

konsultasi
コンスルタシ
相談

kontraktor
コントラクトール
建設業

kopi
コピ
コーヒー p51

kopi panas
コピ パナス
ホットコーヒー
p51

kopling
コップリン
クラッチ

kopor
コポール
スーツケース

koran
コラン
新聞 p39

korban
コルバン
犠牲

Korea Selatan
コレア スラタン
韓国 p17

Korea Utara
コレア ウタラ
北朝鮮（朝鮮民主
主義人民共和国）

korek
コレッ
マッチ

korek api
コレッ アピ
ライター

kosmetik
コスメティッ
化粧品

130

kosong
コソン
ゼロ、空いている
p30

kota
コタ
市、町、都市

kotak
コタッ
箱

kotak pos
コタッ ポス
ポスト

kotor
コトール
きたない、よごれ
る

kotoran
コトラン
糞

krisis
クリシス
危機

krisis ekonomi
クリシス エコノミ
経済危機

kuah
クアー
汁

kuas
クアス
筆

kuat
クアッ
じょうぶ、つよい

kucing
クチン
ネコ p84

kuda
クダ
馬 p84

kudeta
クデタ
クーデター

kue
クエ
菓子

kue tar
クエ タール
ケーキ p52

kuku
クク
爪 p79

kulit
クリッ
革、皮膚

kulit sapi
クリッ サピ
牛革

kulkas
クルカス
冷蔵庫

kumis
クミス
ヒゲ

kunci
クンチ
カギ

kunci duplikat
クンチ ドゥプリカッ
合鍵

kuning
クニン
黄色 p35

kunyit
クニッ
ターメリック

kuota
クオタ
プリペイドカード
の残額（データ用）

kuping
クピン
耳 p79

kupu-kupu
クプクプ
蝶 p85

kura-kura
クラクラ
亀 p84

kurang
クラン
たりない、少ない

kurs
クルス
為替レート、レー
ト p31

kursi
クルシ
椅子

kursi roda
クルシ ロダ
車イス

kursi VIP
クルシ フィップ
指定席 p23

kurus
クルス
やせた、細い

kutek
クテッ
マニキュア p19

kwitansi
クウィタンシ
領収書

L

laba-laba
ラババラバ
クモ

labu
ラブ
カボチャ

lada
ラダ
コショウ p48

ladang
ラダン
畑

lafal
ラファル
発音 p15

lagi
～ ラギ ～
また ～

lagu
ラグ
歌 p60

lagu kebangsaan
ラグ クバンサアン
国歌

lagu rakyat
ラグ ラクヤッ
フォークソング

lahir
ラヒール
生まれる

lain
ライン
ほかの

lain dari yang
lain
ライン ダリ ヤン ライ
ン
個性的

lain kali
ライン カリ
今度（次回）

lalat
ララッ
ハエ p85

lalu
ラル
そして、それから

lalu lintas
ラル リンタス
交通

lama
ラマ
おそい、長い間

lambung
ランブン
胃 p80

lampu
ランプ
ランプ、電灯

lampu lalu lintas
ランプ ラル リンタス
信号

langit
ランギッ
空

langka
ランカ
めずらしい

langsung
ランスン
直接

lantai
ランタイ
床

lantai ~
ランタイ ～
～階

lantai satu
ランタイ サトゥ
1階

Laos
ラオス
ラオス p0

lap tangan basah
ラップ タンガン バ
サー
おしぼり

lapangan
ラパンガン
広場

lapar
ラパール
お腹がすく p46

laporan
ラポラン
申告、報告

laporan kecurian
ラポラン クチュリアン
盗難届 p83

larangan
ラランガン
禁止

latihan
ラティハン
練習（する）

lauk
ラウッ
おかず

laut
ラウッ
海

lautan
ラウタン
海洋

lawan
ラワン
相手

layang-layang
ラヤンラヤン
凧

lebah
ルバー
蜂 p85

lem
レム
接着剤

lemah
ルマー
弱い

lemak
ルマッ
脂肪

lemari
ルマリ
タンス、棚 p36,69

lemari baju
ルマリ バジュ
洋服ダンス

lemari piring
ルマリ ピリン
食器棚

lembah
ルンバー
谷

lembap
ルンバップ
しめった

lembut
ルンブッ
温和な（人柄）

lengan
ルンガン
腕 p79

lengan baju
ルンガン バジュ
ソデ（服）

lensa kontak
レンサ コンタッ
コンタクトレンズ

lepas pantai
ルパス パンタイ
沖

liburan musim
panas
リブラン ムシム パナ
ス
夏休み p44

lidah
リダー
舌 p79

lift
リフ
エレベーター

lihat dong!
リハッドン♪
見せて!

lilin
リリン
ロウソク p39

lima
リマ
5 p30

lingkaran
リンカラン
輪

lingkungan
リンクンガン
環境

lipstik
リップスティッ
口紅

lirik
リリッ
歌詞

listrik
リストリッ
電気

lobi
ロビ
ロビー

log in
ログイン
ログインする p74

log out
ロッアウ
ログアウトする
p74

lokal
ローカル
現地の

loket penjualan
tiket
ロケッ プンジュアラン
ティケッ
切符売り場 p22

lomba
ロンバ
競争

loncat
ロンチャッ
跳ねる

losmen
ロスメン
ゲストハウス p18

lotre
ロトレ
宝くじ

luar
ルアール
外

luar angkasa
ルアール アンカサ
宇宙

luar negeri
ルアール ヌグリ
外国 p17

luas
ルアス
広い

luasnya
ルアスニャ
面積

lubang
ルバン
穴

lucu
ルチュ
おもしろい、かわ
いい p89

luka
ルカ
傷 p78

luka ringan
ルカ リンガン
軽傷

lukisan
ルキサン
絵 p69

lulus
ルルス
合格

luntur
ルントゥール
色が落ちる

lupa
ルパ
忘れる

lurus
ルルス
まっすぐ

lusin
ルシン
ダース

M

maaf
マアフ
ごめんなさい、すみません p12

mabuk
マブッ
酔う

mabuk laut
マブッ ラウッ
船酔い

macam-macam
マチャムマチャム
いろいろ

macet
マチェッ
渋滞 p6,11

Macintosh
メッキントッシュ
Mac (パソコン)

madu
マドゥ
ハチミツ

magrib
マッグリブ
日の入り

mahal
マハル
高い (値段) p32

mahasiswa
マハシスワ
大学生

mahasiswa asing
マハシスワ アシン
留学生

mainan
マイナン
おもちゃ

majalah
マジャラー
雑誌 p39

majalah informasi
マジャラー インフォルマシ
情報誌

makam
マカム
墓

makan
マカン
食べる、食事 p46

makan malam
マカン マラム
夕食

makan siang
マカン シアン
昼食

makan sepuasnya
マカン スプアスニャ
食べ放題

makanan
マカナン
食べ物 p46

makanan khas
マカナン ハス
特産物 (食べ物)

makanan kalengan
マカナン カレンガン
缶づめ

makmur
マックムール
繁栄

maksud
マクスッ
意図

malam
マラム
夜 p40

malam ini
マラム イニ
今晩 p41

malam natal
マラム ナタル
クリスマス・イブ

malang
マラン
不幸な p89

malaria
マラリア
マラリア p80

malas
マラス
めんどくさい

Malaysia
マライシア
マレーシア p17

maling
マリン
泥棒 p83

malu
マル
はずかしい

mana?
マナ?
どこ? p86

manager
マネジェル
支配人

mancing
マンチン
釣り p77

mandi
マンディ
水浴び

mandiri
マンディリ
独立 (個人)

mandul
マンドゥル
不妊

mangga
マンガ
マンゴ p53

manggis
マンギス
マンゴスチン p53

mangkok
マンコッ
ボウル、茶わん

maniak
マニアッ
変態 p72

manis
マニス
甘い、愛くるしい p47

manja
マンジャ
甘える

manusia
マヌシア
人間 p40

marah
マラー
怒る

maraton
マラトン
マラソン

Maret
マレッ
3月 p44

markas
マルカス
基地

marmer
マルメル
大理石

masa depan
マサ ドゥパン
未来、将来 p42

masa lalu
マサ ラル
過去、むかし p42

masakan
マサカン
料理 p50

masakan ~
マサカン ~
~料理 p50

masakan daerah
マサカン ダエラー
郷土料理

masakan Jepang
マサカン ジパン
日本食 p64

masalah
マサラー
問題 (problem)

masalah lingkungan hidup
マサラー リンクンガン ヒドゥップ
環境問題

masehi
マセヒ
西暦 p42

masih ~
マシー ~
まだ~ある p86

masing-masing
マシンマシン
それぞれ

masuk
マスッ
入る、入場する

masuk negara secara ilegal
マスッ ヌガラ スチャラ イレガル
不法入国

masuk sekolah
マスッ スコラー
入学

mata
マタ
目 p79

mata uang
マタ ウアン
通貨 p31

matahari
マタハリ
太陽

matahari terbit
マタハリ トゥルビッ
日の出

matang
マタン
熟す

matematika
マテマティカ
算数

mati rasa
マティ ラサ
しびれる

mati lampu
マティ ランプ
停電

mau
マウ
欲しい

McDonald
メックドナル
マクドナルド

megah
ムガー
立派

Mei
メイ
5月 p44

meja
メジャ
机、テーブル p69

mekar
ムカール
咲く

melahirkan
ムラヒールカン
産む

melakukan
ムラクカン
おこなう

melampirkan
ムランピールカン
同封する

melanjutkan
ムランジュッカン
つづける

melanjutkan sekolah
ムランジュッカン スコラー
進学する

melaporkan
ムラポールカン
知らせる

melarikan diri
ムラリカン ディリ
にげる

melatih
ムラティー
鍛える

melayani
ムラヤニ
もてなす

meledak
ムルダッ
爆発する

melempar
ムレンパール
投げる

melewati
ムレワティ
越える、通過する

melihat
ムリハッ
見る

melindungi
ムリンドゥンギ
守る

melipat
ムリパッ
たたむ、折る

melukai
ムルカイ
傷つける

melukis
ムルキス
絵を描く p74

memahat
ムマハッ
彫る

memainkan
ムマインカン
演奏する

memakai
ムマカイ
つかう、着る、履く

memandu
ムマンドゥ
案内する

memanggil
ムマンギル
呼ぶ

memar
ムマール
打撲

memarahi
ムマラヒ
しかる

memarkir
ムマルキル
駐車する

memasak
ムマサッ
料理する p49

memastikan
ムマスティカン
確認する

memasukkan
ムマスッカン
入れる

membaca
ムンバチャ
読む p87

membakar
ムンバカール
焼く、燃やす

membandingkan
ムンバンディンカン
比べる

membanggakan
ムンバンガカン
自慢する

membangun
ムンバングン
建てる

membangunkan
ムンバングンカン
起こす p40

membantu
ムンバントゥ
てつだう、援助する

membatalkan
ムンバタルカン
キャンセルする、中止する

membawa
ムンバワ
はこぶ、持ち歩く、持つ

membawakan
ムンバワカン
持ってくる

membayar
ムンバヤール
支払う

membebaskan
ムンベバスカン
解放する

membeku
ムンブク
こおる

membeli
ムンブリ
買う p32

memberi
ムンブリ
あげる (人に)

membesar-besarkan
ムンブサールブサールカン
誇張する

membuat
ムンブアッ
つくる

membujuk
ムンブジュッ
口説く (説得する)

membuka
ムンブカ
開ける、脱ぐ

membungkus
ムンブンクス
つつむ

membunuh
ムンブヌー
殺す

memecahkan
ムムチャーカン
割る

memelihara
ムムリハラ
飼う

memeluk
ムムルッ
抱える、抱く

memeriksa
ムムリクサ
しらべる

memesan
ムムサン
予約する

memikul
ムミクル
背負う

memilih
ムミリー
選ぶ

memiliki
ムミリキ
所有する

memindahkan
ムミンダーカン
移す

meminjamkan
ムミンジャムカン
貸す

meminta
ムミンタ
たのむ

meminta maaf
ムミンタ マアフ
謝る p12

memisahkan
ムミサーカン
わける

memonopoli
ムモノポリ
独占する

memotong
ムモトン
切る

memotong rambut
ムモトン ランブッ
散髪

mempekerjakan
ムンプクルジャカン
雇う

memperbaiki
ムンプルバイキ
改良する、修理する、直す

mempercayai
ムンプルチャヤイ
信頼する

memperkenalkan
ムンプルクナルカン
紹介する

memperlihatkan ~
ムンプルリハッカン
(～を)見せる

memperluas
ムンプルルアス
広げる(拡大する)

memperpanjang
ムンプルパンジャン
延長する

mempertahankan
ムンプルタハンカン
維持する

memproduksi
ムンプロドゥクシ
生産する

memprotes
ムンプロテス
抗議する、反対する

memuji
ムムジ
ほめる

memukul
ムムクル
たたく、なぐる、打つ

memungut
ムムングッ
拾う

memutarkan
ムムタールカン
回す

menabrak
ムナブラッ
ぶつかる

menabung
ムナブン
貯金する

menagih
ムナギー
請求する

menaikkan
ムナイッカン
上げる(上に)

menambah
ムナンバー
足す

menambahkan
ムナンバーカン
ふやす、加える、追加する

menampar
ムナンパール
ぶつ

menanak
ムナナッ
炊く

menang
ムナン
勝つ

menangis
ムナンギス
泣く

menangkap
ムナンカップ
つかまえる、逮捕する

menantu
ムナントゥ
婿、嫁 p70

menara
ムナラ
塔

menari
ムナリ
踊る

menarik
ムナリッ
ひっぱる、引く、魅力的

menaruh
ムナルー
置く

menasehati
ムナセハティ
忠告する

menatap
ムナタップ
見つめる

mencabut
ムンチャブッ
抜く

mencaci-maki
ムンチャチマキ
ののしる

mencair
ムンチャイール
溶ける

mencapai
ムンチャパイ
達成する

mencari
ムンチャリ
捜索する、探す

mencegah
ムンチュガー
ふせぐ、予防する

mencegah kejahatan
ムンチュガー クジャハタン
防犯 p83

mencetak
ムンチェタッ
印刷する

mencicipi
ムンチチピ
味見する p47

mencintai
ムンチンタイ
愛する

mencium
ムンチウム
キスする

mencoba
ムンチョバ
ためす

mencolok
ムンチョロッ
ハデな

mencuci
ムンチュチ
洗う

mencuci film
ムンチュチ フィルム
現像

mencuci pakaian
ムンチュチ パケアン
洗濯する

mencukur
ムンチュクール
剃る

mencuri
ムンチュリ
盗む

mencurigai
ムンチュリガイ
疑う

mencurigakan
ムンチュリガカン
あやしい

mendaftar
ムンダフタール
登録する

mendaki
ムンダキ
登る

mendapat untung
ムンダパッ ウントゥン
儲ける

mendapatkan
ムンダパッカン
得る

mendarat
ムンダラッ
着陸する

mendekati
ムンドゥカティ
近づく

mendengar
ムンドゥンガール
聞く

menderita
ムンドゥリタ
苦労する

mendidihkan
ムンディディーカン
沸かす

mendorong
ムンドロン
押す

mendung
ムンドゥン
くもり p44

menelepon
ムネレポン
電話する

meneliti
ムヌリティ
研究する

menembak
ムネンバッ
撃つ

menempel
ムネンペル
くっつく

menempelkan
ムネンペルカン
くっつける、貼る

menemukan
ムヌムカン
みつける

menendang
ムヌンダン
ける

menentukan
ムヌントゥカン
決める

menenun
ムヌヌン
織る

menerbitkan
ムヌルビッカン
発行する

menerima
ムヌリマ
受け取る

menerjemahkan
ムヌルジュマーカン
通訳・翻訳する

menetap di negara seara ilegal
ムヌタップ ディ ヌガラ スチャラ イレガル
不法滞在

mengada-ada
ムンガダアダ
おおげさ

mengagumi
ムンガグミ
あこがれる

mengajak
ムンガジャッ
さそう

mengajar
ムンガジャール
教える

mengaku
ムンガク
みとめる

mengalir
ムンガリール
ながれる

menganalisa
ムンアナリサ
分析する

mengandalkan
ムンアンダルカン
たよる

mengandung
ムンガンドゥン
ふくむ(含有する)

menganggur
ムンアングール
失業する

mengantar
ムンアンタール
見送る、配達する

mengantarkan
ムンアンタールカン
持っていく

mengantuk
ムンガントゥッ
ねむい p89

mengapung
ムンアプン
浮く

mengasuh
ムンアスー
そだてる

mengejar
ムングジャール
追う

mengekspor secara ilegal
ムンエクスポール スチャラ イレガル
密輸(出)する

mengekspresikan
ムンエクスプレシカン
表現する

mengelap
ムンウラップ
拭く

mengelola
ムングロラ
経営する

mengeluh
ムングルー
苦情を言う

mengembalikan
ムングンバリカン
返す

mengeringkan
ムングリンカン
乾かす

mengerti
ムングルティ
わかる、理解する

mengimpor secara ilegal
ムンインポール スチャラ イレガル
密輸(入)する

mengetahui
ムングタウイ
知る

mengetok
ムングトッ
ノックする

menggali
ムンガリ
掘る

mengganggu
ムンガング
じゃまをする

mengganti
ムンガンティ
とり替える

menggelar
ムングラール
広げる(敷く)

menggigit
ムンギギッ
噛む

menggoreng
ムンゴレン
揚げる p49

menggosok
ムンゴソッ
みがく

menggulung
ムングルン
巻く

menghadiahkan
ムンハディアーカン
贈る

menghangatkan
ムンハンガッカン
暖める

menghapus
ムンハプス
消す

menghargai
ムンハルガイ
尊重する

menghemat
ムンヘマッ
倹約・節約する

menghilangkan
ムンヒランカン
除く

menghina
ムンヒナ
軽蔑・侮辱する

menghindar
ムンヒンダール
避ける

menghitung
ムンヒトゥン
数える、計算する p30

menghubungi
ムンフブンギ
連絡する

mengikat
ムンイカッ
しばる、結ぶ

menginap
ムンイナップ
泊まる

mengintip
ムンインティップ
覗く

mengirim
ムンギリム
送る

mengirim melalui pos
ムンギリム ムラルイ ポス
郵送する

mengirimkan uang
ムンギリムカン ウアン
仕送りする

mengisap
ムンイサップ
吸う

mengisi
ムンイシ
記入する

mengizinkan
ムンイジンカン
許可する

mengkhianati
ムンヒアナティ
裏切る

mengobati
ムンオバティ
治療する

mengoleskan
ムンオレスカン
塗る

mengontrak
ムンゴントラッ
契約する

mengorok
ムンオロッ
いびきをかく

mengsteril
ムンステリル
消毒する

mengulang
ムンウラン
くり返す

mengumpulkan
ムングンプルカン
集める

mengunci
ムングンチ
カギをかける p82

mengundang
ムンウンダン
招待する

mengundurkan diri
ムンウンドゥールカン ディリ
引退する

mengungsi
ムンウンシ
避難する

mengunjungi
ムングンジュンギ
訪れる

menikah
ムニカー
結婚する p71

Indonesia	カナ	日本語
menikmati	ムニクマティ	たのしむ
menimbang	ムニンバン	計る
meninggal	ムニンガル	死ぬ
meninjau	ムニンジャウ	見学する
menipu	ムニプ	だます
meniru	ムニル	マネる
menit ~	ムニッ	分 p40
menitip	ムニティップ	あずける
menjadi ~	ムンジャディ ~	~になる
menjadi dingin	ムンジャディ ディンギン	さめる
menjadi tua	ムンジャディ トゥア	老いる
menjahit	ムンジャヒッ	縫う
menjamin	ムンジャミン	保証する
menjatuhkan	ムンジャトゥーカン	落とす
menjawab	ムンジャワブ	答える
menjelaskan	ムンジュラスカン	説明する
menjemput	ムンジュンプッ	むかえる
menjenguk	ムンジュングッ	見舞う
menjepit	ムンジュピッ	はさむ
menjijikkan	ムンジジッカン	気持ち悪い(不快)
menjual	ムンジュアル	売る
menolak	ムノラッ	ことわる
menolak secara halus	ムノラッ スチャラ ハルス	遠慮する
menolong	ムノロン	たすける
mens	メンス	月経
mentah	ムンター	生(なま)
mentega	ムンテガ	バター
menteri	ムントゥリ	大臣
mentraktir	ムントラクティール	おごる
menu	メヌ	メニュー p46
menuangkan	ムヌアンカン	そそぐ
menuju ~	ムヌジュ ~	(~を)目指す
menukar uang	ムヌカール ウアン	両替する p19
menulis	ムヌリス	書く p87
menumis	ムヌミス	炒める
menunda	ムヌンダ	延期する
menunggu	ムヌング	待つ
menunjuk	ムヌンジュッ	指す
menuntut	ムヌントゥッ	訴える
menutup	ムヌトゥップ	閉める
menyambungkan	ムニャンブンカン	つなぐ
menyampaikan	ムニャンペイカン	とどける
menyeberang	ムニュブラン	わたる
menyelam	ムニュラム	潜る
menyelesaikan	ムニュルサイカン	解決する
menyembunyikan	ムニュンブニカン	かくす
menyenangkan	ムニュナンカン	ゆかい
menyentuh	ムニュントゥー	さわる
menyerah	ムニュラー	あきらめる
menyerahkan	ムニュラーカン	わたす
menyesuaikan	ムニュスアイカン	調整する
menyetir	ムニュティール	運転する p11
menyetrika	ムニュトゥリカ	アイロンをかける
menyiapkan	ムニアップカン	準備する、用意する
menyimpan	ムニンパン	しまう
menyobek	ムニョベッ	破る
menyombongkan diri	ムニョンボンカン ディリ	いばる p72
menyumbang	ムニュンバン	寄付する
menyuruh ~	ムニュルー ~	~させる
menyusahkan	ムニュサーカン	つらい
meraba	ムラバ	愛撫する
merah	メラー	赤い p35
merapikan	ムラピカン	かたづける
merasa	ムラサ	思う
merasa penting	ムラサ プンティン	大切に思う
merasa simpatik	ムラサ シンパティッ	同情する
merawat	ムラワッ	世話する
merayakan	ムラヤカン	いわう
merayu	ムラユ	口説く(異性を)
merdeka	ムルデカ	独立(国家)
merebus	ムルブス	ゆでる、煮る
mereka	ムレカ	彼ら
merekam	ムルカム	録音・録画する
merepotkan	ムレポッカン	わずらわしい
merokok	ムロコッ	タバコを吸う p10,66
merubah	ムルバー	変える、変更する
merusak	ムルサッ	こわす
mesin	ムシン	エンジン、機械
mesin jahit	ムシン ジャヒッ	ミシン
mesin penjual otomatis	ムシン プンジュアル オトマティス	自動販売機
mesjid	ムスジッ	モスク
mesum	ムスム	スケベ p72
meteor	メテオール	流れ星
meter	メトゥル	メートル
mewah	メワー	ぜいたくな、豪華な
mewarnai	ムワルナイ	染める
mi	ミー	麺 p48,54
mi instan	ミー インスタン	インスタントラーメン p54
mi goreng	ミー ゴレン	やきそば p50,55
mikrofon	ミクロフォン	マイク
mimpi	ミンピ	夢
mimpi buruk	ミンピ ブルッ	悪夢
minggu	ミング	週 p43
minggu ini	ミング イニ	今週 p43
minggu lalu	ミング ラル	先週 p43
minggu depan	ミング ドゥパン	来週 p43
minta	ミンタ	要求する
minum	ミヌム	飲む
minuman	ミヌマン	飲み物 p51
minyak	ミニャッ	油 p48
minyak tanah	ミニャッ タナー	石油
mirip	ミリップ	似ている
misalnya	ミサルニャ	たとえば
miskin	ミスキン	まずしい、貧乏
mobil	モビル	自動車
mobil bekas	モビル ブカス	中古車
mobil sewa	モビル セワ	レンタカー p22
model rambut	モデル ランブッ	ヘアスタイル
modernisasi	モデルニサシ	近代化
modis	モディス	オシャレ p72
monogami	モノガミ	一夫一妻制 p70
monumen	モヌメン	記念碑
monyet	モニェッ	サル
motif	モティフ	模様 p34
motor	モトール	オートバイ
mual	ムアル	気持ち悪い、吐き気 p78
muda	ムダ	若い
mudah	ムダー	やさしい、簡単
mudah busuk	ムダー ブスッ	腐りやすい
mukanya menjadi merah	ムカニャ ムンジャディ メラー	赤面する
mulai	ムライ	はじめる
mulut	ムルッ	口 p79
mulut kotor	ムルッ コトール	口が悪い
mungkin	ムンキン	たぶん
muntah	ムンター	吐く p78
murah	ムラー	安い p32
muram	ムラム	ゆううつ
murid	ムリッ	生徒
murni	ムルニ	純粋
museum	ムシウム	博物館
museum seni	ムシウム スニ	美術館
musik	ムシッ	音楽 p60
musik rok	ムシッ ロッ	ロック p60
musik tradisional	ムシッ トラディシオナル	民族音楽
musikal	ムシカル	ミュージカル
musim	ムシム	季節 p44
musim dingin	ムシム ディンギン	冬 p44
musim gugur	ムシム ググール	秋 p44
musim hujan	ムシム フジャン	雨期 p44
musim kemarau	ムシム クマラウ	乾期 p44
musim panas	ムシム パナス	夏 p44
musim semi	ムシム スミ	春 p44
musisi	ムシシ	音楽家
muslim	ムスリム	イスラム教徒
musuh	ムスー	敵
mutiara	ムティアラ	真珠

mutu
ムトゥ
品質

Myanmar
ミャンマール
ミャンマー *p0*

N

nafas
ナファス
息

nafsu
ナフス
欲

nafsu makan
ナフス マカン
食欲

naga
ナガ
龍

naik
ナイッ
上がる、乗る

naik kuda
ナイック クダ
乗馬

nama
ナマ
名前 *p16*

nanah
ナナー
膿

nanas
ナナス
パイナップル *p53*

nanti
ナンティ
あとで

narkoba
ナルコバ
麻薬

nasi
ナシ
ごはん

nasi goreng
ナシ ゴレン
やきめし *p50,55*

natal
ナタル
クリスマス *p44*

negara
ヌガラ
国 *p17*

negara berkembang
ヌガラ ブルクンバン
発展途上国

nenek
ネネッ
祖母 *p70*

nenek moyang
ネネッ モヤン
先祖

ngengat
ングンガッ
蛾

ngomong-ngomong
ンオモンオモン
ところで

ngotot
ンゴトッ
しつこい

niat
ニアッ
意思

nilai
ニライ
価値、成績、点数

nilai Yen menguat
ニライ イェン ムング アッ
円高 *p31*

nilon
ニロン
ナイロン

nomor
ノモール
番号 *p30*

nomor paspor
ノモール パスポール
旅券番号

nomor PIN
ノモル ピン
暗証番号

nomor rekening
ノモル レクニン
口座番号

nomor satu
ノモル サトゥ
いちばん

nomor telepon
ノモル テレポン
電話番号 *p82*

nomor tempat duduk
ノモル トゥンパッ ドゥ
ドゥッ
座席番号

normal
ノルマル
正常

not
ノッ
音符

novel
ノフェル
小説

November
ノフェンブル
11月 *p44*

nyaman
ニャマン
心地よい

nenek moyang
ネネッ モヤン
先祖

nyamuk
ニャムッ
蚊 *p85*

nyawa
ニャワ
命

nyonya
ニョニャ
奥様

nyut-nyutan
ニュッニュタン
ズキズキ痛い *p79*

O

obat
オバッ
薬 *p81*

obat diare
オバッ ディアレ
下痢どめ *p81*

obat flu
オバッ フルー
風邪薬 *p81*

obat kumur
オバッ クムール
うがい薬 *p81*

obat maag
オバッ マア
胃腸薬 *p81*

obat mata
オバッ マタ
目薬

obat nyamuk
オバッ ニャムッ
蚊取り線香 *p69*

obat penawar
オバッ プナワール
解毒剤 *p81*

obat pencahar
オバッ プンチャハール
下剤 *p81*

obat penurun panas
オバッ プヌルン パナ
ス
解熱剤 *p81*

obat serangga
オバッ スランガ
除虫剤

obat steril
オバッ ステリル
消毒薬

obat tidur
オバッ ティドゥール
睡眠薬 *p81*

obat tradisional
オバット トラディショナウ
漢方薬 *p81*

obral
オブラル
バーゲン、安売り *p33*

odol
オドル
ハミガキ粉

oh, begitu
オー、ブギトゥ
なるほど

ojek motor
オジェッ モトール
バイクタクシー

Oktober
オクトーブル
10月 *p44*

olahraga
オラーラガ
スポーツ、運動 *p77*

oleh-oleh
オレーオレー
みやげ *p36*

om
オム
おじ *p70*

ombak
オンバッ
波

onani
オナニ
オナニー

ongkos
オンコス
運賃 *p22*

ongkos pelayanan
オンコス プラヤナン
サービス料

ongkos kirim
オンコス キリム
送料

online
オンライン
オンライン

operasi
オプラシ
手術 *p80*

opium
オピウム
アヘン

orang
オラン
ひと

orang asing
オラン アシン
外国人

orang dewasa
オラン デワサ
おとな

orang Filipina
オラン フィリピナ
フィリピン人

orang Jepang
オラン ジパン
日本人

orang jujur
オラン ジュジュール
正直者 *p72*

orang kaya
オラン カヤ
金持ち

orang lain
オラン ライン
他人

orang Malaysia
オラン マライシア
マレーシア人

orang sales
オラン セレス
セールスマン

orang Taiwan
オラン タイワン
台湾人

orang Thailand
オラン タイラン
タイ人

orang Tiongkok
オラン ティオンコッ
中国人

orang tua
オラン トゥア
老人

orang Vietnam
オラン フィエッナム
ベトナム人

orang yang eksentrik
オラン ヤン エクセン トリッ
変わり者 *p72*

orang tua
オラン トゥア
親 *p70*

orang utan
オランウタン
オランウータン *p24,84*

organisasi
オルガニサシ
組織

otak
オタッ
脳

otodidak
オトディダッ
独学する

otomatis
オトマティス
自動

otot
オトッ
筋肉

P

pabrik
パブリッ
工場

pacar
パチャール
恋人 *p71*

pada kenyataannya ~
パダ クニャタアンニャ ~
実際は~

pada waktu itu
パダ ワクトゥ イトゥ
あの頃

pada dasarnya
パダ ダサールニャ
基本的に

padang
パダン
平原

padi
パディ
稲 *p85*

paduan suara
パドゥアン スアラ
合唱

pagar
パガール
柵

pagi
パギ
朝、午前 *p40*

paha
パハ
ふともも *p79*

pahit
パヒッ
にがい

pahlawan
パフラワン
英雄

pajak
パジャッ
税金

pajak bandara
パジャッ バンダラ
空港税 *p10*

pakai shower
パケ ショウェール
シャワー付き

pakaian
パケアン
服 *p34*

pakaian anak
パケアン アナッ
こども服

pakaian dalam
パケアン ダラム
下着 *p34*

pakaian sehari-hari
パケアン スハリハリ
普段着

paket
パケッ
小包み

paket tur
パケット トゥール
パックツアー

Pakistan
パキスタン
パキスタン

paku
パク
クギ

Palestina
パレスティナ
パレスチナ

pameran
パメラン
展示

panas
パナス
暑い *p44*

panci
パンチ
ナベ

pandai
パンダイ
上手い

panen
パネン
収穫

panggung
パングン
舞台

panjang
パンジャン
長い *p88*

pantai
パンタイ
海岸

panties
パンティース
パンティー *p34*

papan
パパン
板

papan informasi
パパン インフォルマシ
掲示板

papan reklame
パパン レクラメ
看板

parah
パラー
ひどい（状態）

parasit
パラシッ
寄生虫

parfum
パルフム
香水

pariwisata
パリウィサタ
観光

partai
パルタイ
政党

partai oposisi
パルタイ オポシシ
野党

paru-paru
パルパル
肺 *p80*

pas
パス
ちょうどいい

pasar
パサール
市場

pasar swalayan パサール スワラヤン スーパーマーケット	**pelacur** プラチュール 売春婦	**pemangkas rambut** プマンカス ランブッ 床屋	**pencegahan** プンチュガハン 防止	**pengembalian barang** プングンバリアン バラン 返品	**penuh** プヌー 満員	**Perancis** プランチス フランス
pasca sarjana パスチャ サルジャナ 大学院	**pelajaran** プラジャラン 講義、授業	**pemarah** プマラー 短気	**pencuci mulut** プンチュチ ムルッ デザートp52	**pengemis** プングミス 乞食	**penuh sesak** プヌー スサッ 混雑する	**perang** プラン 戦争
pasien パシエン 患者	**pelaku kejahatan** プラク クジャハタン 犯人	**pembalut wanita** プンバルッ ワニタ 生理ナプキン	**pendaftaran** プンダフタラン 申し込み	**pengendalian** プングンダリアン 取り締まり	**penulis novel** プヌリス ノフェル 小説家	**perang dunia kedua** プラン ドゥニア クドゥア 第二次世界大戦
pasif パシフ 消極的p72	**pelanggaran** プランガラン 違反	**pembangkit listrik tenaga nuklir** プンバンキッ リストリッ トゥナガ ヌクリール 原子力発電所	**pendapat** プンダパッ 意見	**pengetahuan** プングタウアン 知識	**penumpang** プヌンパン 乗客	**perang saudara** プラン ソウダラ 内戦
pasir パシール 砂	**pelan-pelan** プランプラン ゆっくり		**pendapatan** プンダパタン 収入、所得	**penggaris** プンガリス 定規	**penurut** プヌルッ 素直	**perangko** プランコ 切手
paspor パスポール パスポートp83	**pelatih** プラティー 監督（スポーツ）	**pembantu** プンバントゥ 使用人	**pendapatan per tahun** プンダパタン プル タフン 年収	**penghapus** プンハプス 消しゴム	**penyakit jiwa** プニャキッ ジワ 精神病	**peras** プラス しぼる
pasti パスティ 確かな(sure)、必ず	**pelatihan** プラティハン 研修	**pembantu rumah tangga** プンバントゥ ルマータンガ 女中	**pendek** ペンデッ みじかいp35	**penghargaan** プンハルガアン 賞	**penyakit kelamin** プニャキッ クラミン 性病	**perasaan** プラサアン 感情、気持ちp89
pastor パストール 牧師	**pelayan** プラヤン ウエイター／ウエイトレス	**pembebasan** プンベバサン 自由化	**pendiam** プンディアム おとなしいp72	**penginapan** プンギナパン 宿p18	**penyakit kulit** プニャキッ クリッ 皮膚病p79	**peraturan** プラトゥラン 規則
patah tulang パター トゥラン 骨折p79	**pelayaran** プラヤラン クルージング	**pemberhentian terakhir** プンブルフンティアン トゥルアヒール 終点	**pendidikan** プンディディカン 教育	**pengirim** プンギリム 差出人	**penyakit menular** プニャキッ ムヌラール 伝染病	**perawan** プラワン 処女
patung Budha パトゥン ブッダ 仏像	**pelecehan seksual** プレチェハン セクスアル セクハラ	**penduduk** プンドゥドゥッ 住民	**pengungsi** プンウンシ 難民	**penyakit sapi gila** プニャキッ サピ ギラ 狂牛病	**perawat** プラワッ 看護婦p16,80
payudara パユダラ 乳房p79	**pelit** プリッ けち	**pembersihan** プンブルシハン そうじ	**penerbit** プヌルビッ 出版社	**pengusaha** プングサハ 実業家	**penyamun** プニャムン 盗賊	**perban** プルバン 包帯
payung パユン カサ	**pelukis** プルキス 画家p16	**pembunuhan** プンブヌハン 殺人	**penerbitan ulang** プヌルビタン ウラン 再発行p83	**penimbang berat badan** プニンバン ブラッ バダン 体重計	**penyandang cacat** プニャンダン チャチャッ 身体障害者	**perbedaan** プルベダアン ちがい
pedagang プダガン 商人	**pemanas** プマナス 暖房	**pemeriksaan** プムリクサアン 検査、診察p80	**penerima** プヌリマ 受取人	**penyanyi** プニャニ 歌手p61	**perbedaan waktu** プルベダアン ワクトゥ 時差p41
pedang プダン 刀	**pemandangan** プマンダンガン 景色	**pemerintah** プムリンター 政府	**pengacara** プンアチャラ 弁護士p83	**penipuan** プニプアン インチキ	**penyebab** プニュバブ 原因	**percakapan** プルチャカパン 会話
pedas プダス 辛いp47	**pemandangannya bagus** プマンダンガンニャ バグス ながめがいい	**pemikiran** プミキラン 考え	**pengadilan** プンアディラン 裁判所p83	**penis** ペニス 陰茎p79	**pepaya** プパヤ パパイヤp53	**percaya** プルチャヤ 信じる
pedesaan プデサアン 農村	**pemilihan** プミリハン 選挙	**pengalaman** プンアラマン 経験	**penjagaan** プンジャガアン 警備	**pepohonan** プポホナン 林	**perceraian** プルチュライアン 離婚p71
pegawai negeri プガワイ ヌグリ 公務員p16	**pemandian air panas** プマンディアン アイル パナス 温泉	**pemilik** プミリッ 持ち主	**pengangguran** プンアングラン 無職p16	**penjamin** プンジャミン 保証人	**perabotan** プラボタン 家具p36,69	**perdagangan** プルダガンガン 貿易
pegawai toko プガワイ トコ 店員	**pemandu** プマンドゥ ガイド	**peminum** プミヌム 酒飲み	**pengantin baru** プンガンティン バル 新婚さん	**penjara** プンジャラ 刑務所	**perahu** プラフ ボート	**perdana menteri** プルダナ ムントゥリ 首相
pekerja pabrik プクルジャ パブリッ 工員p16	**pemandu wisata** プマンドゥ ウィサタ 添乗員	**pemuda** プムダ 青年	**pengaruh** プンガルー 影響	**penjual daging** プンジュアル ダギン 肉屋	**perahu layar** プラフ ラヤール ヨット	**perempatan** プルンパタン 交差点p21
pekerjaan プクルジャアン 仕事p16	**pemangkas rambut** プマンカス ランブッ 理髪店	**pena** ペナ ペン	**pengecualian** プングチュアリアン 例外	**pensil** ペンシル エンピツ	**perak** ペラッ 銀	**pergelangan kaki** プルグランガン カキ 足首
pelabuhan プラブハン 港、船着き場		**penata rambut** プナタ ランブッ 美容師	**pengelola** プンゲロラ 経営者	**penting** プンティン 重要な	**pensiun** ペンシウン 年金	**perampok** プランポッ 強盗、山賊

pergelangan tangan ブルグランガン タンガン 手首	**persalinan** プルサリナン 出産	**pesan** プサン 注文（する）、伝言	**pinjam** ピンジャム 借りる	**pohon** ポホン 木 p85	**prajurit** プラジュリッ 軍人	**pulang** プラン 帰る
pergi ブルギ 行く、でかける	**persen** ～プルセン ～パーセント	**pesawat terbang** プサワット トゥルバン 飛行機 p22	**pinjaman** ピンジャマン ローン	**poligami** ポリガミ 一夫多妻 p70	**prakiraan cuaca** プラキラアン チュア チャ 天気予報 p44	**pulang kampung** プラン カンプン 帰省
perhatian ブルハティアン 注意	**persiapan** ブルシアパン 準備	**pesta** プスタ パーティー、宴会	**pink** ピン ピンク p35	**polisi** ポリシ 警察官、警察 p16,83	**pramugari** プラムガリ スチュワーデス	**pulau** プラウ 島
perhiasan プルヒアサン アクセサリー	**pertama** ブルタマ 最初	**pesta pernikahan** プスタ プルニカハン 結婚パーティー	**pintar** ピンタール 頭がいい、得意 p73	**politik** ポリティッ 政治	**preman** プレマン チンピラ	**pulih** プリー 回復する
peribahasa プリバハサ ことわざ	**pertama kali** ブルタマ カリ はじめて	**peta** プタ 地図	**pintar bicara** ピンタール ビチャラ 口がうまい	**politikus** ポリティクス 政治家 p59	**presiden** プレシデン 大統領 p59	**pulpen** プルペン 万年筆
peringatan プリンガタン 警報	**pertandingan** プルタンディンガン 試合	**petani** プタニ 農民 p16	**pintu** ピントゥ ドアー p69	**polos** ポロス 無地	**presiden direktur** プレシデン ディレクトゥール 社長	**pulsa** プルサ プリペイドカードの残額（通話用）
perjaka ブルジャカ 童貞	**pertanian** プルタニアン 農業	**petasan** プタサン 爆竹 p45	**pintu darurat** ピントゥ ダルラッ 非常口	**polusi** ポルシ 公害	**pria, laki-laki** プリア,ラキラキ 男,男性 p70	**puncak** プンチャッ 頂上
perjalanan プルジャラナン 旅行	**pertanyaan** プルタニャアン 質問	**petualangan** プトゥアランガン 冒険	**pintu keluar** ピントゥ クルアール 出口	**polyester** ポリエステル ポリエステル	**pribadi** プリバディ 個人	**punya** プニャ 持っている
perjalanan dalam satu hari プルジャラナン ダラム サトゥ ハリ 日帰り	**pertemuan kembali** プルトゥムアン クンバリ 再会	**piala dunia** ピアラ ドゥニア ワールドカップ p65	**pintu masuk** ピントゥ マスッ 入り口	**pom bensin** ポム ベンシン ガソリンスタンド	**produk** プロドゥッ 商品	**pura** プラ 寺院（ヒンズー）p20
perjanjian プルジャンジアン 条約	**pertokoan** プルトコアン 商店街	**piano** ピアノ ピアノ	**pipa** ピパ パイプ	**poni** ポニ 前髪	**produsen** プロデューセン 製造業者	**pura-pura tidak tahu** プラプラ ティダッ タウ とぼける
perkiraan プルキラアン 予想	**pertolongan** プルトロンガン 救助	**pijat** ピジャッ マッサージ p19,77	**pipi** ピピ ほほ p79	**popok** ポポッ オムツ	**profesional** プロフェショナル プロ	**pusar** プサール へそ p79
perlindungan プルリンドゥンガン 保護	**pertolongan pertama** プルトロンガン プルタマ 応急手当て p80	**pijat refleksi** ピジャッ リフレクシ 足裏マッサージ p19,77	**pipis** ピピス おしっこ p81	**populasi** ポプラシ 人口	**profesor** プロフェッソール 教授	**pusat** プサッ 中心
permainan ブルマイナン ゲーム p75	**pertumbuhan ekonomi** プルトゥンブハン エコノミ 経済成長	**piknik** ピクニッ ハイキング、ピクニック	**piring** ピリン 皿 p46	**populer** ポプレール 人気がある	**properti** プロペルティ 不動産	**pusat kota** プサッ コタ 都心 p26
permata プルマタ 宝石	**pertunjukan** プルトゥンジュカン 公演、上演	**pil** ピル ピル	**piringan hitam** ピリンガン ヒタム レコード	**Portugis** ポルトゥギス ポルトガル	**proses** プロセス 手続き	**pusing** プシン めまいがする p78
permen プルメン 飴	**pil KB** ピル カーベー 避妊薬	**pisang** ピサン バナナ p53	**pos** ポス 郵便	**prostitusi** プロスティトゥシ 売春	**putih** プティー 白 p35
permukaan プルムカアン 表	**perumahan** プルマハン 住宅地	**pindah** ピンダー ひっこす	**pisau** ピサウ ナイフ	**pos laut** ポス ラウッ 船便	**Protestan** プロテスタン プロテスタント	**putra** プトラ 息子 p70
peron ペロン プラットホーム	**perusahaan** プルサハアン 企業	**pindah kerja** ピンダー クルジャ 転職	**piyama** ピヤマ パジャマ p34	**pos udara** ポス ウダラ 航空便	**psikologi** プシコロギ 心理学	**putra kedua** プトラ クドゥア 次男 p70
perpustakaan プルプスタカアン 図書館	**perusahaan asuransi** プルウサハアン アスランシ 保険会社	**pinggang** ピンガン 腰 p79	**plafon** プラフォン 天井	**poster** ポストゥル はり紙	**PT** ペーテー 株式会社	**putra sulung** プトラ スルン 長男 p70
persahabatan プルサハバタン 友情	**perusahaan penerbangan** プルウサハアン プヌルバンガン 航空会社	**pinggir** ピンギール 端	**plastik** プラスティッ ビニール、プラスチック	**potret** ポトレッ 肖像	**puas** プアス 満足する	**putri** プットリ 娘 p70
	perut プルッ お腹 p79	**pinggir kota** ピンギール コタ 郊外	**platinum** プラティヌム プラチナ	**PP** ペーペー 往復	**puasa** プアサ 断食 p45	**putri kedua** プットリ クドゥア 次女 p70
		pinggul ピングル ヒップ p79	**play group** プレイ グルップ 保育園	**PR** ペーエル 宿題	**puisi** プイシ 詩	

Q R

putri sulung / プトゥリ スルン / 長女 p70

rabies / ラビエス / 狂犬病

racun / ラチュン / 毒

radang / ラダン / 炎症 p80

radang cabang tenggorokan / ラダン チャバン トゥン ゴロカン / 気管支炎 p80

radang hati / ラダン ハティ / 肝炎 p80

radang paru-paru / ラダン パルパル / 肺炎 p80

radio / ラディオ / ラジオ

ragu-ragu / ラグラグ / ためらう

rahasia / ラハシア / 秘密

rahim / ラヒム / 子宮

raja / ラジャ / 王様

rajin / ラジン / 勤勉な p72

rakit / ラキッ / イカダ

rakus / ラクス / 食いしんぼう

ramai / ラマイ / にぎやかな

rambut / ランブッ / 髪 p79

rambut pirang / ランブッ ピラン / 金髪

rambut rontok / ランブッ ロントッ / 脱毛

rambutan / ランブータン / ランブータン p53

ranjang / ランジャン / ベッド p69

ranjau / ランジャウ / 地雷

ranting pohon / ランティン ポホン / 枝

rap / ラップ / ラップ（音楽）p60

rapat / ラパッ / 会議

rasa / ラサ / 味、感覚 p47

rasa ingin tahu / ラサ インギン タウ / 好奇心

rata / ラタ / 平らな、平坦

rata-rata / ラタラタ / たいてい、平均

rawan / ラワン / 治安が悪い

rekening / レクニン / 口座

rekomendasi / レコメンダシ / 勧める、推薦

rel kereta / レル クレタ / 線路

rem / レム / ブレーキ

remaja / ルマジャ / 10代の若者

renang / ルナン / 水泳 p77

rencana / ルンチャナ / 計画、予定

rendah / ルンダー / 低い

renovasi / レノファシ / 改装する

repot / レポッ / たいへん（面倒くさい）

repot-repot ~ / レポッレポッ ~ / わざわざ~する

reputasinya baik / レプタシニャ バイッ / 評判がいい

reputasinya buruk / レプタシニャ ブルッ / 評判が悪い

resep / レセップ / 処方箋

resepsionis / レセプショニス / フロント、受付

resesi / レセシ / 不景気

resmi / ルスミ / 正規

restoran / レストラン / レストラン p46

revolusi / レフォルシ / 革命

rice cooker / ライス クックル / 炊飯器

rinci / リンチ / くわしい（詳細な）

rindu / リンドゥ / 恋しい

ringan / リンガン / 軽い p88

roh / ロー / 精霊

rok / ロッ / スカート

rokok / ロコッ / タバコ p38,66

rombongan / ロンボンガン / 団体

rompi / ロンピ / ベスト

rontgen / ロンゲン / レントゲン

rotan / ロタン / 藤

roti / ロティ / パン

roti panggang / ロティ パンガン / トースト

ruang keluarga / ルアン クルアルガ / 居間 p68

ruang tamu / ルアン タム / 応接間

ruang tunggu / ルアン トゥング / 待合室

rumah / ルマー / 家 p68

rumah kontrakan / ルマー コントラカン / 貸家 p68

rumah makan / ルマー マカン / 食堂 p46

rumah sakit / ルマー サキッ / 病院 p80

rumah tangga / ルマー タンガ / 家庭 p70

rumit / ルミッ / 複雑

rumput / ルンプッ / 草 p85

Rupiah / ルピアー / ルピア p31

rusak / ルサァ / こわれる、故障する p18,82

Rusia / ルシア / ロシア

S

sabar / サバール / 気が長い

sabun / サブン / セッケン

sabun cuci / サブン チュチ / 洗剤

sadar / サダール / 気がつく

sahabat / サハバッ / 親友 p71

saham / サハム / 株

sake / サケ / 酒、日本酒

sakit / サキッ / 痛い、病気 p79

sakit gigi / サキッ ギギ / ムシ歯

sakit kepala / サキッ クパラ / 頭痛 p78

sakit perut / サキッ プルッ / 腹痛 p80

saksi / サクシ / 証人

salad / サラッ / サラダ

salah / サラー / まちがえる

salah paham / サラー パハム / 誤解する

salaman / サラマン / あいさつ p12

salinan / サリナン / 発行控え

salju / サルジュ / 雪 p44

salon / サロン / 美容院

saluran air / サルラン アイル / 水道

sama / サマ / 等しい、同じ

sama-sama / サマサマ / どういたしまして、いっしょ p12

sampah / サンパー / ゴミ

sampai / サンペ / 着く

sampai ~ / サンペ ~ / ~まで

samping / サンピン / となり、横

sana / サナ / あそこ

sandal / サンダル / サンダル p34

sandiwara / サンディワラ / 劇

sandwich / センウィッチ / サンドイッチ

santai / サンタイ / のんき、リラックス

sapi / サピ / 牛 p84

saputangan / サプタンガン / ハンカチ

saraf / サラフ / 神経

saran / サラン / 提案

sarapan / サラパン / 朝食

SARS / サールス / SARS

sarung tangan / サルン タンガン / てぶくろ

sashimi / サシミ / 刺身 p64

sastra / サストラ / 文学

satu / サトゥ / 1 p30

satu kali jalan / サトゥ カリ ジャラン / 片道

sauna / サウナ / サウナ

sawah / サワー / たんぼ

saya / ~ サヤ / 私、私の~ p94

sayang / サヤン / 残念、惜しい

sayap / サヤップ / 羽

sayur / サユール / 野菜 p49

SD / エスデー / 小学校

sebagian / スバギアン / 一部分

sebatang / スバタン / 一本 p31

sebelah sana / スブラー サナ / 向こう側 p20

sebenarnya ~ / スブナルニャ / 実は~

sebentar lagi / スブンタール ラギ / まもなく

sebulan / スブラン / 一ヶ月 p42

secara sepihak / スチャラ スピハッ / 一方的

sederhana / スドゥルハナ / 単純、地味な

sedih / スディー / 悲しい

sedikit / スディキッ / すこし

sedotan / スドタン / ストロー

seekor / スエコール / 一匹 p31

seenaknya / スエナッニャ / 勝手な

segar / スガール / 新鮮

segelas / スグラス / 1杯 p31

segera / スグラ / すぐに、至急

segi empat / スギ ウンパッ / 四角

segi tiga / スギ ティガ / 三角

segini / スギニ / このくらい

sehari / スハリ / 1日 p42

sehat / セハッ / 元気

sejak ~
スジャッ ～
～以来

sejarah
スジャラー
歴史

sejenak
スジュナッ
一瞬

sejuk
スジュッ
すずしい *p44*

sekali
～ スカリ
1回、とても～ *p88*

sekamar
スカマール
相部屋

sekarang
スカラン
今

sekarat
スカラッ
重体

sekolah
スコラー
学校

sekolah di luar negeri
スコラー ディ ルアール ヌグリ
留学

sekolah kejuruan
スコラー クジュルアン
専門学校

sekretaris
セクレタリス
秘書

seks
セックス
性、性交

seksi
セクシー
セクシー

selai
スレイ
ジャム

selalu
スラル
いつも

selamat
スラマッ
おめでとう *p12*

selamat malam
スラマッ マラム
おやすみなさい

selamat siang
スラマッ シアン
こんにちは *p12*

selang sehari
スラン スハリ
1日おき

selatan
スラタン
南 *p20,24*

selesai
スルサイ
済む、終わり、終わる

selimut
スリムッ
タオルケット、毛布

selingkuhan
スリンクハン
愛人 *p71*

selisih
スリシー
差

selotip
セロティップ
セロテープ

semakin ~
スマキン ～
ますます～

semalam
スマラム
昨晩 *p41*

semangka
スマンカ
スイカ *p53*

sembahyang
スンバヤン
おがむ

sembarangan
スンバランガン
いいかげん

sembilan
スンビラン
9 *p30*

sembuh
スンブー
治る

semenanjung
スムナンジュン
半島、岬

seminggu
スミング
1週間 *p42*

sempit
スンピッ
せまい

semua
スムア
すべて、皆（みな）

semua orang
スムア オラン
全員

semut
スムッ
アリ *p85*

senam
スナム
体操 *p77*

senang
スナン
うれしい、たのしい、気分がいい

sendirian
スンディリアン
一人で

sendok
センドッ
スプーン *p46*

sengaja
スンガジャ
わざと、故意

seniman
スニマン
芸術家 *p16*

senjata
スンジャタ
武器

sensitif
センシティフ
神経質、過敏な *p72*

senter
セントゥル
懐中電灯 *p39*

senyuman
スニュマン
ほほ笑み、笑顔

sepak bola
セパッ ボラ
サッカー *p77*

sepanjang hari
スパンジャン ハリ
一日中

sepanjang tahun
スパンジャン タフン
1年中

sepatu
スパトゥ
クツ

sepatu hak tinggi
スパトゥ ハッ ティンギ
ハイヒール

sepatu keds
スパトゥ ケッズ
スニーカー

sepeda
スペダ
自転車

sepele
スペレ
くだらない

seperti ~
スプルティ ～
まるで～

seperti ini
スプルティ イニ
このように

sepi
スピ
しずか

seprai
スプレイ
シーツ

September
セプテンブル
9月 *p44*

sepuluh
スプルー
10 *p30*

serangga
スランガ
昆虫、ムシ *p85*

serat
スラッ
繊維

seribu
スリブ
千 *p30*

sering
スリン
しばしば

serius
セリウス
まじめ、深刻 *p72*

sesak
スサッ
くるしい

sesak nafas
スサッ ナファス
息苦しい

setahun
スタフン
1年 *p42*

setelan
ステラン
スーツ

setengah
ストゥンガー
半分

setengah bulan
ストゥンガー ブラン
半月 *p42*

setengah hari
ストゥンガー ハリ
半日

setengah tahun
ストゥンガー タフン
半年 *p42*

setuju
ストゥジュ
賛成

seumur hidup
スウムール ヒドゥップ
一生

shampo
シャンポ
シャンプー

shower
ショウェール
シャワー

shower dengan air panas
ショウェール ドゥンガン アイル パナス
ホットシャワー

sial
シアル
運が悪い

siang
シアン
昼 *p40*

siang/sore
シアン／ソレ
午後 *p40*

siapa saja
シアパ サジャ
誰でも

siapa?
シアパ？
だれ？ *p86*

siaran
シアラン
放送

sibuk
シブッ
いそがしい

sifat
シファッ
性格 *p72*

sikap
シカップ
態度

sikat
シカッ
ブラシ

sikat gigi
シカッ ギギ
ハブラシ

sikat rambut
シカッ ランブッ
ヘアブラシ

siku
シク
ひじ *p79*

silakan ~
シラカン ～
どうぞ～ください

silau
シラウ
まぶしい

silet
シレッ
カミソリ

SIM
シム
運転免許証

sindiran
シンディラン
風刺

Singapura
シンガプラ
シンガポール *p17*

sini
シニ
ここ

sisa
シサ
のこり、余り

sisi berlawanan
シシ ブルラワナン
反対側

sisik
シシッ
ウロコ

sisir
シシール
くし（櫛）

siswa
シスワ
学生 *p16*

siswi
シスウィ
学生（女性）

situ
シトゥ
そこ

situasi politik yang tidak stabil
シトゥアシ ポリティッ ヤン ティダッ スタビル
政情不安

SMP
エスエムペー
中学校

SMS
エスエムエス
SMS

SMU
エスエムウー
高校

sobek
ソベッ
破ける

sofa
ソファ
ソファ

soft drink
ソフドリン
清涼飲料

sogok
ソゴッ
わいろ

sopan
ソパン
行儀がいい

sore
ソレ
夕方 *p40*

sosial
ソシアル
社会

sosok
ソソッ
姿

spa
スパ
エステ *p19,77*

spageti
スパゲティ
スパゲッティー

sperma
スペルマ
精液

spontan
スポンタン
率直

stadion
スタディオン
競技場

stainless
ステインレス
ステンレス

standar
スタンダール
標準

stapler
ステプレール
ホチキス

stasiun
スタシウン
駅 *p22*

stasiun terdekat
スタシウン トゥルドゥカッ
最寄りの駅

stempel
ステンペル
印鑑

stocking
ストッキン
ストッキング

stopkontak
ストップコンタッ
コンセント *p68*

suami
スアミ
夫 *p70*

suami istri
スアミ イストゥリ
夫婦 *p70*

suami sayang istri
スアミ サヤン イストゥリ
愛妻家 *p70*

suara
スアラ
声

suaranya besar
スアラニャ ブサール
声が大きい

suaranya kecil
スアラニャ クチル
声が小さい

suasana
スアサナ
雰囲気

sudah
スダー
すでに

sudah ~
スダー ～
もう～した *p86*

sudah kawin
スダー カウィン
既婚 *p71*

sudut
スドゥッ
角

suhu スフ	温度
suhu badan スフ バダン	体温
suhu udara スフ ウダラ	気温 p44
suka スカ	気に入る、好き
sukarela スカレラ	ボランティア
suku スク	人種
suku minoritas スク ミノリタス	少数民族
suku cadang スク チャダン	部品
sulaman スラマン	刺しゅう
suling スリン	笛
sulit スリッ	むずかしい p89
sulit dimengerti スリッ ディムングルティ	わかりにくい
sumbangan スンバンガン	寄付
sumber daya スンブル ダヤ	資源
sumpit スンピッ	箸 p46
sumur スムール	井戸
sunblok サンブロッ	日焼け止めクリーム
sungai スンガイ	川
sungai kecil スンガイ クチル	小川
sungguh スングー	ほんとうに
sungguh-sungguh スングースングー	一生懸命

suntik スンティッ	注射 p80
sup スップ	スープ
supir スピール	運転手
surat スラッ	手紙 p90
surat jaminan スラッ ジャミナン	保証書
surat keterangan スラッ クトゥランガン	証明書 p83
surat kilat スラッ キラッ	速達
surat kontrak スラッ コントラッ	契約書
surat tercatat スラッ トゥルチャタッ	書留
surat undangan スラッ ウンダンガン	招待状
surfing スルフィン	サーフィン p77
surga スルガ	天国
survei スルフェイ	調査（する）
survei pasar スルフェイ パサール	市場調査
susah buang air besar スサー ブアン アイル ブサール	便秘 p80
susu スス	ミルク
susu sapi スス サピ	牛乳
sutra ストラ	絹 p34,37
sutradara ストラダラ	監督（映画）p59
swasta スワスタ	私立
syarat シャラッ	条件

T

taat beragama タアッ ブルアガマ	敬虔な p73
tabungan タブンガン	貯金
tadi タディ	さっき p86
tadi pagi タディ パギ	今朝 p40
tagihan タギハン	請求書
tahan air タハン アイル	耐水
tahu タウ	知っている、豆腐
tahun baru タフン バル	正月 p44
tahun depan タフン ドゥパン	来年 p43
tahun ini タフン イニ	今年 p43
tahun lalu タフン ラル	去年 p43
Taiwan タイワン	台湾 p17
tajam タジャム	するどい
takhayul タハユル	迷信
taksi タクシ	タクシー p11
takut タクッ	こわい
talenan タルナン	まな板
tali タリ	紐
taman タマン	公園
taman buah タマン ブアー	果樹園

taman negara タマン ヌガラ	国立公園
taman ria タマン リア	遊園地
tamat タマッ	卒業する
tambah タンバー	おかわり
tambang タンバン	ロープ
tamu タム	客
tanah タナー	地面、土、土地
tanah air タナー アイル	祖国
tanam タナム	植える
tancap gas タンチャップ ガス	アクセルを踏む
tanda タンダ	目印
tanda tangan タンダ タンガン	サイン
tangan タンガン	手
tangga タンガ	階段
tanggal タンガル	日付 p42
tanggal lahir タンガル ラヒール	生年月日 p42
tanggung jawab タングン ジャワブ	責任
tangkas タンカス	素早い
tanjakan タンジャカン	坂
tank テン	戦車
tanpa shower タンパ ショウェール	シャワーなし
tante タントゥ	おば p70

taplak meja タプラッ メジャ	テーブルクロス
target タルゲッ	目標
tarian タリアン	踊り p63
tarian tradisional タリアン トラディショナル	民族舞踊
tas タス	カバン、バッグ p38
tas tangan タス タンガン	ハンドバッグ
tata bahasa タタ バハサ	文法
tato タト	イレズミ p57
tawar タワール	薄い（味）p47
TBC テーベーセー	結核
tebal トゥバル	厚い
teh テー	紅茶、茶 p51
teh Cina テー チナ	中国茶
tekanan darah トゥカナン ダラー	血圧
tekanan darah tinggi トゥカナン ダラー ティンギ	高血圧
tekanan listrik トゥカナン リストリッ	電圧
tekanan darah rendah トゥカナン ダラー ルンダー	低血圧
teknik テクニッ	技術
teknisi テクニシ	エンジニア
teko テコ	ポット p69

telanjang トゥランジャン	はだか
telanjang kaki トゥランジャン カキ	はだし
telapak tangan トゥラパッ タンガン	手のひら
telegram テレグラム	電報
telepon テレポン	電話
telepon internasional テレポン イントゥルナショナル	国際電話 p19
telepon umum テレポン ウムム	公衆電話
televisi テレフィシ	テレビ p18,82
teliti トゥリティ	ていねい
teluk トゥルッ	湾
telur トゥルール	タマゴ p49
teman トゥマン	ともだち p71
teman sekamar トゥマン スカマール	ルームメイト
teman sekantor トゥマン スカントール	同僚
teman sekelas トゥマン スクラス	クラスメート p71
tempat トゥンパッ	場所
tempat asal トゥンパッ アサウ	原産地
tempat duduk トゥンパッ ドゥドゥッ	座席、席
tempat duduk bebas トゥンパッ ドゥドゥッ ベバス	自由席 p23
tempat keramaian トゥンパッ クラマイアン	繁華街

tempat minum トゥンパッ ミヌム	水筒
tempat naik taksi トゥンパッ ナイッ タクシ	タクシー乗り場 p11
tempat pariwisata トゥンパッ パリウィサタ	観光地、名所
tempat parkir トゥンパッ パルキル	駐車場
peninggalan bersejarah トゥンパッ プニンガラン ブルスジャラー	遺跡、旧跡
tempat penukaran uang トゥンパッ プヌカラン ウアン	両替所
tempat sampah トゥンパッ サンパー	ゴミ箱
tempat terpencil トゥンパッ トゥルプンチル	過疎地
tempat tujuan トゥンパッ トゥジュアン	目的地
tempat penyeberangan トゥンパッ プニュブランガン	横断歩道
tenaga nuklir トゥナガ ヌクリール	原子力
tenang トゥナン	安心
tengah トゥンガー	まん中
tenggelam トゥングラム	おぼれる、しずむ
tenggorokan トゥンゴロカン	のど p79
tenis テニス	テニス p77
tentang ~ トゥンタン ～	（～に）ついて、（～に）関する

tentara トゥンタラ 軍隊

tentu トゥントゥ もちろん

tenunan トゥヌナン 織物 p37

tepat トゥパッ ちょうど、正確

tepi トゥピ すそ(裾/服)、岸

tepung terigu トゥプン トゥリグ 小麦粉

terakhir トゥルアヒール 最後

terang トゥラン 明るい

teratai トゥラタイ 蓮

terbaik トゥルバイッ 最高

terbakar トゥルバカール ヤケドをする、燃える p79

terbakar matahari トゥルバカール マタハリ 日焼け

terbalik トゥルバリッ 逆

terbang トゥルバン 飛ぶ

terbaru トゥルバル 最新

terbesar トゥルブサール 最大

terbiasa トゥルビアサ 慣れる

terbuka トゥルブカ 開放的

terburuk トゥルブルッ 最悪

terganggu トゥルガング 迷惑

tergelincir トゥルグリンチール すべる

terima トゥリマ ひき受ける

terima kasih トゥリマ カシー ありがとう p12

teringat トゥリンガッ 思い出す

terjemahan トゥルジュマハン 翻訳

terjual habis トゥルジュアル ハビス 売り切れる

terkecil トゥルクチィル 最小

terkejut トゥルクジュッ おどろく

terkenal トゥルクナル 有名な p58

terlambat トゥルランバッ おくれる、遅刻する p41

termasuk トゥルマスッ ふくむ(勘定に入る)

terminal bus トゥルミナル ブス バスターミナル p22

termometer トゥルモメトゥル 体温計 p79

ternak トゥルナッ 家畜 p84

terong テロン ナス p49

teropong トゥロポン 双眼鏡、望遠鏡

teror テロール テロ

teroris テロリス テロリスト

terowongan トゥロウォンガン トンネル

tersenyum トゥルスニュム ほほ笑む

tertarik トゥルタリッ 興味がある、惹かれる

tertawa トゥルタワ わらう

terumbu karang トゥルンブ カラン サンゴ礁

terus-terusan トゥルストゥルサン ずっと

terutama トゥルウタマ 特に

tes darah テス ダラー 血液検査 p80

tes tertulis テス トゥルトゥリス 筆記試験

tetangga トゥタンガ 隣人

tetanus テタヌス 破傷風 p80

tetap saja トゥタップ サジャ 相変わらず

tetapi トゥタピ しかし

Thailand タイラン タイ p17

THT テーハーテー 耳鼻咽喉科 p80

tiang ティアン 柱

tiap ~ ティアップ ～ 毎(回、日など)

tiba ティバ 到着する

tiba-tiba ティバティバ 突然

tidak ada ティダッ アダ ない

tidak ada di rumah ティダッ アダ ディ ルマー 留守

tidak apa-apa ティダッ アパパパ 問題ない、だいじょうぶ p12

tidak berbeda ティダッ ブルベダ 差がない

tidak berlaku ティダッ ブルラク 無効

tidak berwarna ティダッ ブルワルナ 無色 p35

tidak bisa ~ ティダッ ビサ～ ～できない p86

tidak bisa ingat ティダッ ビサ インガッ 思い出せない

tidak enak ティダッ エナッ まずい(食物) p47

tidak enak hati ティダッ エナッ ハティ 申し訳ない p12

tidak ingat ティダッ インガッ 覚えてない

tidak jago ティダッ ジャゴ 下手、不得意

tidak jelas ティダッ ジュラス あいまい

tidak menarik ティダッ ムナリッ つまらない

tidak mengerti ティダッ ムングルティ わからない

tidak mirip ティダッ ミリップ 似ていない

tidak mudah ティダッ ムダー 不便な

tidak mungkin ティダッ ムンキン ムリな、不可能

tidak nyaman ティダッ ニャマン 心地悪い

tidak populer ティダッ ポプレール 人気がない

tidak suka ティダッ スカ きらい

tidak tahu ティダッ タウ 知らない

tidak tahu balas budi ティダッ タウ バラス ブディ 恩知らず

tidak usah ティダッ ウサー いらない p33

tidak/bukan ティダッ/ブカン いいえ

tidur ティドゥール 寝る

tifus ティフス 腸チフス

tiga ティガ 3 p30

tikar ティカール ゴザ

tiket ティケッ チケット

tiket masuk ティケッ マスッ 入場券

tiket pesawat ティケッ プサワッ 航空券

tikus ティクス ネズミ p84

tim ティム チーム

timbangan ティンバンガン はかり

timur ティムール 東 p20,24

Timur ティムール 東洋

Timur Tengah ティムール トゥンガー 中東

tindik ティンディッ ピアスの穴をあける

tinggal ティンガル 住む、滞在する

tinggi ティンギ 高い(高さ) p88

tinggi badan ティンギ バダン 身長、背

tingkat pemula ティンカッ プムラ 初級

tinta ティンタ インク

Tiongkok ティオンコッ 中国 p17

tipis ティピス うすい

tiram ティラム 牡蠣

tisu toilet ティス トイレッ トイレットペーパー

titik ティティッ 点

tiup ティウップ 吹く

TK テーカー 幼稚園

toko トコ 店

toko alat tulis トコ アラッ トゥリス 文房具屋

toko bebas pajak トコ ベバス パジャッ 免税店 p10

toko buku トコ ブク 本屋

toko oleh-oleh トコ オレーオレー みやげ物屋 p36

toko roti トコ ロティ パン屋

toko buku bekas トコ ブク ブカス 古本屋

Tokyo トーキョー 東京 p65

tolong bicara pelan-pelan! トロン ビチャラ プランプラン ゆっくり話して! p14

tolong diucapkan トロン ディウチャップカン 発音してください p15

tolong panggilkan penerjemah トロン パンギルカン プヌルジュマー 通訳の人を呼んで p82

tolong sekali lagi! トロン スカリ ラギ くり返して! p14

tolong dipinjamkan トロン ディピンジャムカン 貸してください

tomat トマッ トマト p49

tombol トンボル スイッチ

tongkat トンカッ レバー(てこ)、棒

topeng トペン 面(お面) p36

topi トピ 帽子

total トータル 合計

tradisional トラディショナル 伝統的

tragedi トラゲディ 悲劇

tren トレン ブーム、流行

trotoar トロトアール 歩道

truk トルッ トラック

tua トゥア 古い、歳とった

tubuh トゥブー からだ p79

Tuhan トゥハン 神

tujuan トゥジュアン 目的

tujuh トゥジュー 7 p30

tukang besi トゥカン ブシ 鍛冶屋

tukang foto トゥカン フォト 写真屋

tukang kayu トゥカン カユ 大工

tukang ketik トゥカン クティッ タイピスト

tukang sayur トゥカン サユール 八百屋

tukar
トゥカール
交換する

tulang
トゥラン
骨 p79

tulang punggung
トゥラン プングン
脊髄

tumbuh
トゥンブー
成長する

tumbuh-tumbuhan
トゥンブートゥンブハン
植物

tumpul
トゥンプル
にぶい

tunangan
トゥナンガン
婚約者 p71

tunas
トゥナス
芽

tur
トゥール
ツアー

turis
トゥリス
旅行者

turun
トゥルン
さがる、降りる

turun ~
トゥルン ～
(～が)降る

turun di tengah jalan
トゥルン ディ トゥン ガー ジャラン
途中下車

tusuk
トゥスッ
くし(串)

tutup
トゥトゥップ
フタ、閉じる

tutup toko
トゥトゥップ トコ
閉店する

U

uang
ウアン
おカネ p31

uang jaminan
ウアン ジャミナン
保証金

uang kecil
ウアン クチル
小銭

uang kembalian
ウアン クンバリアン
つり銭

uang kertas
ウアン クルタス
紙幣 p31

uang kontrak rumah
ウアン コントラッ ル マー
家賃

uang logam
ウアン ロガム
硬貨 p31

uang muka
ウアン ムカ
前金、頭金

uang tunai
ウアン トゥナイ
現金 p31

ubi
ウビ
イモ

udang
ウダン
エビ p49

udara
ウダラ
空気

ujian
ウジアン
試験

ukiran
ウキラン
彫刻 p36

ukuran
ウクラン
サイズ、寸法

ular
ウラール
ヘビ p84

ular berbisa
ウラール ブルビサ
毒ヘビ p84

ulat
ウラッ
毛虫

umpan
ウンパン
えさ

umum
ウムム
一般的、公共

umur
ウムール
歳

undang-undang
ウンダンウンダン
憲法

ungu
ウング
紫 p35

universitas
ウニフェルシタス
大学

untuk satu orang
ウントゥッ サトゥ オラン
一人分

upacara pemakaman
ウパチャラ プマカマン
葬式

upacara pernikahan
ウパチャラ プルニカ ハン
結婚式 p71

uring-uringan
ウリンウリンガン
イライラする

urusan
ウルサン
用事

urusan keimigrasian
ウルサン クイミグラシ アン
出入国管理 p10

urusan mendadak
ウルサン ムンダダッ
急用

urusan rumah tangga
ウルサン ルマー タンガ
家事

usaha
ウサハ
努力

usia
ウシア
寿命、年齢 p16

uskup
ウスクップ
神父

usus
ウスス
腸 p80

usus buntu
ウスス ブントゥ
盲腸炎 p80

usus kecil
ウスス クチル
小腸 p80

utama
ウタマ
主要な

utang budi
ウタン ブディ
恩

utara
ウタラ
北 p20,24

V

vas bunga
ファス ブンガ
花瓶

vegetarian
フェゲタリアン
菜食主義

vertikal
フェルティカル
縦

video
フィデオ
ビデオ

Vietnam
フィエッナム
ベトナム p0

vihara
フィハラ
寺院(仏教)

visa
フィサ
ビザ

visa kerja
フィサ クルジャ
労働ビザ

visa menetap
フィサ ムネタップ
居住ビザ

voucher
フォウチャー
プリペイドカード
(携帯電話の)

W

wajah
ワジャー
顔

wajar
ワジャール
あたり前

wajib
ワジップ
義務

wakil
ワキル
代表

waktu
ワクトゥ
時間 p40

waktu keberangkatan
ワクトゥ クブランカタン
出発時間、発車時刻 p40

waktu kedatangan
ワクトゥ クダタンガン
到着時刻 p40

waktu senggang
ワクトゥ スンガン
ひま、余暇

waktu setempat
ワクトゥ ストゥンパッ
現地時間 p40

wali
ワリ
代理人

wangi
ワンギ
香りがいい、香り p89

wanita hamil
ワニタ ハミル
妊婦

wanita, perempuan
ワニタ,ブルンプアン
女、女性

warga negara
ワルガ ヌガラ
国民

warna
ワルナ
色 p35

warna coklat
ワルナ チョクラッ
茶色 p35

warnet
ワルネッ
インターネット屋

wartawan
ワルタワン
記者、新聞記者

warung
ワルン
屋台 p54

warung kopi
ワルン コピ
喫茶店 p20,51

wasir
ワシール
痔 p80

wastafel
ワスタフェル
洗面台

WC
ウェーセー
トイレ

WC umum
ウェーセー ウムム
公衆トイレ p20

WIFI
ワイファイ
ワイファイ(WIFI) p74

wilayah
ウィラヤー
地域

Windows
ウィンドウス
Windows(パソコン)

wisatawan
ウィサタワン
観光客

wiski
ウィスキ
ウイスキー

wol
ウォル
ウール

X

Y

ya
ヤ
はい(肯定)

yakin
ヤキン
確信する

yang berikut
ヤン ブリクッ
次

yang lebih muda
ヤン ルビー ムダ
歳下の

yang lebih tua
ヤン ルビー トゥア
歳上の

yang mana?
ヤン マナ?
どれ? p86

yang mewakili
ヤン ムワキリ
代表的な

yang utama
ヤン ウタマ
主な

Yen Jepang
イェン ジパン
日本円 p31

yoga
ヨガ
ヨガ p77

Z

zaman
ザマン
時代

zaman purba
ザマン プルバ
古代

zamrud
ザムルッ
エメラルド、ルビー

zen
ゼン
禅

指さし会話帳［第四版］のためのあとがき

『旅の指さし会話帳 ② インドネシア語』を初めてご利用の皆さん、そして何度目かのご利用の皆さんも、こんにちは！

この本が最初に世に出たのは 1998 年 3 月。だいぶ長い月日が流れたものだ。先日、日本からジャカルタに出張で来ていた方にそんな話をしていたら、「ぼくは 1999 年生まれなんです」と言われてしまった。指さしインドネシアより若い世代が、もう社会で活躍しているとは驚きだ。

その間、私自身も、あらゆるライフステージを経てきている。それはもう、いろいろなことがあった。

1996 年 11 月生まれの長女は、指さし初版の頃には 1 歳で、今は 27 歳。2011 年に第 3 版を出した時のあとがきに「次に第 4 版を出すときには、孫でもできてておかしくない」と書いた。長女はまだかろうじて独身だが、もう本当に時間の問題といったところだ。

これだけ時間が経っているのだから、この本も、さすがに初版のままでは通用しない。重版の度に少しずつ内容のアップデートを行ってきた。

固定電話機からスマホへ。有料通話（国際電話、高かった！）から無料のビデオ通話へ。SMS から BBM（Blackberry メッセンジャー）、WhatsApp、LINE へ。

宿の予約はアプリ経由、旅の思い出は SNS で即座に共有。旅で仲良くなった人とは、住所をノートに書いてもらうのではなく、まず SNS アカウントの交換をするだろう。

今や、初版が刊行された頃には想像もできなかった世界になっている。

コミュニケーションの道具が変わるにつれ、人と人との付き合い方が変わる。旅が変わる。街も変わる。それはもう、目まぐるしく変わる。ジャカルタにいたってはそれが特に著しい。

それでも、紙の指さし会話帳インドネシアが、ありがたくもこうして版を重ね続けることができるのはなぜか。

その理由のひとつが、ここインドネシアにある「ノンクロン」（P98 参照）の習慣だろう。誰かの家の軒先だったり、道端の屋台やカフェだったり、どこかしらで仲間たちと集まって、お茶やコーヒーを飲みながら

談笑に興じる。これは田舎に限った話ではない。たとえば、私の住む南ジャカルタの高層マンションでは、ロビーのソファーだとか、プールサイドのベンチなどに住人達が集っている。そこにいけば誰かしらに会えるだろうと、わざわざ自分の住まいから下階に降りていく。ただの横丁状態だ。

大阪や他の街はわからないが、東京ではまずお目にかからない光景ではないだろうか。

最近、日本のネット民がよく使っている言い回しだと、「ノンクロンからしか摂取できない栄養がある」ってやつだ。そしてまさに、それこそがインドネシアで指さしが有効な理由でもある。ここには、人とじかに会い、一緒に笑って時間を過ごすことを楽しむ人々がいる。そして、それだけの時間と心の余裕がある。

その中に入って行くのに、指さし会話帳がとてもよい働きをしてくれることは26年の歴史が証明している。

一方で、実際にこの本を持ってインドネシアの旅をした方、暮らした読者の皆さんが、「おしゃべりできて楽しかった!」と、その体験をあらゆる方法で広めてくださっている。このことも、指さしインドネシアがここまでやってこれたもうひとつの理由に違いない。あらためてここで、皆さんに感謝の意を伝えたい。

Terima kasih banyak!

「指さし会話帳」は、AIがもてはやされる現代でもしぶとく生き残る。さて、次はどんな変化が起こり、何が変わらないまま残るのか。楽しみでしかたがない。

2024年6月　ジャカルタにて

武部洋子

著者◎武部洋子（たけべ・ようこ）

1997年、指さし会話帳の創刊準備が始まった頃、著者はインドネシアに住み始めて4年ほど。すでに、一人旅、留学、居候生活、結婚、出産、子育て、仕事…と、ありとあらゆる場面でインドネシア語を操り、ロマ・イラマ（p58参照）の日本ツアー通訳から、漫画『コボちゃん』のインドネシア語訳までこなしていたのだから、経験、実力ともに折り紙付きだった。インドネシア人に受ける話題を随所に盛り込むことができたからこそ、「指さし」は多くの読者に支持されてロングセラーとなっていったのだろう。広告や教育関係の日系企業への勤務を経て、現在はフリーランスのコーディネーター、翻訳、通訳者。在住歴はすでに30年を超え、インドネシア国籍への帰化も果たしたが、訪れていない場所、食べていないものがまだまだたくさんある。旅からはじまったインドネシア生活、今後もずっと旅して生きていきたいと思っているとのこと。1969年東京生まれ。バンドンのパジャジャラン大学留学を経て上智大学文学部新聞学科卒業。著書に『食べる指さし会話帳・インドネシア』『恋する指さし会話帳・インドネシア語編』（小社刊）がある。

◎著者 Twitter：@okoyrocks

イラスト　北島志織
　　　　　https://patternbased.com/

ブック　　佐伯通昭
デザイン　http://www.knickknack.jp

地図作成　ワーズアウト

写真協力　加藤ひろあき、Arina (p54〜55)
　　　　　西宮奈央(p55)

協力
Akane & Koyuki yang bunda sayangi
Anak2 Jakarta dan sekitarnya

ここ以外のどこかへ！
旅の指さし会話帳②インドネシア [第四版]
1998年 3月 8日　第一版第1刷
2002年 8月25日　第一版第13刷
2003年 2月11日　第二版第1刷
2010年10月 5日　第二版第23刷
2011年 6月 8日　第三版第1刷
2023年 8月 4日　第三版第13刷
2024年 7月29日　第四版第1刷

著者 ——————————————
武部洋子

発行者 ——————————————
田村隆宗

発行所 ——————————————
株式会社ゆびさし
〒151-0053 東京都渋谷区代々木 1-30-15
　　　　　　天翔代々木ビル S607
電話 03-6324-1234
http://www.yubisashi.com

印刷 ——————————————
モリモト印刷株式会社

©1998,2003,2011,2024　Yoko Takebe
ISBN978-4-7958-5363-8
落丁本・乱丁本はお取替えいたします。

＊「旅の指さし会話帳」及び「YUBISASHI」は、
　(株) ゆびさしの登録商標です。
＊「YUBISASHI」は国際商標登録済みです。